구름기둥

구름기둥

지은이 | 김영애
초판 발행 | 2014. 2. 17
12쇄 발행 | 2025. 3. 28
등록번호 | 제1988-000080호
등록된 곳 | 서울특별시 용산구 서빙고로 65길 38
발행처 | 사단법인 두란노서원
영업부 | 2078-3333   FAX | 080-749-3705
출판부 | 2078-3331

책값은 뒤표지에 있습니다.
ISBN 978-89-531-2021-1 03230

독자의 의견을 기다립니다.
tpress@duranno.com   www.duranno.com

ⓒ 이 출판물은 저작권법에 의해 보호를 받는 저작물이므로
무단 전재와 무단 복제, 무단 사용을 할 수 없습니다.

두란노서원은 바울 사도가 3차 전도여행 때 에베소에서 성령 받은 제자들을 따로 세워 하나님의 말씀으로 양육하던 장소입니다. 사도행전 19장 8-20절의 정신에 따라 첫째 목회자를 돕는 사역과 평신도를 훈련시키는 사역, 둘째 세계선교(TIM)와 문서선교(단행본·잡지) 사역, 셋째 예수문화 및 경배와 찬양 사역, 그리고 가정·상담 사역 등을 감당하고 있습니다. 1980년 12월 22일에 창립된 두란노서원은 주님 오실 때까지 이 사역들을 계속할 것입니다.

구름기둥

김영애 지음

두란노

추천사

　인생은 여행입니다. 아름다운 숲 속 길 여행이 아닌 광야 길 여행입니다. 그러나 약속의 땅으로 가기 위해서는 피할 수 없는 여정입니다. 낮에는 열사의 태양을, 밤에는 무서운 추위를 견디는 여행입니다. 김영길 총장님과 김영애 권사님은 이제 한동에서의 여행을 마무리하고 계십니다. 결코 쉽지는 않았지만, 그 여정은 분명 구름기둥의 인도였다고 이 책에서 고백합니다.
　특히 김영애 권사님은 중보의 무릎으로 그 길을 온전히 걸어오셨습니다. 갈대상자 안에 담긴 생명들을 이 시대의 모세로 키워 내기 위해서 말입니다. 이 기도는 속속 열매를 맺고 있습니다. 오늘날 이 땅과 열방에 흩어져 섬기는 자랑스러운 글로벌 인재들과 동일한 글로벌 비전을 위해 공부하고 있는 한동인들이 그 증거입니다. 그 생생한 광야 여정의 진솔한 고백을 책을 통해 만날 수 있습니다.
　한동이 걸어온 19년의 걸음은 김영길 총장님 내외분의 삶의 흔적입니다. 김 총장님 못지않게 이 걸음에 큰 흔적을 남긴 분이 바로 김 권사님이십니다. 두 분은 결코 완전한 분들이 아닌 우리와 성정이 같은 인생들입니다. 그러나 하늘의 창을 열어 이 땅에 비 주시기를 구하는 기도를 쉬지 않았습니다. 우리는 이 간증을 통해 그런 간구가 어떤 열매를 맺었는지를 보게 됩니다. 두 분의 헌신이 만든 광야의 드라마가 기독교 대학의 또 하나의 영적 조감도이기를 기도합니다.

 이제 두 분도 구름기둥 아래서 쉼의 시간을 누리셨으면 하는 마음입니다. 지금까지 달려온 그 길에서의 자랑스러운 열매를 음미하면서 말입니다. 한동의 갈대상자 안에 생명을 맡긴 모든 이를 대신해, 두 분 특히 한동의 엄마로 수고를 아끼지 않으신 권사님께 감사를 드립니다.

이동원 지구촌교회 원로목사

 온누리교회 담임목사로서 여러 책의 추천사를 요청받고 쓰게 되지만 이처럼 타이핑을 하는 손가락이 떨릴 정도로 가슴 뛰는 추천사를 써보기는 처음입니다. 하나님께서 한동대학교를 통해서 행하신 일들이 그토록 놀랍기 때문입니다. 하나님께서 김영길 장로님, 김영애 권사님을 택하시고 고난과 역경 속에서 한동대학교를 정금 같은 대학으로 만들어 가시는 과정은 눈물과 감동이 끊이지 않는 하나님의 역사입니다. 광야에 길을 내시고 사막에 강을 내시는 하나님의 능력이 한동대학교를 통해서도 나타난 것입니다.

 하나님께서는 김영길 장로님을 한동의 지도자로 세우고 이끌도록 하셨고, 김영애 권사님을 한동의 중보자로 세우고 섬기도록 하셨습니다. 김영애 권사님은 한동대학교를 통해 일하신 하나님의 모든 역사를 섬세하게 기록하고 기억하게 하시기 위해 하나님께서 준비하신 일꾼입니다. 사도행전의 역사가 오늘도 기록되고 있음을 세상에 알리기 위해 택하신 여종입니다.

《구름기둥》에는 한동에서 일어난 모든 일이 하나님의 관점에서 아주 세심하게 잘 기록되어 있습니다. 각 장마다 긴장 없이 읽을 수 없고, 눈물 없이 책장을 넘길 수 없습니다. 하나님의 손길을 느낄 수 있고, 하나님의 인도하심이 어떤 것임을 분명히 볼 수 있습니다. 이《구름기둥》이 많은 분에게 읽혀져 독자들이 살아 계신 하나님과 동행하게 되고 한동대학교의 중보자가 되기를 기도합니다.

이재훈 온누리교회 담임목사

김영길 총장님과 김영애 권사님이 얼마나 겸손하신 분들인지 저는 자주 놀라곤 합니다. 모든 일에 기도와 간구로 나아가고, 하나님의 뜻에 순종하며, 반드시 하나님이 인도하시는 구름기둥 속으로만 찾아다니시고, 불기둥 안에서만 온기를 느끼십니다. 한동대학은 정말 축복받은 곳입니다. 왜냐하면 하나님이 지명하여 부르신 종들이 하나님이 세우신 대학을 최선을 다해 가꾸고 있기 때문입니다. 두 분은 보물 같은 한동대 제자들을 이 책에 다 소개하지 못하는 것을 책을 마무리하는 순간까지도 못내 안타까워하셨습니다. 두 분은 '제자들이 한동에서 배운 것을 사회에서 어떻게 실천하며 세상을 변화시켜 나갈 것인가'에 항상 기대를 품고 계십니다.

권사님을 만날 때마다 들려주시는 한동의 이야기에 저는 시간이 가는 줄 모르고 감동과 은혜를 받곤 합니다. 한동대에 부어 주신 하나님의 사랑, 하나님의 마음, 하나님이 하신 일들을 저뿐 아니라 우리 모두가 볼 수 있도록 이 책을 통해 구름기둥을 펼쳐 주심에 감사드립니다.

이 책은 하나님의 뜻대로 인도함을 받는 사람에게 따르는 고난이 얼마나 큰 축복과 은혜인지를 알게 할 것입니다. 저 또한 하나님과 더 깊이 동행하며 제 인생 속에 보내 주신 구름기둥을 새삼 감사함으로 확인하게 되었습니다. 마지막 책장을 덮고 나서 저는 권사님에게 말씀드렸습니다.

"권사님, 더 들려주세요. 주님의 사랑과 인도하심에 대하여."

이형기 두란노서원 원장, 故 하용조 목사 사모

개인적으로 친밀한 교제는 없지만 참 좋아하며 존경하는 분이 바로 한동대 김영길 총장님이십니다. 얼마 전 은퇴하신다는 소식을 듣고, 새로 출간하신 책《신트로피 드라마》를 읽었습니다. 큰 감동을 받았는데, 특히 한동대 초창기 교도소에 수감되기까지의 일화는 지도자가 져야 할 십자가에 대해 깊은 도전을 주었습니다. 그런데 많은 사람이 김영길 총장님의 사역 뒤에는 부인 김영애 권사님의 깊은 기도가 있다고 말합니다.

실제로 권사님이 쓰신《갈대상자》는 한동대를 위한 많은 중보기도자를 일으켰습니다. 이번에 후속편《구름기둥》을 내셨는데, 우리는 이 책을 통해 한동대가 기쁨을 다 잃었다가 19년 세월 동안 세계 속의 대학, 대학들이 벤치마킹하는 대학, 작지만 강한 대학으로 성장하게 된 이면에 김영애 권사님의 믿음과 기도가 얼마나 귀하게 쓰임 받았는지 알 수 있습니다.

가나 혼인 잔칫집에 물이 포도주가 되는 기적이 일어났을 때, 기적이 일어났다는 사실과 그 기적이 누구에 의해 어떻게 일어났는지 그 종들은 알았던 것처럼, 한동대 안에서 예수님으로 인해 어떤 기적이 있었는지, 김영애 권사님은 알고 계십니다. 주 예수님의 종이기 때문입니다. 그 구체적인 내용이 이 책에 담겨 있습니다. 저는 이 책에 나오는 한동대 학생들의 글에서 큰 감동을 받았습니다. 그러한 제자들이 일어날 수 있었던 데는 김영길 총장님과 김영애 권사님의 권리 포기와 대가 지불이 있었습니다.

총장직 제의를 수락한 후 4개월 만에 재단 기업이 큰 사고가 생겼을 때, 김영길 총장님 부부는 엄청난 시련이 다가올 것이 너무나 뻔한데도 하나님께 '위험 부담 수락'이라는 선택을 올려 드렸습니다. 그러고 나서 실제로 상상하기도 어려운 시련들이 연속으로 일어났습니다. 그러나 바로 이 위기의 순간에 총장님 부부는 놀라운 자유함의 은혜를 경험했으며, 이것이 이 책을 읽는 이들에게 깊은 감동을 줍니다.

이 책을 읽는 이들은 "너는 과연 신발을 벗고 나의 종으로 살고 있느냐?" 하는 질문을 하나님으로부터 받게 됩니다. 그것은 우리를 고난의 길로 이끕니다. 그런데 고난을 피하지 않고 통과하게 되면 우리는 고난과 슬픔의 한가운데서 하나님의 은혜를 발견하게 됩니다. 그리고 치유자이신 하나님의 임재를 경험하게 됩니다.

하나님께서는 김영애 권사님의 간증과 고백을 통해 고난 없이, 연단 없이는 하나님의 사람으로 세워질 수 없음을 우리에게 가르쳐 주고 있습니다.

유기성 선한목자교회 담임목사

하나님과 동행하는 한동대학 이야기는 눈에 보이는 말씀의 보물 창고입니다. 사람들은 종종 보이지 않는 하나님을 보여 달라고 합니다. 또 우리는 하나님의 은혜가 가정 가운데, 우리가 하는 일 가운데 '보이는 하나님'으로 나타나 주시기를 간구합니다. 보이지 않는 하나님의 은혜를 육신의 눈으로도 볼 수 있는 믿음의 증거들이 이 책에는 보석같이 반짝이고 있습니다. 하나님의 신실하신 약속들과 끝까지 동행하시는 사랑을 목도하게 됩니다.

이 책을 읽어 가면서 저 역시 한동의 여정에 함께하며, 광야에서 만나는 단비가 결국 우리 영혼을 소생시키심을 느낍니다. 오늘도 살아서 역사하시는 하나님의 생명이 그대로 전해졌습니다.

척박한 환경에서 하나님은 생명의 씨앗들을 은밀하게 심어 놓으셨습니다. 그리고 그 씨앗들은 신실한 믿음의 증거들로 자라났습니다. 하나님의 때에 세상을 향해 나간 한동인들의 삶 속에서 열매들이 퍼져 나가듯, 이 책을 통해 한동이라는 신실한 믿음의 증거를 세상에 널리 나타나게 하셔서 하나님나라가 넓어지는 확장의 비밀을 보여 주셨습니다. 그 감사와 설렘으로 우리도 각자의 자리에서 구름기둥을 따라 일어서며 고백하게 될 것입니다.

"우리 인생에도 하나님의 은혜가 보이도록 인도하옵소서!"

유중근 대한적십자사 총재

김영애 선생님과 이화여대에서 스승과 제자로 만난 인연이 벌써 20여 년이 되어 갑니다. 졸업 후 제가 바로 수도회에 입회하는 바람에 오랜 동안 뵙지 못해 아쉬웠던 차에 학교 일로 출장을 가기 전 잠깐 만난 친구가 "김영애 선생님 댁에 들렀다 가자"는 말에 만나 뵐 수 있는 기회를 갖게 되었습니다.

이 우연한 만남은 참으로 주님께서 마련해 주시고 또한 함께해 주신 자리였습니다. 이야기를 나누다가 선생님께서 현재 집필 중인 책 내용을 이야기해 주셨는데, 그 이야기를 들으면서 하나님께서는 우리 일상 안에서 일어나는 사건과 관계 안에서 우리가 그분을 만나기를 원하시고, 또 그분께로 인도해 주신다는 것을 다시 한 번 마음 깊이 깨닫게 되었습니다.

'구름기둥'이 있던 자리는 광야입니다. 광야는 참으로 많은 얼굴을 가지고 있습니다. 사람이 살지 않는 삭막한 곳, 시험 받는 곳이기도 하지만 호세아 선지자가 말한 바와 같이 하나님과 사랑을 속삭이는 곳이기도 합니다. 또한 요한계시록에서는 하나님의 백성인 교회가 그 백성을 지키기 위해 광야로 몸을 숨겼다고 나와 있습니다.

궁극적으로 광야는 우리에게는 도전의 장소이자 하나님을 만나 교회가 교회답게 살아갈 수 있도록 해주는 장소입니다. 김영애 선생님은 자신의 이야기를 통해서 우리가 고통과 도전에 직면하고 있는 '지금 그리고 여기' 우리 일상이 바로 하나님을 만나는 성소임을 알려 주십니다.

요나의 사건이 니느웨 사람들에게 하나님의 뜻을 전하는 하나의 표징이 되었고, 호세아의 삶이 이스라엘 백성에게 표징이 되었듯이, 저는 이 책을 통해 드러나는 선생님의 삶이 바로 하나님의 손가락 같습니다. '그리스도인이 그리스도인답게 살 수 있도록 앞에 펼쳐진 삶의 자리, 광야에서 치열하게 하나님을 만나고 살아가라'는 이 메시지는 오늘날 십자가의 고통보다는 부활의 영광만 추구하려는 우리에게 다시 한 번 첫 마음으로 돌아가라고 재촉합니다.

고성아 사랑의씨튼수녀회 수녀, 충주성모학교 교장

낮에는 구름기둥, 밤에는 불기둥이
백성 앞에서 떠나지 아니하니라

출 13:22

추천사 4

프롤로그 **특별한 동행** 16

1부
사랑하는 자를 광야로

1장 하나님에게는 공식이 있다 23

마지막 학기말 시험 • 내가 사랑했던 모든 것 내려놓고 • 고별 채플 •
빨간 장미 꽃잎을 즈려밟고 • 그분의 이끄심을 체험하는

2장 나보다 먼저 가시다 43

떠나라는 재촉 • 뜻밖의 제의 • 내 영혼의 번지점프 •
가난해도 너무 가난한 학교 • 광야의 시작 • 하나님의 가장 큰 관심은

3장 너희는 나를 누구라 하느냐 63

열국의 어미 사라가 될지라 • 재수강해야겠구나 • 바보끼리 사는 세상 •
나를 돕는 자 중에 계시니 • 내가 무엇을 할지 보아라 •
사람이 제비를 뽑으나 • 별일 • 점점 뜨거워지는 하나님의 불 •
비전을 캐스팅하는 리더

4장 광야의 언어를 배우다 91

아직도 포기하지 못하고 • Mr. Cool 하나님 •
버스에 총장님을 향한 사랑을 싣고 • 감옥에 계신 아빠께 •
시내 한가운데에도 구름기둥이 • 꿀 두 통 •
사방으로 욱여쌈을 당하여도 • 뜻밖의 만남 •
모래 위의 발자국 • 세상에서 가장 따뜻한 커피

2부
곳곳에 구름기둥을

1장 벼랑 끝에서 123

이때를 위함이 아닌가 • 매우 특별한 기도 • 우연한 만남은 없다 •
높은 곳으로의 초대 • 레밀리터리블 • 사슴의 발을 피곤치 않게 •
나의 양식 • 나를 증거해 줘서 고맙구나 • 객기와 용기 • 세상은 너의 밥

2장 권리를 포기하니 163

우리 모두 이게 뭐람 • 그런 권리는 네게 없단다 • 네가 밟는 땅은 다 네게 주리라 •
다윗이 아닌 요나단의 모습으로 • 권리 포기하는 자들의 멋진 행진 •
미국과 캐나다에서도 옥합을 • 기부 DNA가 있다 •
왼손이 한 일을 오른손이 모르게 • 사소한 것에도 정직을

3장 남송리를 넘어가는 한동인들 185

한동인들 마음을 불태운 방화범 • 우린 한동인이잖아요 • 맨 땅에 헤딩하듯이 •
도대체 무엇이 • 예기치 않은 깜짝 선물 • 당연한 거 아니야? •
코피가 터져도 새벽예배는 계속된다 • 522호 새벽기도 이야기 •
중보기도 • 북경대학 캠퍼스에 줄지어 선 한류 팬들 • 바늘과 실로 꿰맬 수도 없고 •
한없이 감동되는 대학 • 배운대로 가르치고 있어요

4장 옥합을 깨뜨린 사람들 231

주님, 왜 저만 따라다니세요? • 세계 곳곳에 한동인들이 •
예수 사람들의 옥합 이야기 • 한동대 후원금 잊으시면 안돼요 •
다음 세대를 위해 인재양성을 • 혜택 받지 못한 사람들을 위해 •
안전한 환경에서 다양한 스포츠를 • 손수건 다 젖도록 • 남편의 유언을 따라 •
하나님께 드린 거예요 • 네, 주님 그렇게 하겠습니다

3부
구름기둥을 따라

1장 가나안 땅에 들어갈 때까지 259

나도 믿고 싶습니다 • 네 장막터를 넓히라 •
신비스러운 만나, 라즈만나 • 르완다의 새로운 안식처 •
비전광장의 비전캡슐 • 예수님 어디 가십니까? •
배워서 남 주는 삶을 살겠습니다

2장 내비게이션을 점검하라 281

구름을 일으키시는 여호와 • 마음과 마음이 닿도록 •
유네스코 유니트윈 주관 대학이 되다 •
유네스코를 녹인 총장님의 미소 •
모든 족속으로 제자를 삼아 • 파리에서 만난 총장님

3장 여호수아와 갈렙처럼 307

열매는 광고다 • 글로벌 허브 교육기관이 되다 •
유엔을 통해 전 세계 사람을 품고 • 우리는 모두가 빌더 •
가장 큰 소원이 있다면 • 우리가 지켜내야 할 바름 •
여전히 한동이 그리운 • 예수님의 상처 •
오늘이 마지막인 것처럼 담대하게 •
사랑의 수고를 마다하지 않은 제자들 • 사랑앓이 •
한동의 종소리 • 물 떠온 하인들만 알더라

에필로그 광야에서 보물찾기 350

프롤로그 특별한 동행

사람들은 누구나 길을 떠납니다. 저도 남편과 함께 길을 떠났습니다. 안정된 카이스트를 떠나 신생 지방대학이라는 보이지 않는 길이었습니다. 시작도 중간도 끝도 알 수 없는 길이었습니다. 평온하기만 한 날들이 언제 있었는지 기억조차 나지 않았습니다. 회오리바람이 불고, 폭우가 쏟아지고, 춥고, 무섭고, 외로웠던 기억들이 지금도 생생합니다. 제가 유난히 겁이 많은 탓도 있겠지요. 그래서 남편과 저는 예수님의 손을 꼭 잡아야만 했습니다.

> "여호와께서 그들 앞에서 가시며 낮에는 구름기둥으로 그들의 길을 인도하시고 밤에는 불기둥을 그들에게 비추사 낮이나 밤이나 진행하게 하시니 낮에는 구름기둥, 밤에는 불기둥이 백성 앞에서 떠나지 아니하니라"
>
> (출 13:21-22).

하나님은 편하고 빠른 지름길을 두고 광야를 돌아가도록 이끄셨습니다. 하나님이 40년 동안 우회하게 하신 이유는 깨어지지 않은 채 불평하고 불순종하는 우리의 죄성 때문이었습니다. 그래도 불평하는 우리를 위해 하나님은 만나와 메추라기, 구름기둥과 불기둥, 모든 것을 공급해 주셨습니다. 광야 길, 고난의 길을 걸으며 하나님이 원하시는 사람, 순종의 사람, 하나님만을 의지하는 사람으로 변해 가기 때문입니다.

19년 세월 속에 광야의 발자취들이 보였습니다. 광야 길을 걸으며 불평하고, 반대하고, 불순종하던 이스라엘 사람들의 모습이 바로 제 모습이었습니다. 평범한 일상 속에서 아무 일 없이 흘러가던 삶이 간절히 생각나서 가나안도, 하나님의 소명도 잊은 채 그만 돌아가고만 싶었습니다. 하나님이 가나안으로 인도하리라 약속하셨지만 까마득한 일로만 보였습니다. 그러나 그 힘든 순간마다 주님은 그저 두 팔 벌려 따뜻이 안아 주셨습니다. 품에 안겨 울다가 저는 보았습니다. 주님의 눈물을, 주님의 상한 마음을, 주님의 열심을, 그리고 주님의 끝없는 사랑을. 미련하게도 이렇게 다 보여 주신 후에야 깨닫게 되었습니다. 주님이 저를 떠나지 아니하시고 그 길을 저보다 앞서 가시며 걷고 계셨음을.

하나님은 저를 변화시키기 위해 광야학교에 입학시키셨고, 구름기둥으로 친히 이끌어 가셨습니다. 이스라엘 백성처럼 현실에 안주하고 변화를 싫어하면 하나님의 뜻이 이뤄질 수 없다는 것도 배웠습니다. 하나님의 사람이 되기 위해서 이스라엘 백성에게 40년간의 훈련이 필요했듯이, 부족한 저도 하나님의 사람으로 변화되기 위해서 훈련 기간이 필요했습니다. 그 훈련 기간 동안 하나님은 우리를 애타게 참고 기다리셨습니다.

수많은 학생이 한동에 입학했지만, 더러는 척박한 광야를 불평하며 떠나기도 했습니다. 그러나 대부분의 학생이 환경을 탓하지 않고 미래 지향적인 꿈과 비전을 가지고 졸업했습니다. 그들이 바로 여호수아요 갈렙입니다. 그들은 광야와 같은 현실을 보지 않고 하나님의 도구로 쓰임받기 위해서 광야의 훈련을 기꺼이 받아들였습니다. 우리는 현실에 안주하려 하지만, 하나님은 미래를, 눈에 보이지 않는 세계를 보여 주고 싶어 하십니다. 이러한 하나님의 비전을 갖도록 훈련시키는 곳이 바로 한동대학교입니다. 이 책에서 우리는 수많은 여호수아와 갈렙을 만날 수 있습니다. 그러나 한동에는 이 책에 나오지 않은 더 많은 여호수아가 있으며, 앞으로도 수많은 갈렙이 배출될 것입니다. 그들의 이야기를 지면상 다 드러내지 못함이 안타깝습니다.

"와! 우리 하나님 진짜 살아계시다!"

저와 남편이 종종 지르는 탄성입니다. 격려와 기도가 필요한 사람들과 저희는 이 고백을 자주 나누었습니다. 저는 예수님을 맘껏 자랑하고 싶습니다. 이 길을 걷게 하신 하나님께서 우리의 아픔과 서러움을 위로하셨고, 궁핍함을 채우셨다고 증언하고 싶습니다. 주님을 따르고 싶어서, 주님을 닮아 가고 싶어서, 부족함이 없는 주님과의 사랑의 동행기를 기록해 왔습니다.

"하나님께 가까이 함이 내게 복이라 내가 주 여호와를 나의 피난처로 삼아 주의 모든 행적을 전파하리이다"(시 73:28).

불확실한 길을 떠나는 자에게 가장 안전한 지도, 가장 확실한 나침반은 성경, 곧 '하나님의 말씀'입니다. 출애굽하여 가나안으로 나아가는 이스라엘 백성에게도 말씀이 있었습니다. 제사장들이 하나님의 말씀이 든 법궤를 들고 백성들 맨 앞에 서서 나갔듯이, 우리도 하나님의 말씀인 법궤를 들고 한동인들 앞장서 나아갔습니다. 끊임없이 움직이는 나침반의 바늘처럼, 예수님은 우리에게서 잠시도 눈을 떼지 않고 지켜 주셨습니다. 포기하지 않는 사랑으로 우리를 여기까지 안전하게 인도하셨습니다. 광야 길을 걷는 우리에게 보내 준 누군가의 미소, 말 없는 포옹, 뜨거운 악수, 사랑한다는 말 한 마디, 그리고 수많은 후원자들, 중보자들, 한동의 동역자들은 길을 가다 지친 우리에게 하나님이 보내 주시는 구름기둥이었습니다. 구름기둥의 사명은 갈

렙과 여호수아를 가나안 땅으로 들여보내는 것입니다.

한동은 아직도 광야 길을 가고 있습니다. 많은 분이 광야 길을 걷고 계실 것입니다. 하지만 하나님은 각자를 위한 구름기둥을 인생 곳곳에 마련해 두셨습니다. 그 구름기둥을 보면서 우리를 훈련시키는 하나님의 공식을 알아가게 될 것입니다.

이 책이 나오기까지 도와주신 모든 분에게 지면을 빌어 감사를 드립니다. 단 한 번의 포기도 없이 마지막 순간까지 최선을 다한 남편 김영길 총장과 든든한 지원군 아들 호민 정민 내외와 딸 종민 병희 두 내외에게 고맙다고 말하고 싶습니다. 천국에서 기뻐해 주실 하용조 목사님에게도 고개 숙여 감사드리고, 날마다 기도와 안부로 격려를 아끼지 않은 이형기 사모님에게도 고마움을 전합니다. 한동대와 저희 부부를 위해 기도와 후원을 보내 주신 교계 지도자들에게도 깊이 감사드립니다. 따뜻한 조언을 아끼시지 않은 한동대 이진구 교수님과 저의 모든 원고를 정리해 준 김선희 자매, 갈대상자의 모든 후원자들과 한동대의 교수님, 직원, 학부모님, 제자들이 있었기에 이 책이 귀한 기록으로 나올 수 있었습니다. 한동의 광야 길에서 이토록 많은 구름기둥을 보내 주신 하나님께 감사와 찬양과 영광을 올려 드립니다. 19년간의 한동에서의 사역을 마치면서, 이제 주님이 저를 또 어떤 길로 인도하시며, 어떤 구름기둥으로 보호하실지, 앞서 가시는 하나님의 사랑이 또다시 설레게 합니다. 이 시대를 변화시킬 차세대 지도자들인 여호수아와 갈렙의 구름기둥 여행기가 광야학교 동기인 여러분에게 또 하나의 구름기둥이 되기를 소원합니다.

2014년 2월 하나님의 기록자 김영애

1부
사랑하는 자를 광야로

예수님을 따르는 사람들, 제자도의 길을 걷는 믿음의 선진들도 위기를 만나지 않았던가. 나는 우리가 가는 길이 그 길이 믿음의 선진들이 갔던 그 공식대로 가는 길이었음을 알지 못했다. 하나님의 대학, 하나님의 방법으로 하나님의 인재를 양성한다는 한 동의 슬로건에는 고난이 없을 줄 알았다. 하나님의 대학이란 하나님이 직접 진두지휘하시는 대학이라는 것을 당시엔 더더욱 몰랐다. 또한 하나님의 고난 공식에 의해 연단 받아야 한다는 사실도 몰랐다.

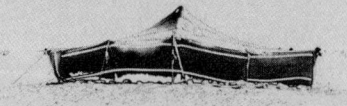

1장 하나님에게는 공식이 있다

어떤 상황에도, 어떤 결과에도 철저하게
'하나님의 사람'이 되는 것이 다윗에게
주어진 시험이었듯이 우리 또한 그러했다.
이 시험이 퇴임을 앞둔 우리에게 주어진 것이었고,
다윗을 통해 하나님은 우리에게
행할 바를 가르쳐 주셨다.

마지막 학기말 시험

2013년, 남편의 한동대 총장 임기 마지막 해다. 나는 한결 홀가분한 마음으로 찬송 가사를 흥얼거리곤 했다.

> 지금까지 지내 온 것 주의 크신 은혜라
> 한이 없는 주의 사랑 어찌 이루 말하랴
> …
> 주님 다시 뵈올 날이 날로 날로 다가와
> 무거운 짐 주께 맡겨 벗을 날도 멀잖네

남편은 3년 전부터 이번이 총장 마지막 임기라고 뜻을 정하고 김범일 이사장님께 후임 총장님을 모시자고 말씀드렸다. 그러나 이사장님은 한동대의 발전을 위해 한 임기만 더 해주어 한동대의 터전을 좀 더 굳건히 세워 달라고 간곡히 부탁하셨다. 남편이 끝까지 사양하자 그러면 명예총장으로서 한동대를 위해 봉사해 달라고 제안하셨다.

임기 마지막 해를 보내던 2013년 7월, 미국 워싱턴 출장길에 개교 초기부터 아낌없는 후원과 격려를 해주셨던 이원상 목사님(워싱턴중앙장로교회 원로목사)과 진금섭 장로님(한동대 미주 동부 후원회장)을 만났다. 이 목사님은 약 7개월 후면 한동대를 퇴임하게 된다는 남편의 말에 나지막하지만 단호하게 물으셨다.

"총장님! 총장직 퇴임하시는 것, 하나님께 허락받으셨습니까?"

순간 우리는 약간 당황했다. 우리 부부는 오래전부터 이 문제를 기정사실로 여겨 왔지만 목사님의 질문에 선뜻 대답하지 못했다. 그때 내가 먼저 말했다.

"그럼요, 목사님! 3년 전부터 하나님께 기도해 왔습니다."

"총장님! 한동대는 좋은 학교를 넘어 위대한 학교(Good to Great), 위대한 학교를 넘어 신앙과 학문의 탁월성을 동시에 추구하는 최고의 학교로(Great to Supreme) 도약해야 합니다. 그러기 위해서는 아직은 김 총장님의 역할이 매우 중요하다고 생각합니다."

목사님의 조용한 말씀은 우리 부부에게 강한 여운으로 남았다.

워싱턴 출장 일정 중에 월드뱅크와의 미팅은 만족할 만한 것이었다.

임기 마지막 몇 달을 남겨 두고도 한동대의 국제화를 위한 남편의 변함없는 열정에 나도 감탄하고 있었다.

그러나 가을학기가 막 시작된 어느 날, 지금까지의 총장에 대한 사랑과 지지가 송두리째 흔들리는 사건이 일어났다. 이미 수차례 읽었던 헨리 나우웬의 《예수님의 이름으로》(두란노 역간)에서 하나님께서 부르실 때는 개인적으로 부르시지만, 사역은 항상 두 사람씩 파송하신다는 말에 큰 감명을 받았던 남편이, 교수 모임에서 자신이 퇴임 후에도 새 총장을 도우며 명예총장으로 학교를 섬기고 싶다는 소망을 말했던 것이 사건의 발단이었다. 몇몇 교수들이 공개적으로 남편의 거취에 반대했고, 일부 학생대표들까지 동조하면서 학교가 술렁이고 분열이 일어나고 있었다. 시간이 갈수록 반대의 소리들이 학교 인터넷을 달구면서 일파만파가 되었다. 한동의 졸업을 앞두고 마지막 학기말 시험지를 받은 것 같았다. 지금까지의 어떤 사건보다 견디기 어려운 시험이었다. 나는 입술이 타들어 갔다. 이 시험문제를 출제하신 분의 의도를 알고자 남편과 나는 하나님 앞에 엎드렸다. 우리는 한동 공동체의 연합을 위해 간절히 기도했다.

나는 언제나처럼 진 에드워드의 《세 왕 이야기》(예수전도단 역간)를 다시 펼쳐 들었다. 고라의 반역과 모세가 취한 행동에 대해 읽었다.

"고라는 비록 모세의 사촌이었지만 모세가 가진 권위를 갖길 원했습니다. 어느 나라든 항상 문제는 있습니다. 모세가 다스리는 나라에도 문제가 있었습니다. 어느 날, 고라는 모세에 대한 그의 비난에 동조하는 253명의 사람을 찾아냈습니다. 그리고 그는 모세에게 '모세가 가진 권위를 행사할 권리가 전혀 없다'고 말했습니다. 40세의 모세는 고라와 그다지 다를 바가 없는 사람이었지요. 그러나 80세의 모세는 깨어진 사람이었지요. 깨어진 마음이 고라를 대면했습니다. 모세는 하나님 앞에 엎드렸습니다. 그것이 그가 한 전부였습니다."

그즈음 이재훈 목사님(온누리교회)이 '다윗과 압살롬'이란 제목으로 설교를 하셨다.

"죄의 엄청난 힘 중 하나가 악을 선으로 착각하게 하는 것입니다. 죄는 스스로 의롭다고 착각하고 불의를 행하면서도 정의를 행한다고 착각하게 합니다. 압살롬은 자신의 욕심을 실행하기 위해 사람들에게 자신을 위대한 사람으로 부각시키며, 선하고 의로운 사람으로 포장했습니다. 그는 아침부터 성문 길 곁에 서서 백성들의 손등에 입을 맞추고 개인적인 친밀함으로 사람들의 마음을 도적질했습니다.

더구나 '아히도벨이 베푸는 계략은 사람이 하나님께 물어서 받는 말씀과 같은 것이라'(삼하 16:23) 할 정도로 다윗의 최고의 멘토였던 아히도벨마저도 압살롬의 편에 섭니다. 그러나 압살롬은 결정적인 순간에 아히도벨의 조언보다 다윗의 친구 후새의 조언을 택함으로써 그의 도모가 모두 실패로 돌아갑니다. 아히도벨의 모략과 후새의 모략에 하나님이 직접 개입하신 증거입니다.

아담의 죄로 인해 시작된 인간의 원죄는 계속 확장되고 있습니다. 이러한 죄를 끊을 수 있는 것은 예수님의 십자가 은혜밖에 없습니다."

나는 하나님이 하시는 일을 눈과 귀로 경험할 수 있는 영적 분별력을 우리 모두에게 주시기를 간절히 기도했다. 우리는 우리의 말과 행동이 하나님을 대적하는 일인지, 하나님을 기쁘시게 하는 일인지 분별해야 했다.

　"여호와께서 모세에게 이르시되 이 백성이 어느 때까지 나를 멸시하겠느냐 내가 그들 중에 많은 이적을 행하였으나 어느 때까지 나를 믿지 않겠느냐"(민 14:11).

　하나님은 목사님의 설교를 통해 계속해서 말씀해 주셨다.
　"지도자의 자리에 있을수록 교만의 위험성이 큽니다. 하나님은 다윗이 왕의 권위를 자신을 위해 쓰지 않도록 가혹하리만치 혹독한 훈련을 시키셨습니다. 백향목 궁에 평안하게 살게 된 다윗은 여전히 하나님과의 친밀함을 유지하며, 영적으로 방심하지 않았습니다. 그는 하나님의 언약궤가 아직도 휘장 가운데 있는 것이 안타까워서 나단 선지자에게 이야기합니다. 다윗의 겸손함에 감동된 나단은 하나님의 언약궤를 둘 성전을 짓는 것이 좋다고 하나님께 여쭙지도 않고 즉각 대답해 버립니다. 나단의 조급함이 나타난 것이지요. 바로 그 밤에 하나님께서는 나단을 책망하십니다. 하나님은 다윗의 순수한 마음은 받으셨지만, 성전을 지으려는 다윗의 계획은 받지 않으셨습니다. 하나님의 명령에 불순종하는 것도 불순종이지만, 하나님이 원하시지 않는 것을 하려는 것도 불순종입니다."

　설교를 들으며 우리는 나단의 실수가 곧 우리 모습인 것 같았다. 예배를 마치고 나오자, 함께 예배를 드린 아들이 복도에서 기도 부탁을 했다.

"아빠, 저 오늘 오후에 유럽 출장 갑니다. 저를 위해 기도해 주세요."

우리는 교회 한쪽 구석에서 아들 내외와 손자 손녀, 여섯 사람이 손을 잡고 기도했다. 그러나 남편은 아들이 요청한 기도보다 자신의 회개기도를 간절히 드리고 있었다.

"하나님! 나단처럼 하나님께 여쭈어 보지 않고 성급하게 말했던 저를 용서하여 주소서. 진심으로 회개합니다. 용서하소서."

남편의 목소리는 젖어 있었다. 사람들이 지나다니는 복도 한구석에서 할아버지가 드리는 간절한 회개기도를 손녀 손자는 비록 이해하지 못하더라도 중심을 보시는 하나님은 받으셨으리라.

"하나님께서 구하시는 제사는 상한 심령이라 하나님이여 상하고 통회하는 마음을 주께서 멸시하지 아니하시리이다"(시 51:17).

그다음 주일도 하나님은 목사님의 설교를 통해서 또다시 말씀해 주셨다.

"리더십이란 권위의 상징입니다. 하나님이 주신 권위를 우리가 어떻게 사용하는가, 하나님은 눈여겨보고 계십니다. 하나님의 것인 줄 알고 하나님의 손에 맡기며 행할 때, 진정한 권위가 생깁니다. 하나님의 때에 하나님의 방법으로 이뤄지도록 나의 권위를 주님 손에 맡겨 드리는 것이 권위를 부여 받은 자의 본분입니다.

다윗이 권위와 권력을 포기함으로써 오히려 권위는 점점 높아지고 있었습니다. 다윗은 하나님께서 친히 행하시도록 하나님의 손을 철저히 의지했습니다. 자신의 손으로 하려는 어떤 시도도 하지 않았습니다."

어떤 상황에도, 어떤 결과에도 철저하게 '하나님의 사람'이 되는 것이 다윗에게 주어진 시험이었듯이 우리 또한 그러했다. 이 시험이 퇴임을 앞둔 우리에게 주어진 것이었고, 다윗을 통해 하나님은 우리에게 행할 바를 가르쳐 주셨다.

내가 사랑했던 모든 것 내려놓고

남편은 한동인들에게 자신의 심정을 토로하는 편지를 띄웠다.

"사랑하는 한동인 여러분!

하나님이 저를 1995년 한동대 초대 총장으로 부르시고, 지난 19년 동안 수많은 고난과 환난과 옥고를 치르게 하시면서, 한동대가 순수한 기독교 정신의 대학교로 세워지도록 헌신하게 하셨습니다. 이제 한동의 지휘봉을 다음 총장님에게 넘기려는 즈음에 저의 명예총장직과 관련해서 일부 한동인들 사이에 오해와 갈등이 일어나고 있음을 보면서 이 글을 씁니다.

2007년에 명예총장직을 제정한 것은, 한동대가 개발도상국의 역량강화를 수행하는 유네스코 유니트윈 주관 대학으로 선정되던 당시, '지속적으로 국제기구와의 원활한 교류와 자문을 할 수 있는 인사가 필요하다'는 유네스코의 제안을 받아들였기 때문입니다. 저의 임기 이후에도 현재 진행되고 있는 모든 국제화 활동이 지속적으로 원활하게 추진되어야 한다는 중압감에서 저는 명예총장으로서 학교를 섬기겠다는 소망을 갖게 되었습니다. 그러나 저의 충심이 제대로 전달되지 못하고, 뜻하지 않은 오해와 분열이 일어나고 있는 것을 보면서 저는 한없는 비애와 슬픔을 느낍니다.

이 시간 저는 '내가 사랑했던 모든 것 내려놓고 내 주되신 주 앞에 나가' 하는 찬양 가사처럼 명예총장으로서의 저의 소망을 내려놓고자 합니다. 오직 저의 한 가지 바람은 우리 한동인들이 서로 분열하거나 갈등을 일으키지 않는 것입니다. 한동대는 하나님의 대학입니다. 하나님의 영광을 가리지 않기 위해서 우리는 서로 사랑하면서, 서로 감싸주면서 손잡고 나아가야 합니다. 교수, 직원, 재학생, 동문, 학부모님 모두가 주님 안에서 하나가 되어 하나님의 뜻이 한동에서 이루어지기를 간절히 소망합니다."

총장의 자리는 퇴임하지만 사명은 아직 끝나지 않았다고 생각하던 남편에게, 끔찍이 사랑했던 한동을 내려놓아야 한다는 것은 분명히 고통이었다. 그러나 남편은 솔로몬 재판에서 사랑하는 자식을 포기할망정 자식의 생명을 지키려던 생모의 심정으로 차라리 고통을 택하더라도 한동의 분열을 막아야 했다.

"왕이 이르되 산 아이를 둘로 나누어 반은 이 여자에게 주고 반은 저 여자에게 주라 그 산 아들의 어머니 되는 여자가 그 아들을 위하여 마음이 불붙는 것 같아서 왕께 아뢰어 청하건대 내 주여 산 아이를 그에게 주시고 아무쪼록 죽이지 마옵소서 하되 다른 여자는 말하기를 내 것도 되게 말고 네 것도 되게 말고 나누게 하라 하는지라 왕이 대답하여 이르되 산 아이를 저 여자에게 주고 결코 죽이지 말라 저가 그의 어머니이니라 하매"(왕상 3:25-27).

그동안 수없이 읽었던 《세 왕 이야기》에서, 목사님의 설교를 통해서 그리고 간절한 기도를 통해서 하나님은 남편의 소망을 내려놓을 수 있게 하셨다.

고별 채플

2013년 12월 11일 수요일, 남편은 총장으로서의 마지막 채플 시간에 고별인사를 했다.

"제 인생을 인도해 오신 하나님의 섭리를 다시 한 번 생각해 봅니다. 하나님께서는 제가 미처 생각하지 못한 방법으로 저의 인생을 인도해 주셨습니다.

어제, 어느 기자가 제게 19년간의 한동대 총장 재임 기간을 돌아보면 퇴임하는 것이 섭섭하지 않느냐고 물었습니다. 저는 '섭섭함'을 능가하는 '설렘'이 있다고 대답했습니다. 왜냐하면 한동대학은 이제 새 총장님과 함께 다시 한 번 도약할 것이기 때문입니다. 한동대학은 하나님께서 세우시고 하나님이 주인이신 대학이기 때문입니다. 하나님은 세상을 변화시킬 소망을 우리 한동인들에게 주셨습니다.

봄이 되면 기러기 떼들이 남쪽에서 추운 북극 지방으로 V자 모양의 편대로 줄을 지어 이동합니다. 선두에 선 기러기가 목적지를 향해 상승 기류 바람을 일으키며 무리를 인도하기 때문에 다른 기러기들보다 공기저항을 많이 받습니다. 뒤따르는 기러기들은 선두 기러기보다 약 15% 가량 적은 힘으로도 기류를 탈 수 있다고 합니다. 기러기 떼들이 창공을 나를 때, 선두 기러기가 방향을 잡아 가며 잘 날 수 있도록 일제히 '구구구' 하며 쿠잉(cooing) 소리를 냅니다. 선두 기러기를 격려하는 소리입니다. 공기저항을 가장 많이 받는 선두 기러기가 얼마나 힘이 드는지 알기 때문입니다. 선두 기러기는 동료들의 응원 소리에 힘입어 목적지를 향해 힘차게 날 수 있습니다.

지난 세월 한동대 학생들, 교직원들, 학부모님들 그리고 후원자들이 응원해 주시는 쿠잉 소리에 힘입어 부족한 제가 여기까지 올 수 있었습니다. 힘차게 날던 선두 기러기가 지치면 자리를 교체합니다. 저에게도 이제 교체할 시기가 온 것입니다.

저는 이제 총장의 자리에서 물러나서 앞으로 한동대를 새롭게 이끌어 갈 선두 기러기인 신임 총장을 격려하는 대열에 여러분과 함께 설 것입니다. 그리하여 장차 하나님의 찬송이 되고 기쁨이 되며 하나님의 영광을 드러낼 여러분을 격려할 것입니다. 허물 많은 제가 총장의 소임을 다할 수 있도록 격려하고 지원해 주신 한동인 모두에게 다시 한 번 감사의 말씀을 드립니다.

사랑하는 한동인 여러분! 저는 오늘 19년 동안 한 번도 한 적이 없는 말을 하려고 합니다. 그동안 사랑한다는 말은 많이 했지만, 여러분께 미안하다는 말은 해본 적이 없는 것 같습니다. 하지만 꼭 한 번은 말하고 싶었습니다.

잘 소통하지 못해서 미안합니다.

저는 지금까지 누구보다 한동을 사랑하고 또 사랑했습니다. 많이 고생스럽고 힘들었지만 한 번도 후회한 적이 없습니다. 늘 기쁨과 설렘으로 살아왔습니다. 하지만 저도 연약한 인간인지라 부족한 면이 참 많았습니다. 저는 평생을 공학도로, 연구자로 살아왔습니다. 그래서 경영자로, 지도자로 사는 것이 솔직히 쉽지만은 않았습니다. 참 어려웠습니다. 저와 반대되는 목소리, 소수의 목소리를 너그럽게 품어 주지 못한 때도 있었습니다. 그런 제 부덕함 때문에 상처받고 힘들었을 한동인들에게 진심으로 미안합니다.

사랑하는 한동인 여러분! 더 깊게 고민하고, 더 세심하게 준비하지 못해서 미안합니다. 돌이켜보면, '하나님의 대학'이 어떠해야 하는지에 대한 고민이 충분하지 못했습니다. 벤치마킹할 대학이 대한민국 아니, 세계 어디에도 없었던 탓도 있습니다. 또 늘 어려운 상황 속에서 한동의 생존을 위해 노심초사하느라 훌륭한 후임자를 뽑는 정교한 시스템을 준비하지 못했습니다. 그 때문에 많은 오해가 생기고, 아픔이 생기고, 갈등이 생겼습니다. 마음이 무너지는 아픔을 느꼈습니다. 미안합니다.

사랑하는 한동인 여러분! 비록 하나님의 대학이 무엇인지 뚜렷이 보이지 않고, 손에 명확히 잡히지는 않지만 그래도 포기하지 마십시다. 20년 만에 완성하지 못했다고 절망하지 맙시다. 수많은 한동인이 간직해 온 꿈과 비전을 버리지 맙시다. 우리가 아니면 다음 세대에라도, 언젠가는 반드시 완성되리라 믿고 기도합시다. 함께 지혜를 모아 한동을 세웁시다.

사랑하는 한동인 여러분, 저는 한동에 희망이 있다고 믿습니다. 함께 기도하고 고민해 온 교수님들과 학생들, 사랑하는 동문들이 있기 때문입니다. 19년 전에는 저와 소수의 교수님들뿐이었지만, 그동안 한동을 한 단계 업그레이드시킬 수 있는 역량 있는 한동인들이 많이 배출됐습니다. 교수와 학생, 직원과 동문이 모두 함께 머리를 맞대면 좋겠습니다. 지금이라도 모두 함께 노력해서 한동을 세워 나갑시다.

사랑하는 우리 교수님들, 부족한 저를 리더로 19년 동안이나 묵묵히 따라와 주셔서 정말 감사합니다. 사랑하는 학생 여러분, 저를 늘 반가워해 주고 좋아해 주셔서 감사합니다. 그리고 이 자리엔 없지만 사랑하는 동문 여러분, 한동을 선택하고 애쓰고 헌신하고 기도해 주어서 감사합니다. 우리의 20년은 작고 연약해 보이지만, 먼 훗날 한국과 세계를 변화시킬 당당한 하나님의 대학이 되리라 믿습니다. 모든 일이 합력하여 선을 이루리라는 하나님의 말씀을 의지해 나아갑시다.

사랑하는 한동인 여러분, 다시 한 번 고맙습니다. 하나님의 축복이 한동대와 여러분 모두에게 함께하기를 기도합니다.

I love you. God loves you!"

남편은 몇 번이나 눈물을 삼키며 준비한 글을 읽어 내려갔다.

마지막 고별 채플에 참석했던 정윤아(04학번, 국제어문학부) 비서가 편지를 보내 왔다.

"어제 채플에서 마음이 너무 아팠습니다. 어제는 제가 한동인이라는 사실이 많이 부끄러웠습니다. 제가 그곳에 앉아서 총장님 말씀을 듣고 있기가 너무 힘들었습니다. 하지만 모자란 저희들에게 먼저 미안하다고 고개 숙이시는 모습을 보면서 예수님의 모습이 떠올랐습니다. 부족함이 많은 저희들을 끝까지 품어 주고 먼저 사랑해 주셔서 감사드립니다.

지금까지 6년간 총장님을 모시면서 어떠한 돈을 지불하고도 배울 수 없는 가치들을 배웠습니다. 말로만 희생하지 않으시고 항상 묵묵히 행동으로 책임지시는 모습, 먼저 낮은 자세로, 제가 생각해도 억울할 정도로 손해 보시면서 항상 한동 공동체가 잘되는 방향을 선택하시는 모습, 모든 일정 수립에 있어 우선순위는 '한동'이셨습니다. 한동을 알리고, 학교에 도움이 될 수 있는 곳이라면 극도의 피로감과 부담감이 수반되는 일과 속에서도 꼭 그 일정을 선택하셨습니다.

스스로를 드러내지 않으시는 총장님 대신 제가 알리고 싶은 것이 있습니다. 근무 년수가 더해질 때마다 호봉과 월급이 올라가는데, 총장님께서는 호봉을 올리지 말라고 부탁하셨고 개교 때부터 지금까지도 그대로 계셔서 심지어 총장님보다 호봉이 더 높은 분들도 계십니다. 갖고 계시는 법인카드조차도 교통비 외에는 거의 사용하지 않으셔서 카드 사용내역을 전표 처리하는 것이 참 손쉽습니다. 출장 가실 때도 출장비 신청을 한 번도 하신 적이 없습니다. 한동대 총장님의 자리는 제

기대와는 어긋난 곳이었습니다.

들려오는 동문들의 좋은 소식들과 재학생의 발랄한 인사에 항상 푸근하게 지으시던 미소, 그러나 때로는 남몰래 훔치시던 눈물, 어려운 상황 가운데서도 먼저 하나님 앞에 무릎 꿇고 뜻을 구하시는 믿음, 맡으신 순서는 수없이 점검하시고 수십 번씩 읽어 보시는 책임감과 성실함…. 제 인생에서 결코 잊을 수 없는 배움입니다. 총장님께서는 정말 하늘의 상급만을 바라보시는 분이라는 생각이 듭니다. 그러한 분을 모시고 있어서 정말 감사하고 영광스럽습니다.

총장님의 이러한 모습들을 지켜보면서 훌륭한 사람은 무엇보다 인격과 바탕이 우선되어야 한다는 것을 배웠습니다. 저도 어떠한 보상을 바라기보다 하늘의 상급을 바라보며 하나님께서 원하시고 기뻐하시는 사람이 되어야겠다는 결심을 할 수 있도록 모범이 되어 주셔서 정말 감사합니다.

총장님, 사랑합니다. 감사합니다. 죄송합니다."

빨간 장미 꽃잎을 즈려밟고

2013년 12월 16일 월요일, 학생들이 '김영길 총장님께 드리는 아주 특별한 선물'이라는 퇴임 기념행사를 했다. 현동홀로 수백 명의 학생들은 숨소리도 내지 않은 채 카네이션을 들고 조용히 모여들었다. 한동 챔버 오케스트라도 로비 한쪽에 자리를 잡고, 무대와 음향도 설치했다. 현관 위에는 "김영길 총장님의 사랑과 가르침은 영원히 한동인들 가슴속에 길이길이 남을 것입니다"라는 현수막이 걸렸다. 학생들은 빨간 장미 꽃잎을 2층 총장실 복도에서부터 1층까지 뿌렸다. 남편이 학생대표의 손에 이끌려서 2층 발코니에 서자 학생들이 오케스트라의 반주에 맞춰 〈스승의 은혜〉를 부르기 시작했다.

스승의 은혜는 하늘 같아서 우러러 볼수록 높아만 지네
참되거라 바르거라 가르쳐 주신 스승은 마음의 어버이시다
아~ 고마워라 총장님 사랑 아~ 보답하리 총장님의 은혜

학생들을 바라보는 남편의 얼굴에도, 그 광경을 보고 있던 교수들의 얼굴에도 눈물이 흘러내렸다. 학생대표가 말했다.
"총장님께 드리고 싶은 저희의 마음을 삼행시로 지었습니다."
학생대표가 선창하자 학생들이 복창했다.
"김, 김영길 총장님의 사랑과 가르침은,
 영, 영원히 한동인들 가슴속에,
 길, 길이길이 남을 것입니다. 총장님 사랑합니다."
〈어메이징 그레이스〉 찬양 반주에 맞추어 학생들이 뿌려 놓은 장미 꽃잎을 밟고 1층 로비로 내려온 남편이 만감이 교차되는 표정으로 말했다.
"I love you, 저는 하나님께서 한동대학을 사랑하시고, 한동대를 지켜 주시고, 인도하실 것을 믿습니다. 수많은 기독교 명문 대학들이 세

속화되었습니다. 그러나 한동만큼은 순수한 하나님의 대학으로 남아야 합니다. 이것이 저의 가장 큰 바람입니다. 한동대가 순수한 기독교 정신의 대학이 되도록 기도하고 후원하시는 후원자들에게 감사하는 마음을 가집시다. 여러분들을 향한 교수님들의 마음을 생각하고, 한동의 정신을 잘 지켜 냅시다. 여러분이 세상을 바꾸는 크리스천 리더가 될 수 있기를 바랍니다. 앞으로 우리 한동대학을 위해서 그리고 저를 위해서도 기도해 주십시오. 학기말 시험 주간에 오늘 마지막으로 도서관을 돌려고 했는데, 여기서 여러분을 보니 더 반갑습니다. 하나님이 앞으로 어떻게 한동을 이끌어 가실지 저는 참 설렙니다. 여러분도 더욱 열심히 노력하시기 바랍니다."

학생대표가 말했다.

"총장님을 가운데로 모셔서 우리 모두 총장님을 위해 기도합시다."

"하나님, 기말고사 기간임에도 불구하고 한동인들이 더 중요한 가치를 알아서 우리 대학의 아버지이신 총장님께 마지막 인사를 하기 위해 이렇게 한자리에 모이게 하심에 감사드립니다. 지금까지 총장님을 사랑하셨듯이 앞으로도 이끌어 주실 것을 믿으며, 예수님의 이름으로 기도드립니다."

이어서 한동 로고송(95학번 정승희 작사 작곡)을 함께 불렀다.

하나님의 도를 따르는 사람들 여기 모였네
두 손 들고 그분의 이끄심을 체험하는 여기는 한동대학교

이곳에 첫발을 내딛을 때

가슴 깊은 그곳에 하나님의 인도하심으로

내가 온 것을 알았지

비록 아무것도 없었고 다만 푸른 하늘과 바다

그리고 광야만이 나를 반겨 주던

그래도 설레던 나와 같은 맘을 가지고 모인

귀한 친구들과 꿈을 나누던 아름다운 벽등

그 불빛은 아직 내 마음속에

한동대에서 보낸 19년의 시간들이 마치 어제 일처럼 또렷이 떠올랐다.

그분의 이끄심을 체험하는
김성옥 글로벌리더십학부 교수

미국에 있을 때 '대학에서 수학을 가르칠 뿐만 아니라 성경을 가르칠 수 있다면 얼마나 행복할까' 하고 생각했던 적이 있다. 얼마 후, 이웃 사람이 찾아와 한동대학교가 생긴다는 소문을 전해 주었다. 기독교인이며 영어로 강의할 수 있는 사람을 찾는다는 신문광고가 났다고 했다. 그때 '나보고 오라는 소리네'라는 생각이 머릿속을 스쳐갔지만 그후 잊어버리고 말았다. 지금 생각해 보면 하나님의 인도하심이라고 할 수밖에 없는 과정을 거쳐, 개교 때부터 지금까지 나는 한동의 역사를 현장에서 바라보는 특권을 누리고 있다. 그것이 얼마나 귀한 일인지 미처 깨닫기도 전에 한동 가족의 일원으로 십수 년이 넘는 세월을 보내고 있다.

12대 1의 경쟁을 뚫고 들어온 첫 신입생 400명을 맞는 입학식장에서, 어디에 서 있어야 할지 몰라 운동장 주변을 어슬렁거리는 가운데 한동에서의 삶은 시작되었다. 1995년, 서울의 유수한 대학에 합격을 하고도 건물도 몇 채 없는 산골 학교를 선택한 쟁쟁한 1기생들을 안심시키려는 의도인지, 채플에 오는 강사마다 학생들이 얼마나 탁월한 선택을 하였으며 한동대는 국제 무대에서 활약할 인재를 양성할 것이니 세계를 품고 기도하자고 했다. 나는 그때만 해도 남을 위해 기도한다는 말은 위선이라고 생각했다. 가족을 위해서도 잘 기도하지 않으면서 어떻게 남을 위해 진심으로 기도할 수 있다는 말인가. 그런데 심지어 생판 모르는 다른 나라 사람을 위해 기도하다니…. '아마 학생들이 열악한 환경을 잊도록 세뇌시키려는 모양이군' 하고 생각했다. 한 번도 들어 본 적이 없던 "공부해서 남 주자!"란 말(자음 하나 바꾸어서 뜻이 그렇게 달라질 줄이야)을 10여 년 전 한동에서 처음 들었고, 시간이 흐르면서 학생들보다 더 많이 세뇌되어 가는 나 자신을 보게 되었다.

'하나님의 대학 한동대학교'라는 표현을 쓰기 시작할 때 나는 '어떻게 감히 그런 말을 할 수 있는가, 그 이름에 걸맞게 어떻게 살아갈 것인가, 제대로 못하면 하나님의 이름에 먹칠을 하지 않겠는가'라고 생각했다. 그런데 시간이 지나면서 한동은 뭔가 다른 곳임을 느끼게 된다. 주변이 변화하는, 살아 움직이는 것을 느낀다.

우선 학생들이 즐겨 부르는 한동 로고송 가사처럼 "그분의 이끄심을 체험하는" 곳이 되도록 이끄는 보기 드문 지도자가 있는 곳임을 뒤늦게 깨닫게 되었다. 어쩌다 만난 사람들이 우리 졸업생들을 칭찬하는 말을 들을 땐 내가 칭찬을 듣는 것만 같다.

세계 곳곳에 한동을 위해 기도하고 후원하는 후원자들이 있다는 것도 특이하다. 여기 한동에는 여러 가지 개인적인 어려움을 서로 나누기도 하는, 가족도 아니고 친척도 아닌 나를 위해 진정으로 기도해 주는 동료들이 있다. 변해 가는 사람들 속에서 나 자신이 가장 많이 변해 가고 있음을 느낀다.

한동에서의 나의 역할은 학생들을 가르치고 인도하는 것인 줄 알았는데 그게 아니란 것을 이제야 어렴풋이 알게 되었다. 학생들에게는 4년여의 시간이면 되지만 내겐 그런 짧은 기간으로는 어림도 없어, 교수로 오래 있게 하시면서 그리스도의 장성한 분량에 이르도록 교육하고 계시는, 우리의 유일한 스승이신 예수님의 학생일 뿐이란 것을…. 한동 가족, 즉 과거와 현재와 미래의 우리 학생들, 교수들, 직원들 및 그 가족들과 후원자들이, "철이 철을 날카롭게 하는 것같이"(잠 27:17) 때로는 부딪히기도 하며 성숙해 가는 곳, 생명이 있는 공동체, 그분의 이끄심을 체험하는 곳이 한동대학교이다. 그래서 감히 하나님의 대학이라고 할 수 있는지도 모르겠다.

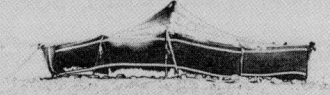

2장 나보다 먼저 가시다

하나님이 하시는 일이니 저희는 모릅니다.
하나님! 하나님의 대학이 어떠해야 하며,
학생들을 어떻게 교육해야 하는지
처음부터 하나씩 가르쳐 주십시오.

떠나라는 재촉

새로운 일을 시도할 때마다 나는 한번에 결정하는 법 없이 늘 주저하고 망설이곤 했다. 무슨 일을 하든지 미리 걱정부터 앞서는 나는 자연히 전능하신 하나님을 의지하게 되었고 기도로 하나님과 가까워지면서 성장했다.

남편은 타고난 과학자였다. 미국 나사(NASA)에서도, 뉴욕 인코(INCO)에서도, 카이스트에서도 강의실과 실험실에서 연구에만 몰두했다. 그것이 그에게 전부였다. 남편은 사람들과 어울려 사교 생활을 하거나 인맥을 쌓고 야망을 펼치는 사람이 아니었다. 연구실에 있을 때 가장 마음이 편하고 행복하다고 했다. 자신의 월급이 얼마인지 집안 살림이 어떠한지 전혀 관심이 없었다. 은행 한번 가 본 적이 없었고, 가장이 감당해야 하는 일들을 처리해 준 기억도 별로 없다. 그저 따뜻한 식사가 준비된 아늑한 가정, 그리고 연구와 학문에 몰두할 수만 있다면 불평을 토로하는 법이 없는 사람이었다.

남편의 트레이드마크 같은 미소는 다른 사람들에 비해 행복을 느끼는 행복지수가 높기 때문이 아닐까 생각해 본다. 그는 작고 소박한 것에 즐거움과 기쁨을 누리는 사람이다. 남편의 성실한 성품은 신앙에도 배어 있어서 우리 가정의 주인이 하나님이신 것이 최고의 감사 조건이었다. 하나님이 그런 우리에게 앞으로 어떤 일을 시키시려는지는 그때만 해도 꿈에도 알지 못했다.

어느 주일, 설교 말씀 가운데 이미 수차례 강조하셨던 온누리교회 하용조 목사님의 말씀이 우리의 마음에 깊이 박혔다.

"성도 여러분! 예수님은 '너희는 가서 모든 민족을 제자로 삼아 아버지와 아들과 성령의 이름으로 세례를 베풀고 내가 너희에게 분부한 모든 것을 가르쳐 지키게 하라'(마 28:19-20)고 말씀하십니다. 교회에서 7년 동안 신앙 훈련을 받은 분들은 하나님의 지상명령을 수행하기 위해 떠나십시오! Come and Go! Go! Go! Go!"

그 말씀이 얼마나 엄청난 뜻을 담고 있는지 우리는 그 당시엔 잘 몰랐다.

그날도 목사님은 성도 한 사람 한 사람에게 당부하듯이 단호한 눈빛으로 말씀하셨다. 목사님의 도전 앞에 남편과 나는 할 말이 없었다. 그리고 하나님 앞에도 어쩐지 면목이 없었다. 진지하게 고민해 보지 못했던 우리는 부담감을 떨칠 수가 없었다.

뜻밖의 제의

1994년 1월, 목사님의 설교가 머리와 마음속에서 떠나지 않던 무렵, 남편이 뜻밖의 제의를 받았다. 포항에 기독교 정신으로 세워지는 신설 대학인 한동대학교 총장으로 청빙하는 전화였다.

처음에는 정중하게 사양하던 남편이 다시 기도해 보고 대답하겠다며 전화를 끊었다. 기독교 정신의 대학이라는 말과 기도하는 장로님이 어찌 기도도 하지 않고 그렇게 단박에 거절하느냐는 말에 그의 대답이 유보되고 말았던 것이다. 장차 그가 감당해야 할 수많은 위기와 고난과 역경들을 조금이라도 미리 알았더라면 하나님께 비켜 가게 해달라고 부탁했을 것이다.

전화를 받은 후부터 남편과 나는 심각하게 기도하지 않을 수 없었다. "하나님! 어찌해야 좋을지 하나님의 뜻을 알려 주세요."

바로 위 형님인 김호길 박사(포항공대 초대 총장)를 통해 우리 부부는 총장이 얼마나 힘든 자리인지 간접적이나마 잘 알고 있었다. 하지만 하나님의 초대는 그렇게 쉽게 끝나지 않았다. 하나님은 남편에게 마음속 깊은 곳으로부터 거룩한 부담감을 주시기 시작했다.

하나님의 일에는 하나님의 계획과 섭리가 개입되어 있다. 우리가 미룰 수도 거절할 수도 없도록 우리의 마음과 영을 통해 하나님은 하나님의 일을 구체적으로 펼쳐 나가셨다. 우리에게 주어진 것은 승낙이 아니라 '받아들임'이었다. 한동대학교로의 부르심은 우리에게는 헌신의 출구였다.

"하나님이 하시는 일이니 저희는 모릅니다. 하나님! 하나님의 대학이 어떠해야 하며, 학생들을 어떻게 교육해야 하는지 처음부터 하나씩 가르쳐 주십시오."

그러나 위기는 너무도 빨리 찾아왔다. 총장직을 수락한 지 4개월이 지났을 때, 우리를 부르시는 한 통의 전화처럼, 또 다른 뜻밖의 사건이 우리 앞에 펼쳐진 것이다. 개교를 8개월 앞두고 학교의 재정 걱정은 하지 않아도 된다던 설립자의 재단 기업이 문을 닫는 사고가 발생했다. 이미 교수 초빙도 마무리되었고, 몇몇 교수들은 포항으로 이사할 준비를 하고 있을 무렵이었다. 아무 일도 일어나지 않은 듯이 개교를 진행해야 할지 아니면 여기서 멈춰야 할지 결정해야 하는 기막힌 상황을 만난 것이다.

4개월 전까지만 해도 우리는 평온한 나날을 보내고 있었는데, 하나님의 소명을 받자마자 이전에는 상상하지도 못할 문제들로 밤잠을 이루지 못하게 되었다. 몇 달 전 한동대학으로의 부르심과는 비교할 수 없는 고민과 위기 상황을 만난 것이다. 우리는 매일 새벽에 교회로 달려가 하나님께 엎드렸다. 재헌신의 결단을 해야만 하는 기로에서 나는 지금이라도 그만두자고 남편을 만류했다.

"이런 상황이 벌어진 것은 우리 책임이 아니잖아요. 우리는 하나님의 부르심에 순종했잖아요. 하나님도 순종하려는 우리 마음을 아셨을 테니까요. 이제 우리를 향한 하나님의 테스트는 끝났어요. 아브라함도 이삭을 제단에 바치려고 칼을 잡은 순간 하나님께서 '하지 말라'고 만류하셨잖아요."

하나님이 이런 나의 모습을 지켜보고 계셨겠지만, 나는 불안한 마음에 어떻게든 남편을 만류하려고 애썼다. 남편의 성품을 누구보다 잘 알기에 성경 말씀까지 언급하면서 상황을 종료시키고 싶었다. 나는 한 발짝도 더 나아가고 싶지 않았다. 그런 나에게 남편이 말했다.

"사람도 약속을 지켜야만 우정을 지속할 수 있는데 하물며 우리를 구원하신 하나님과의 약속을 저버리면 되겠소? 우리가 하나님께 신용을 잃으면 안 되지 않소."

우리의 처음 헌신을 잊어선 안 된다는 뜻이었다. 나는 당황했다. 피할 수 없는 위기 앞에서도 남편이 가겠다는 그 길을 나 혼자 멀리 떨어져서 지켜볼 수는 없었다. 어머니에게 보고 배운 돕는 배필의 자리는 언제나 남편 곁에서, 믿음으로 기도하며 하나님의 뜻을 구하는 것이었다. 우리는 하나님의 섭리를 다 알 수 없지만, 우리의 걸음을 인도해 달라고 하나님께 기도했다.

추석 명절이 막 지난 후, 개교 준비를 하기 위해 포항으로 이사 갈 준비를 해야 했다. 새로운 출발에 대한 설렘 대신, 장차 어떤 날들이 기다릴지 모르는 착잡한 심정으로 짐을 싸기 시작했다.

'어쩌자고 우리가 이런 모험을 하나. 내년에 개교도 못하고 서울로

다시 올라올지도 모르는데, 이사를 하다니….'

"내가 진실로 진실로 네게 이르노니 네가 젊어서는 스스로 띠 띠고 원하는 곳으로 다녔거니와 늙어서는 네 팔을 벌리리니 남이 네게 띠 띠우고 원하지 아니하는 곳으로 데려가리라"(요 21:18).

내 영혼의 번지점프

그해 4월 포항공대 총장이셨던 형님이 불의의 사고로 유명을 달리하시고 말았다. 연이어 6개월 후인 10월 말경, 아들을 잃은 충격으로 시어머님마저 돌아가셨다. 사랑하는 가족을 차례로 잃은 남편과 나는 참담한 슬픔으로 어쩔 줄 몰라 했다. 어머님 초상 중에, 4개월 전에 학교를 맡을 의향을 비쳤던 S그룹의 L회장으로부터 연락이 왔다. 그들이 학교를 다녀간 후 우리는 그로부터 희소식이 오기를 간절히 기다렸다. 장례를 마치자마자 급히 서울로 올라왔다. 화급한 학교 문제로 어머님을 잃은 슬픔조차 가눌 여유도 없이 남편은 하용조 목사님과 L회장을 만나러 갔다.

이 틈에 나는 파마나 해야겠다며 하 목사님 사모님과 만 원에 파마한다는 사당동의 어느 미용실을 물어물어 찾아갔다. 시간이 한참 지난 후에 불현듯 불길한 예감이 들어 사모님께 말했다.

"어떻게 되었는지 걱정되네요. 사모님이 목사님께 연락해 보시면 어떨까요?"

휴대폰이 없었던 시절이라 미용실 데스크에서 전화를 하시던 사모님이 말했다.

"이상해요. 목사님이 지금 두란노에 계시네요. 김영길 장로님은 교회로 가셨다고 하고요."

아무래도 일이 잘 안 된 듯싶었다. 나는 초조해졌다. 파마를 하고 있다는 것도 잊어버린 채 자리에서 일어나려고 했다. 놀란 미용사가 말렸다.

"사모님, 중화를 하지 않고 파마를 끝내면 머리카락이 다 상해요."

중화제를 대충 뿌리고, 머리를 감는 둥 마는 둥 하고 우리는 미용실에서 나왔다. 사모님과 나는 바글바글한 머리를 매만지지도 못하고 경황없이 차를 몰고 교회로 향했다. 교회 앞 신호등 앞에서 차를 멈춘 순간, 나는 교회 주차장에서 고개를 숙이고 서성이는 남편을 발견했다. 그 순간 전신에 기운이 빠져서 브레이크 페달을 밟을 기운도 없었다. 남편과 눈이 마주쳤다. 남편은 고개를 가로젓더니 다시 고개를 숙였다. 남편의 바바리코트 자락이 바람에 쓸쓸히 나부끼고 있었다.

'아, 이를 어쩌면 좋은가! 이미 포항으로 이사 온 교수도 있고, 이제 미국과 서울에서 교수 가족들이 포항에 속속 도착할 텐데…. 이를 어떻게 해야 하나?'

이제 와서 모든 것을 백지화하기엔 너무 늦었다. 절체절명의 선택의 기로 앞에서 두려움이 엄습했다.

우리의 앞날에 위험천만한 미래가 놓여 있다는 것을 어렴풋이 예측할 수 있었다. 그럼에도 불구하고 모험을 각오해야 하는 두려움! 하나님께 '위험 부담 수락'이라는 우리의 선택을 올려 드려야 하는 순간이 닥치고 있었다. 영이신 하나님, 우리 눈에 보이지 않지만 살아계신 하나님은 때로는 우리에게 거부할 수 없는 모험의 삶을 요구하신다. 하나님에 대한 온전한 사랑만이 우리의 두려움을 내어 쫓는다.

> "사랑 안에 두려움이 없고 온전한 사랑이 두려움을 내쫓나니 두려움에는 형벌이 있음이라 두려워하는 자는 사랑 안에서 온전히 이루지 못하였느니라"(요일 4:18).

우리 삶이 하나님의 손에 있다는 것을 전적으로 신뢰할 때 우리는 순종의 모험을 할 수 있다. 이런 모험의 선택이 하나님의 소명을 준행하는 것인지, 아니면 우리를 향한 하나님의 부르심을 비켜 가려는 것인지 어떻게 확인할 수 있을까? 하나님은 우리의 갈팡질팡하는 모습, 우왕좌왕하는 모습을 너무나도 잘 알고 계셨다. 하나님은 피해 갈 수 없는 환경과 상황으로 우리를 몰고 가셨다. 만약 L회장이 학교를 맡을 수 없다고 미리 알려 주었더라면, 여기까지 오지 않았을 것이다. 하나님의 절대주권과 섭리를 생각하면서 우리가 도망가지 못하도록 하나님이 그분을 쓰셨다는 생각에 품었던 원망도 사라졌다.

헨리 나우웬은 《제네시 일기》(포이에마 역간)에서 이렇게 말했다.

"내가 하기 싫은 일을 하도록 끊임없이 요구받고 있다면, 내가 상상하는 것보다 훨씬 크고 중요한 사명에 나를 쓰시려고 준비시키시려는 하나님의 뜻이 있다."

위험부담이 큰 결정이 불가피할 때, 우리가 두려움으로 주저하고 뒷

걸음치는 이유는 우리를 향한 하나님의 사랑과 하나님의 능력을 제한하고 있기 때문일 것이다. 하나님이 우리에게 맡기신 일, 인재 양성이라는 하나님이 주신 사명에 대한 확신이 없기 때문에 주저하는 것이다.

"일을 행하시는 여호와, 그것을 만들며 성취하시는 여호와, 그의 이름을 여호와라 하는 이가 이와 같이 이르시도다 너는 내게 부르짖으라 내가 네게 응답하겠고 네가 알지 못하는 크고 은밀한 일을 네게 보이리라"(렘 33:2-3).

하나님의 음성을 분명히 듣고도 두려움에 싸여서 불순종하는 것이 그분께 얼마나 큰 실망을 안겨 드리는 것인가!

한 치 앞을 내다볼 수 없는 미지의 세계로 믿음의 발걸음을 내딛는 것은 분명 위기를 동반한다. 부르심에 순종해야 하는 그 모험의 도약대 위에서 하나님은 우리로 하여금 번지점프를 할 수 있도록 준비시키고 계셨다. 하나님은 우리가 뛰어내리지 않는다고 억지로 등을 떠밀지 않으시고, 우리가 믿고 뛰어내릴 때까지 기다려 주셨다.

가난해도 너무 가난한 학교

"하나님이여 나를 구원하소서 물들이 내 영혼에까지 흘러 들어왔나이다 나는 설 곳이 없는 깊은 수렁에 빠지며 깊은 물에 들어가니 큰 물이 내게 넘치나이다"(시 69:1-2).

1995년 개교한 이후, 학교는 하루도 바람 잘 날이 없었다. 그야말로 '설 곳이 없고 큰물이 넘쳐나는' 날들의 연속이었다. 점점 깊은 수렁으로 빠져들어 가는 고통과 탄식이 나에게도 넘쳐 나고 있었다.

개교 후 2년 사이에 이사장이 네 번이나 바뀌었고, 직원 노동조합은 96년에 9개월 간 파업을 하기도 했다. 그때까지 이사장과 총장 등 학교 관계자들이 민·형사 고발, 고소 등으로 수십 차례 이상 검찰 조사를 받았다. 특히 총장에 대한 지역 언론들의 편파적인 보도 횟수가 개교 초기 5년 동안 수십 회를 넘었다. 학사 업무를 향한 비난 기사, 성명서, 진정서 등이 무섭게 쏟아져 나왔다. 97년, 개교와 함께 학교에 남겨진 부채와 신설 대학의 각종 교육 여건 확보를 위한 자금 마련도 힘든 상황에, 국가적으로 IMF 경제 위기까지 찾아와 학교는 사방에서 불어오는 강풍에 간신히 견디는 촛불처럼 위태로웠다.

상황이 급박하다 보니 학교를 위해 드리는 우리의 기도 제목들은 다양하고 원색적이었다. 학교 발전과 교육 여건 등을 위해서도 기도해야 했지만 무엇보다 시급한 것은 재정 문제의 해결이었다. 학교의 기본적인 재정 운영을 위해서 우리는 하나님께 끊임없이 부르짖어야 했다.

"총장님! 오늘 전기가 끊길지도 모릅니다. 3개월간 전기세를 내지 못했는데 오늘까지 납부하지 않으면 전기 공급을 끝내 중단한다고 합니다."

요즘 세상에 이런 학교가 또 있을까? 상황이 이렇다 보니, 기숙사 운영에도 어려움이 많았다.

"오늘 중으로 LPG 가스 대금을 현금으로 내지 못하면 내일부터 기숙사 난방과 온수 공급이 끊긴다고 합니다."

학생들이 생활하고 있는 기숙사에 가스와 온수 공급이 중단된다면 학생들의 불편이 이만저만이 아닐 것이었다. 그 외에도 재정 결핍으로 인해 시급하게 처리해야 할 문제들이 여기저기서 터져 나왔다. 교직원 월급도 3개월째 밀린 상태였다.

"총장님! 어떤 직원이 쌀이 떨어졌다고, 언제쯤 학교 형편이 나아지는지 문의해 왔습니다."

자고 나면 위태로운 소식들만 들려왔다. 남편이 퇴근한 후에도 집으로 전화벨이 쉬지 않고 울릴 만큼 연일 사건의 연속이었다.

"무슨 전화예요? 또 무슨 일이 생겼나요?"

전화가 올 때마다 나는 남편의 대화에 귀를 기울였다. 하루가 멀다 하고 사건들이 터지니 오늘은 또 무슨 일이 터질지 지레 겁이 나서 남편의 눈치만 살폈다. 덕분에 가뜩이나 겁이 많은 나는 근심만 쌓여 갔다. 하나님의 대학이라고, 하나님의 이름을 걸고 시작한 학교인데, 하나님의 영광을 가리는 일이 생기면 어쩌나 하는 걱정이 이만저만이 아니었다.

"여호와의 말씀이니라 너희를 향한 나의 생각을 내가 아나니 평안이요 재앙이 아니니라 너희에게 미래와 희망을 주는 것이니라"(렘 29:11).

우리는 하나님이 학교에 필요한 재정을 하루라도 빨리 채워 주시기를 애타게 기다리고 있었다. 헨리 나우웬은 《예수님의 이름으로》에서 "크리스천 지도자는 철저히 가난한 지도자일 필요가 있다. 가난은 우리를 '인도하는 자'가 아닌, '하나님의 인도하심을 받는 자'로 이끌기 때문에 유익하다"고 했다. 재정적인 풍요로움이 하나님의 뜻을 분별하지 못하게 만들 수도 있다는 뜻이다.

남편은 종종 이렇게 말하곤 했다.

"우리 학교가 이렇게 가난한 것도 축복이라오. 훌륭한 교수님들, 좋은 교육 프로그램, 우수한 학생들, 여기에 돈까지 있다면 우리가 하나님을 의지하겠소?"

그러면 나는 이렇게 말했다.

"돈이 없는 것이 축복이라는 말은 이제 그만하세요. 그런 말을 자주 하니까 우리 학교에 이렇게 돈이 없잖아요."

그런데 어느 날 남편이 이렇게 말하는 것이었다.

"대학에 이렇게까지 돈이 없는 것이 더 큰 기적이군."

하지만 하나님은 극심한 가난 가운데서도 학교의 필요를 채우셨을 뿐만 아니라 가난 때문에 시작된 '갈대상자 후원 모금 운동'을 통해 한동대를 홍보하게끔 하셨다.

광야의 시작

포항으로 이사 와서 기도하려고 눈을 감으면 눈물부터 나왔다. 울며 부르짖음이 나의 기도가 되었다.

> "내가 환난 중에서 여호와께 아뢰며 나의 하나님께 부르짖었더니 그가 그의 성전에서 내 소리를 들으심이여 그의 앞에서 나의 부르짖음이 그의 귀에 들렸도다"(시 18:6).

예수님을 따르는 사람, 제자도의 길을 걷는 믿음의 선진들도 위기를 만나지 않았던가! 나는 우리가 가는 길이 믿음의 선진들이 갔던 그 공식대로 가는 길이었음을 알지 못했다. 하나님의 대학, 하나님의 방법으로, 하나님의 인재를 양성한다는 한동의 슬로건에는 고난이 없을 줄 알았다. 하나님의 대학이란 하나님이 직접 진두지휘하시는 대학이라는 것을 당시엔 더더욱 몰랐다. 또한 하나님의 '고난 공식'에 의해 연단 받아야 한다는 사실도 몰랐다. 눈앞에 펼쳐진 모험과 위기가 우리에겐 태산처럼 크게 다가왔다.

지금까지 오직 연구에만 몰두해 온 남편이 총장 직분을 잘 감당할지 나는 더욱 불안해졌다. 총장은 행정 능력, 경영 능력, 처세술, 말솜씨, 글 솜씨 등을 고루 갖춰야 하는 게 아닐까 하는 걱정이 이만저만 아니었다. 모든 상황이 안정되어 있어도 어려울 텐데, 시작하기도 전에 어마어마한 환난을 만나니 하나님께 매달리지 않고서는 숨조차 제대로 쉬기 힘들었다. 서울에서 포항으로 가는 길은 천리만리였다. 이삭을 데리고 올라가는 아브라함의 무거운 발걸음을 생각했다.

나는 남편이 한동대 총장직을 수락한 날부터 총장으로서의 남편을 위해 하루에도 몇 차례, 무시로 기도했다. 하루하루 학교에서 일어나는 일들을 주님 손에 올려 드리며 간절히 엎드렸다. 그해, 딸 종민이가 다니던 미국 브린모어 대학의 뉴스레터에서 '총장의 자격 요건'이란 글을 읽게 되었다.

뉴스레터는 총장의 요건으로 학문적 비전(Academic vision), 학문적 깊이(Academic depth), 행정 능력(Administration skill), 후원금 모금 능력(Fundraising skill), 유머 감각(Sense of humor) 등 다섯 가지를 꼽고 있었다. 남편은 유머 감각이 뛰어나지는 않지만, 천성적으로 긍정적인 성격이라 늘 잘 웃는 편이다. 더구나 학생들을 보면 언제나 얼굴에 한가득 웃음을 띤다. 학교 초창기, 바람 잘 날 없이 걱정이 많았지만 총장의 웃는 모습에 한동인들이 안심한다고 했다. 그의 얼굴에서 웃음이 사라지면 학생들이 걱정스러운 얼굴로 다가와 묻는다고 했다.

"총장님! 오늘은 왜 웃지 않으세요? 무슨 걱정되는 일이 또 있으신가요? 저희에게 말씀해 주세요. 저희가 기도하겠습니다."

총장의 얼굴에서 미소가 사라지는 것을 눈치채는 학생들! 웃음이 사라졌다고 기도 제목을 물어보는 제자들이 얼마나 사랑스럽고 기특한지! 고난 뒤에는 동전의 양면처럼 기쁨과 보람이 숨어 있었다.

다섯 가지 조건 외에도 나는 하나님께서 남편에게 영적 민감성과 건강을 주시도록 기도했다. 초대 총장으로 취임하고 19년 재임 기간 동안 그의 숨찬 일과를 가까이에서 지켜보는 사람들은 자주 말했다.

"하나님께서 총장님의 건강을 확실히 붙들어 주심을 저희도 알겠습니다."

바쁜 일정으로 포항과 서울을 일주일에 두 번이나 왕복해야 할 때도 있었다. 걱정이 되어 남편에게 물었다.

"많이 피곤하실 텐데 괜찮아요?"

남편이 말했다.

"이것도 생각의 차이라오. 다들 나더러 피곤하겠다고 하는데, 피곤하다는 것도 다 생각하기 나름이지. 내가 차에 있으나, 기차에 있으나, 비행기에 있으나, 집무실에 있으나 어딜 가나 앉아 있는 것은 마찬가지라오."

국내는 물론 세계 각국으로 이동하는 남편은 어디서든 잠깐의 이동 시간에도 깜박 단잠을 잔다. 그리고 새 힘을 얻는다. 자고 나서 새로운 아침을 맞이하면 남편은 언제나 어제 무슨 일이 있었냐는 듯 힘차게 하루를 시작했다.

"오직 여호와를 앙망하는 자는 새 힘을 얻으리니 독수리가 날개치며 올라감 같을 것이요 달음박질하여도 곤비하지 아니하겠고 걸어가도 피곤하지 아니하리로다"(사 40:31).

그를 위한 나의 기도는 계속되었다. 아마추어도 경험이 쌓이면 프로페셔널이 된다고 했다. 그러나 남편에게는 총장직을 잘 수행하는 것 말고도 한 가지 소망이 있다. 선한 목자 되신 예수님의 음성을 잘 듣고 따라가는 착한 양이 되는 것이었다. 나는 남편이 민감한 영성으로 하나님의 마음을 재빨리 눈치채서, 하나님의 뜻과 소명을 이루는 선한 청지기가 되기를 간절히 기도했다.

남편에게 한동대학을 시작하게 하신 하나님은 19년 동안 수많은 리더십들을 직·간접적으로 만나게 하셨다. 특히 그는 헨리 나우웬의 저서 《예수님의 이름으로》에 언급된 리더십을 늘 마음에 품고 닮으려고 노력했다.

"진정한 리더십이란 자신은 자격이 없는 사람이라고 고백하며, 화려한 지위 뒤에 숨겨진 소명의 고통을 깊이 이해하고, 그 소명의 자리에서 예수님을 온전히 드러내는 사람이다."

이 마음을 다시 한 번 느끼는 계기가 있었다. 2008년 김수환 추기경의 서거 직후에, 그의 신앙 면면이 세상에 알려지고 있을 때였다. 그가 자신을 가리켜, 셰익스피어의 햄릿처럼 인간적인 고뇌가 많고 우유부단한 성격의 소유자라고 술회하는 장면을 보았다. 김 추기경이 어머니의 청원에 따라 신부로 서품 받을 때, '아, 나에게 족쇄가 채워지는구나. 이제 나는 환속할 수 없구나!'라고 생각했다고 한다. 추기경이 되었을 때는, '나는 이제 더 이상 도망갈 수가 없구나. 이제 나는 끝장이다!'라는 마음이었다고 고백했다. 외람되지만 나도 그분의 심정을 잘 알 것 같았다. "나는 추기경이다. 나는 만인을 위해 사제로 살 거다!"라는 대단한 결단을 선포하지 않았던 그의 정직하고 겸손한 고백을 나는 존경하며 깊이 공감했다.

나는 남편이 주님의 뜻을 이루기를, 하나님의 심정에 민감한 사람이 되기를 19년 전이나 지금이나 동일하게 기도하고 있다. 그렇게 나는 날마다, 간절히 그리고 또다시 기도한다. 아내로서 내가 할 수 있는 일, 내가 해야 하는 일, 하나님이 내게 맡기신 일은 기도하는 것이었다. 그 무엇도 그 누구도 의지하지 말고, 하나님을 의지하며 기도하는 일을 쉬지 말라고 하나님께서 나를 부르셨음을 알고 있기 때문이다. 기도만이 나를 하나님 앞에 서 있게 했고, 나의 부르심을 날마다 확인하게 했기 때문이다. 현실적인 두려움에서 벗어나 하나님이 주시는 평안으로 이동하는 비결은 기도밖에 없었다.

하나님의 가장 큰 관심은

이연님 97학번, 경영경제학부

한동에 입학했을 때는 하나님을 몰랐습니다. 하나님의 대학이 곧 기독교 대학인 줄도 모르고 학교 정책들이 멋있어 지원했다가 오리엔테이션 날 바로 자퇴할 생각을 했으니까요. 하지만 저는 결국 한동에서 하나님을 만났습니다. 그곳에서 만난 하나님은 당신을 하늘 저 멀리 있는 신이 아닌 바로 제 곁에서 저와 이야기하는 것을 너무 즐기시는 지극히 친밀한 분으로 경험하게 하셨습니다. 그런 축복과 은혜를 누리다 한동을 떠나 시작한 대학원 생활, 신촌은 화려하고 시끌벅적했지만 제게는 너무나 낯선 곳이었습니다. 하지만 하나님은 그곳에도 계셨습니다. 그렇게 한동의 울타리를 벗어나서도 한동에서 처음 만난 하나님은 늘 신실하게 그리고 기쁘고 즐겁게 적극적으로 제 삶에 함께하셨습니다.

학교 다닐 때는 한 번도 못 봤는데 졸업하고 우연히, 아는 분 소개로 가게 된 조그만 교회에서 한동대 졸업생을 만났습니다. 처음 그로부터 사귀자는 말을 들었을 때 "하나님, 하나님과 저랑 사이가 너무 좋은데 저 사람을 우리 사이에 끼워 줄까요, 말까요?"라고 여쭈었습니다. 하나님께서는 "끼워 줘도 좋다"고 허락하셨고 그렇게 해서 저희는 결혼까지 했습니다.

아이를 임신했을 때 남편은 선교 훈련으로 서울에 없었고 저는 혼자 직장을 다니고 있었는데, 문제가 생겼습니다. 이전에 한 번 유산을 했던 저는 불안감에 울면서 병원에 갔습니다. 그런데 그날 저녁 하나님께서 이렇게 말씀하셨습니다.

"많이 놀랐지? 반나절이라는 시간 동안 아이를 잃어버린 줄 알고 얼마나 힘들고 아팠니? 하지만 연님아, 내가 나의 아들 예수를 3일 동안 잃어버리는 것을 계획해야만 했을 때, 실제로 3일간 잃어버렸을 때 얼마나 내 마음이 아팠을지 생각해 보았니? 나는 정말 많이 아팠는데 나는 너를 위해 그 모든 일을 계획했고 또 견뎌 냈단다."

그때 저는 많이 울었습니다. 예수님의 의미, 하나님의 부모 됨의 의미를 몰랐던 게 죄송했습니다. 그리고 감사했습니다. 저희 아이는 건강하게 태어났고 지금 씩씩하게 잘 크고 있습니다.

최근 박사 과정을 마친 저는 하나님께 여쭤 봤습니다.

"하나님의 가장 큰 관심은 무엇인가요?"

하나님이 대답하셨습니다.

"사람."

결국 한동에서 배웠던 '배워서 남 주자'의 그 '남'이, 곧 하나님이 가장 관심 있어 하시는 '사람'이었습니다. Why Not Change the World의 그 열방이 천하보다 귀한 바로 '사람'이었습니다.

올해부터 대학에서 강의를 시작하는데 하나님이 관심을 가지시는 사람들, 학생들을 제가 총장님과 사모님 두 분처럼 그렇게 헌신하며 섬길 수 있을는지요. 여전히 자신이 없습니다. '저분이 정말 총장님이 맞으신가'라는 생각이 들 정도로 총장님은 늘 저희들 곁에 계시며 식사도 함께하시고 머리도 쓰다듬어 주셨습니다. 사모님은 어느 때든지 제 이름을 불러 주시며 다독여 주시고 '똑똑이'라는 별명도 지어 주시며 예뻐해 주셨습니다. 두 분을 생각하며, 두 분의 한동을 위한 기도가 헛되지 않도록 제 마음을 새롭게 다져 봅니다.

2013년 12월 학생들이 로비에서 총장님께 장미꽃을 드리며 〈스승의 은혜〉를 부르는 장면

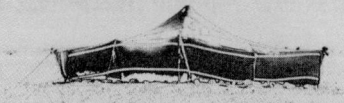

3장 너희는 나를 누구라 하느냐

> 예수 믿는 사람은 세상 사람들 사는 방식을
> 따라 살아서는 안 되고, 더러 억울하고
> 손해 보며 살 줄 알아야 한다.
> 똑똑한 사람들이 만만치 않게 보는 사람은
> 바보처럼 사는 사람, 기꺼이 손해 보는 사람,
> 자기 권리를 포기하는 사람이다.

열국의 어미 사라가 될지라

"하나님이 또 아브라함에게 이르시되 네 아내 사래는 이름을 사래라 하지 말고 사라라 하라 내가 그에게 복을 주어 그가 네게 아들을 낳아 주게 하며 내가 그에게 복을 주어 그를 여러 민족의 어머니가 되게 하리니 민족의 여러 왕이 그에게서 나리라"(창 17:15-16).

1984년 안식년으로 미국에 있을 때의 일이다. 두 아이가 다니던 중등학교에서 에티오피아 난민들을 위해 캔 음식을 가져오라고 했다. 나는 별다른 생각 없이 슈퍼마켓에서 3개에 2달러짜리 옥수수 캔을 여러 팩 사서 아이들 손에 들려 보냈다.

그 당시 우리 부부는 김동명 목사님(LA 한인침례교회)으로부터 성경을 배우고 있었다.

말씀 묵상을 기록하다가 며칠 전 아이들을 통해 보낸 옥수수 캔이 생각났다. 하나님이 내 마음속에 말씀하시는 것 같았다.

"만약 네 자식을 위해 음식을 샀다면 2달러에 3개짜리 옥수수 캔을 샀겠느냐? 조금 더 비싼 1개에 1달러짜리 캔을 고르지 않았겠느냐?"

마음에 예리한 찔림이 있었다.

"하나님, 죄송해요. 저는 제 아이들만 생각하는 사래입니다. 저는 결코 열국의 어미, 사라가 될 수 없습니다."

나는 그날 묵상 소감을 쓸 수 없었다. 내 자식만 생각하는 나의 인색함으로 결코 나는 열국의 어미, 사라가 될 수 없음에 절망하며 울었다. 묵상 숙제를 못해 온 나에게 목사님은 그 찔림이 진정한 묵상이라며 위로해 주셨다.

결코 열국의 어미가 될 수 없다고 체념했던 나를 하나님은 언제부터인가 한동대 학생들의 어미로 빚어 가고 계셨다. 나의 기도는 한동대학과 한동대 학생들을 위한 기도가 전부라고 해도 과장이 아닐 것이다. 실제로 나는 내 아들과 딸을 위한 기도보다 한동 학생들을 위해 더 많이 기도하곤 했다. 하나님은 한동의 어머니로서 나의 기도의 지경을 넓혀 가셨다. 엄마의 모든 관심이 온통 한동 학생들뿐인 것을 알게 된 딸 종민이는 엄마 아빠를 빼앗겼다고 섭섭해 하기도 했다. 그러나 남매를 돌아볼 시간이 없는 우리를 긍휼히 여기신 하나님은 우리 아이들을 대신 맡아 주셨다.

재수강해야겠구나

하나님의 대학이 치러야 하는 하나님의 시험은 단기간에 끝나지 않았다. 한 달이 끝나는가 하면 무섭게 새 달이 시작되었고, 그만큼 매달 갚아야 할 빚도 늘어났다. 돌아서면 또다시 새로운 빚더미가 가로막고 있었다. 빚 없는 날이 없었다. 고금리로도 융자를 받기가 불가능했다.

그 무렵 학교의 사정을 안타까워하시던 분이 제2금융권보다 낮은 이율로 돈을 빌려 줄 수 있는 분을 소개해 주었다. 매달 꼬박꼬박 이자를 갚아 나갔지만, 약속한 원금 상환 기일을 결국 훌쩍 넘겨 버리고 말았다. 우리의 기막힌 사정을 알 리 없는 그분은 돈을 갚으라고 독촉하기 시작했고, 남편은 독촉 전화에 늘 마음을 졸여야 했다. 빚진 죄인이 따로 없었다. 마침 우리에게 돈을 빌려 준 분이 주도하는 어느 선교 모임에서 내게 간증 요청을 해왔다.

'잘됐다. 이번 기회를 통해 학교 사정을 알게 되면 그분이 빚 독촉을 좀 덜할지도 몰라.'

나는 엉뚱한 기대를 하며 집회 장소로 갔다.

간증이 끝나고 휴식 시간이 되었다. 홀에서 만난 그분에게 반갑게 인사를 건네자 그분은 오가는 사람들의 이목은 아랑곳하지 않고 다짜고짜 나에게 따지기 시작했다.

"한동대학에서는 왜 여태 빌려 간 돈을 갚지 않습니까?"

뜻밖의 힐문에 나는 당황하여 무조건 머리를 숙였다.

"죄송합니다. 학교 형편이 좀 나아지면 꼭 갚을 것입니다."

그분은 사정없이 나를 다그치기 시작했다. 그 모습에 옆에 있던 두 목사님이 오히려 쩔쩔매고 계셨다. 나는 기가 질렸고 얼굴이 달아오르기 시작했다. 그래도 그분은 거침이 없었다.

"어떤 사람이 나더러 한동대는 앞으로도 돈 갚을 능력이 없으니 돈은 받을 생각도 하지 말고 포기하라고 합디다. 얼마 전 비오는 날 학교에 들렀더니 천장에서 비가 줄줄 새더군요. 학교가 뭐 제대로 된 게 하나도 없더군요."

"정말 죄송합니다. 드릴 말씀이 없습니다. 하지만 빌린 돈은 반드시 갚을 것입니다."

나는 고개도 못 들고 미안하다는 말만 계속했다. 아무리 총장의 아내라고 해도 내가 빌린 것도 아닌데 나를 다그치니 무안하고 야속했다. 그러나 죄인이 무슨 변명을 할 수 있으랴! 참으려고 했지만 나도 모르게 눈물이 자꾸만 흘러내렸다. 눈물을 보이지 않으려고 안경을 올리는 시늉을 하며 눈가에 흐르는 눈물을 연신 닦아 냈다. 혹 그분이 민망해하지는 않을까 신경이 쓰였다. 그렇게 한참 나를 몰아세우던 그분이 가고 난 자리에 나는 한참 동안 얼어붙은 듯 멍하니 앉아 있었다. 그때 옆에 앉았던 목사님이 내 손을 잡고 기도하기 시작했다.

"오! 하나님! 이 여종의 마음을 위로해 주시옵소서. 위로해 주시옵소서. 위로해 주시옵소서."

목사님의 간절한 기도에 참았던 눈물이 쏟아졌다. 다음 강의가 진행되는 동안 나는 맨 뒷자리에 앉아서 하염없이 울었다. 주위의 시선을 돌아볼 여유도 없었다. 사람들이 찬송을 부르기 시작했다.

나를 지으신 주님 내 안에 계셔
처음부터 내 삶은 그의 손에 있었죠
내 이름 아시죠 내 모든 생각도
내 흐르는 눈물 그가 닦아 주셨죠
그는 내 아버지 난 그의 소유
내가 어딜 가든지 날 떠나질 않죠
내 이름 아시죠 내 모든 생각도
아바라 부를 때 그가 들으시죠

사람들은 내가 은혜 받고 우는 줄 알았겠지만, 나는 내 서러움에 젖어 울고 또 울었다. 그날 밤 집에 오자마자 포항에 있는 남편에게 전화를 했다.

"여보, 우리 집 팔면 그분께 빌린 학교 빚 갚을 수 있나요? 나는 이 집 없어도 좋으니 그분한테 빌린 돈부터 갚읍시다."

나의 자존심과 오기가 아직도 죽지 않고 살아서, 당장 집을 팔아서라도 그 빚을 해결하고 싶었다.

"집을 팔고 싶어도 못 파는 걸 당신도 잘 알고 있잖소. 오래 전에 이미 학교 빚 얻느라 은행에 저당 잡힌 것을 당신은 잊고 있었나 보오."

우리 맘대로 집을 팔 수도 없다는 사실에 나는 눈물밖에 나오지 않았다.

  잠을 이루지 못하고 뒤척이고 있는데, 문득 하나님의 음성이 내 안에서 들려왔다.

  "사랑하는 딸아, 너는 네 삶을 통해 예수 그리스도를 드러내며 살고 있니? 네가 수모를 당하고 있을 때, 나도 그 자리, 네 옆에 있었단다. 네가 울고 있을 때 나도 울었단다. 하지만 너는 이번에 내가 출제한 시험에 불합격이구나. 나는 네가 천국 시민으로서 이 땅에서 자유하며 살기를 원하고 있단다. 천국 시민은 땅에서 일어나는 어떤 모욕이나 비난에도 전혀 구애받지 않아! 너는 땅에 속한 사람들과는 다르게 행동해야 하지 않겠니? 나는 네가 가난에도 처할 줄 알고 부에도 처할 줄 알며, 칭찬에도 우쭐대지 않고 비난에도 낙담하지 않는 천국 시민으로서의 삶을 누리기를 원한단다. 너에게 그 비결을 가르쳐 주고 싶어서 이번에 이런 문제를 내준 것이란다. 그런데 넌 이 문제에 불합격이야. 재수강해야겠구나. 힘들어도 공부를 다시 해 주겠지?"

  내 간증의 주인공이신 예수 그리스도보다 우리의 형편을 알려서 빚 독촉을 모면해 보려는 나의 숨은 동기를 하나님께 들킨 것 같았다. 그제야 하나님께서 내주신 시험 문제의 출제 의도를 알 수 있었다. 나는 낭패감을 맛보아야 했다. 십자가와 함께 죽은 줄 알았던 내가 아직도 펄펄 살아서 푸드덕거리고 있었던 것이다. 시험지를 받아야만 진짜 실력이 드러나듯이 나의 형편없는 모습이 그대로 드러나고 말았다.

  "오! 주님, 죄송합니다. 저를 불쌍히 여기소서."

"내가 그리스도와 함께 십자가에 못 박혔나니 그런즉 이제는 내가 사는 것이 아니요 오직 내 안에 그리스도께서 사시는 것이라 이제 내가 육체 가운데 사는 것은 나를 사랑하사 나를 위하여 자기 자신을 버리신 하나님의 아들을 믿는 믿음 안에서 사는 것이라"(갈 2:20).

뉴욕에서 살 때의 일이다. 주일이면 온 가족이 하루 종일 교회에서 있었던 터라 이웃들은 우리가 크리스천인 줄 다 알고 있었다. 어느 날, 새로 이사 온 이웃집 부인이 나에게 말을 걸어 왔다.

"Are you practicing Christianity?(당신은 삶을 통해 예수 그리스도를 드러내며 살고 있나요?)"

그녀의 말에 나는 선뜻 대답을 하지 못하고 잠시 머뭇거렸다. "Are you Christian?(당신은 크리스천인가요?)" 하고 물었다면 나는 뜸들이지 않고 바로 "Yes(예)"라고 대답했을 것이다. 하지만 그녀가 내게 던진 질문은 나를 당혹스럽게 했다.

'나는 과연 크리스천으로서 매일의 삶을 잘 살아가고 있는가?'

그녀가 무슨 생각에서 그런 질문을 던졌는지 지금도 알 수 없다. 하지만 그날 이후 나는 나 스스로에게 그 질문을 던지는 습관이 생겼다.

바보끼리 사는 세상

아들 호민이가 일곱 살 때였다. 어느 날 옆집 아이와 싸웠는지 아이가 울면서 집에 들어왔다. 무슨 일인지 채 묻기도 전에 문이 벌컥 열렸다. 옆집에 사는 독일 친구 일스였다. 아들 토미의 멱살을 잡고 들어오더니 다짜고짜 토미를 혼내라고 했다. 토미가 잘못했으니 자기 아들을 때리라는 것이었다. 나는 내심 호민이가 토미를 혼내 주기를 바랐다. 그런데 호민이가 권투 선수 흉내를 내면서 토미를 때릴 자세를 취하다가 결국 주먹을 내리고 말했다.

"엄마! 토미를 때릴 수 없어요. 저는 크리스천이에요. 예수님이 용서하라고 하셔서 저도 용서해야 해요."

할 말이 없었다. 그런 호민이를 본 일스가 나를 다그쳤다.

"아들을 그렇게 바보로 키워서, 애가 험한 세상에서 어떻게 살게 하려고 그래?"

저녁에 퇴근한 남편에게 그날 있었던 일을 일러바쳤다.

"이렇게 바보 같으니 세상에 나가서 사람 구실이나 하겠어요?"

남편이 웃으며 말했다.

"가만 내버려두시오. 바보들끼리 사는 세상이 따로 있으니까."

예수 믿는 사람은 세상 사람들 사는 방식을 따라 살아서는 안 되고, 더러 억울하고 손해 보며 살 줄 알아야 한다고 남편이 말했다. 똑똑한 사람들이 만만치 않게 보는 사람은 바보처럼 사는 사람, 기꺼이 손해 보는 사람, 자기 권리를 포기하는 사람이라고 했다.

남편은 하나님이 추구하시는 세상은 똑똑한 바보들이 사는 세상이라고 생각했다. 그가 공부하는 목적은 남을 주기 위함이었다. 이기적인 공부가 아니라 이타적인 공부였다. 그는 종종 그의 생각을 강연으로 피력했다.

"지하자원이 거의 없고 기름 한 방울 나지 않는 대한민국이 오늘의 번영을 이룰 수 있었던 것은 우리 민족을 축복하시는 하나님의 은혜와 우리를 도왔던 수많은 선진국 덕분입니다. 우리는 우리를 도왔던 국가와 사람들도 잊지 말아야 합니다. 우리는 빚진 자입니다. 대학이 사회와 국가에 빚을 갚는 방법은 과거 우리처럼 경제적으로 어려운 나라의 젊은이들을 한국으로 유학 오게 하여 복음을 전하며 그 나라의 인재를 양성하도록 돕는 것입니다."

한동에서는 세상 사람들 눈에 이해가 안 되는 선택을 하는 학생들을 수없이 만날 수 있다. 이름대로 줄곧 수석만 했던 양수석 군(96학번, 국제어문학부)도 자신이 그런 말을 들은 사람 중 하나라고 했다.

"저도 몰랐는데, 제 모교에서는 제가 예수에 미쳐 S대 갈 녀석이 이상한 지방대학에 간 학생으로 불린대요. 저는 한동에서 보낸 첫 해 동안 신기한 일들이 너무 많아서 매일 일기를 썼는데 기숙사 룸메이트들이 '일기맨'이라 놀릴 정도로 한동에 푹 빠져 살았습니다. 졸업 후 부족한 영어 실력에도 불구하고 공군에서 한미공군 통역관 장교로 복무할 때나, 한동로스쿨 졸업 후 미국 변호사로 일하는 지금이나 한동은 저의 자부심입니다."

세상의 기준과 달리 하나님께서 주신 믿음을 따라 선택한 진로에서 하나님은 한동의 학생들에게 '배워서 남 주자'는 값진 삶의 가치와 소명을 날마다 깨닫게 해주시는 것 같았다.

복음의 빚을 갚기 위해 한동인들은 "공부해서 남 주자"를 외치고 있다. 학교가 재정적으로 아무리 어려워도 그 빚을 갚는 마음으로 개발도상국의 학생들을 불러들이고 있다. 그들이 장차 그들의 조국에서 하나님이 쓰시는 지도자가 될 것이다. 그래서 한동인들은 'Why Not Change the World!'라는 깃발을 들고 공부한다. 세상을 변화시키려면 먼저 자신이 변해야 한다. 나만을 위해 공부하던 사람이 남을 위해 공부하는 사람으로 가치관이 변화되어야 한다. 세상 사람들은 자기의 출세와 명예와 부를 위해 열심히 공부하지만, 한동인은 남에게 주기 위해서 실력을 연마한다.

나를 돕는 자 중에 계시니

개교 이듬해엔 교육부에서 새롭게 시작한 '교육 개혁 우수 대학' 프로젝트에 한동대가 최우수 대학으로 1차 선정되었다. 그러나 기쁨도 잠시, 교육 개혁 우수 대학 선정을 반대하는 지역 인사들의 투서가 교육부로 날아들었다. 교육부에서는 소명자료를 보내라고 공문을 보내왔다. 준비한 자료를 가지고 교수들도 각처로 뛰었고, 남편도 국회 교육 분과 위원들에게 소명자료를 전달해야 했다.

초여름의 따가운 햇살이 눈부신 토요일 오후, 나는 운전기사가 되어 남편을 태우고 국회의사당으로 갔다. 시간을 다투는 상황이어서 무조건 국회의사당을 찾아갔던 것이다. 그러나 남편이 만나려고 했던 분들은 모두 부재중이었다. 낙심하고 돌아서려는 순간, 한 번도 만난 적은 없지만 의성 김씨 종친으로 자신의 의정 활동 보고서를 집으로 보내

주던 한 국회의원 이름이 떠올랐다. 김중위 의원이었다.

"김중위 의원에게 전화해 보면 어떨까요?"

지푸라기라도 잡는 심정으로 그의 사무실 전화번호를 알아내어 전화를 걸었다. 뜻밖에도 그가 직접 전화를 받는 것이 아닌가! 남편이 그의 사무실로 찾아가고, 나는 주차장에서 기다리고 있는데 비서관이 뛰어나왔다.

"의원님이 사모님을 모시고 오라십니다. 여기까지 오셔서 차 안에 계시다니요."

화장기 없는 얼굴에 집에서 입던 옷을 입고 나온 내 행색에 나는 극구 사양했다. 그러나 비서관이 다시 와서 기어이 나를 안으로 데리고 들어갔다.

낯익은 이름들의 문패가 걸린 방을 지나 그의 방으로 안내되었다. 김 의원이 활짝 웃으며 반겨 주었다. 초면임에도 오랜 지인처럼 따뜻이 환대해 주었다.

"아이고, 총장님 사모님이 여기까지 운전해 오시다니요. 무슨 일이든 처음 시작하는 일에는 힘이 갑절로 드는 법입니다. 그리고 좋은 일은 언제나 방해가 있기 마련이지요. 이 안에 있는 사람들도 한동대학교를 좋게 평가하고 있습니다. 절대 용기 잃지 마십시오!"

그는 동료 의원 비서관들에게 일일이 전화를 걸어서 우리가 가지고 온 소명자료를 모두 전달해 주었다.

"여기까지 오셨으니, 총장님 내외분께 점심 대접을 하고 싶습니다."

점심도 거른 채 뛰어다녔던 우리는 그가 베푼 호의가 더욱 감사했다. 국회의사당 밖으로 나오니 나뭇잎들이 싱그럽게 춤추고 있었다. 하나님은 우리가 질식하도록 내버려두시지 않았다.

> "내가 고통 중에 여호와께 부르짖었더니 여호와께서 응답하시고 나를 넓은 곳에 세우셨도다 여호와는 내 편이시라 내가 두려워하지 아니하리니 사람이 내게 어찌할까 여호와께서 내 편이 되사 나를 돕는 자들 중에 계시니 … 여호와께 피하는 것이 사람을 신뢰하는 것보다 나으며 여호와께 피하는 것이 고관들을 신뢰하는 것보다 낫도다"(시 118:5-9).

엄청난 방해에도 불구하고 마침내 한동대학은 교육 개혁 특성화 부문 최우수 대학으로 선정되었다. 개교 2년 된 신생 대학, 종교 집단으로 비판 받던 교육 프로그램들이 교육부의 공식 인정을 받게 된 것이다. 그후로도 한동대학은 교육 개혁 특성화 부문 우수 대학으로 3년 연속 선정되었다. 고통이 컸던 만큼 기쁨도 컸다. 그동안 받은 온갖 서러움과 핍박에 항변이라도 하듯, 우리도 '한동대학 교육 개혁 우수 대학 선정'이라는 현수막을 시내 곳곳에 보란 듯이 걸었다.

하나님의 대학이라는 기치를 높이 든 대학이 재정난으로 인해 문이 닫힐까 염려하던 때에 지원받은 국고 보조금은 말로는 표현할 수 없는 위로요 기쁨이었다.

우리를 실망시키지 않으시는 하나님의 손길을 경험하며 나는 안도의 숨을 내쉬었다. 나의 근심을 기도로 변하게 만드시는 하나님, 한숨이 노래가 되게 하시는 하나님을 찬양했다.

그러나 국고보조금을 집행하는 과정에서 보조금의 일부를 학사 운영비와 3개월째 밀린 교직원의 월급으로 잠시 차용하였다가 남편과 행정 부총장은 국고보조금 전용죄로 형사 고발을 당해 재판을 받게 되었다. 이 일은 계속 이어지는 고소, 고발 사건의 시작에 불과했다. 평생 학자로만 살아온 남편은 이후 수없이 재판정에 서게 되었고 결국 4년 구형을 받아 법정 구속되기까지 했다.

"까닭 없이 나를 미워하는 자가 나의 머리털보다 많고 부당하게 나의 원수가 되어 나를 끊으려 하는 자가 강하였으니 내가 빼앗지 아니한 것도 물어 주게 되었나이다…내가 주를 위하여 비방을 받았사오니 수치가 나의 얼굴에 덮였나이다"(시 69:4-7).

내가 무엇을 할지 보아라
태릭 M. 라드완 Tarik M. Radwan, 한동국제법률대학원 교수

한동대학교에 대해 전혀 알지 못했던 추운 어느 날, 주차장에서 걸어가는데 내 머릿속에 전혀 생각지도 않던 말씀이 들렸다.

"너는 나를 전적으로 신뢰하고 내가 무엇을 할지 보아라."

얼마 후 난민 전문 변호사인 동료가 나를 보더니 한국의 한동국제법률대학원에서 '난민법'에 대해서 일주일간 가르치도록 초청을 받았다고 했다. 2002년 한동국제법률대학원 첫 입학생들이 들었던 수업이다. 그는 자신이 맡은 사건에 대한 부담이 너무 크니 초청받은 강의를 같이 가르치자고 내게 제안했다.

나는 강의에 적절하다고 판단되는 자료들을 수집했고 그를 계기로 탈북자들의 상황에 대해 연구하기 시작했다. 우리는 노트북 두 개와 난민 및 법률 관련 정보로 가득 찬 CD로 무장하고 한국행 비행기를 탔다. 포항공항에 마중 나온 학생 두 명과 함께 학교로 가던 꾸불꾸불한 길을 아직도 기억한다. 학교에 들어서면서 'Why Not Change the World!'라는 슬로건을 보는 순간, 나는 단숨에 이 학교를 좋아하게 될 것을 직감했다.

한동법률대학원 학생들은 상당히 똑똑했다. 보통의 로스쿨 학생들에게서는 찾아볼 수 없는 따뜻하고 온유하고 기쁨에 넘치는 학생들의 영혼이 나에게 큰 감동을 주었다. 짧은 시간에 학생들은 내 마음을 사로잡았다. 수업 도중에 한 학생이 단순하지만 심오한 질문을 던졌다.

"교수님이 말씀하시는 그 법이 중국에 있는 탈북자들에게는 적용되지 않나요?"

이 질문은 나의 삶을 바꾸었다. 내가 한동국제법률대학원에 간 것은 법을 가르치기 위함이지 영미 소설이나 창작문을 가르치기 위함이 아니었다. 내가 가르친 것이 법이라면, 이는 무엇인가를 의미해야만 했다. 이 간단한 질문에 답하기 위해 나는 고민하기 시작했다. 사실상 탈북 난민의 상황에 대해서는 정보가 별로 없었다. 그해 '국경 없는 기자들' 단체에서는 언론의 자유가 가장 심하게 침해받고 있는 국가가 북한이라고 밝혔다. 다음으로 심각한 나라는 중국이었다. 따라서 중국 내에 있는 탈북자들을 대신하여 그들의 이야기를 해줄 수 있는 사람은 아무도 없었다. 한 가지 주목할 만한 예외가 있었다. 그것은 중국에서 활동하고 있는 한국

선교사들이었다. 이들은 위험을 무릅쓰고 생명과 자유를 희생할 각오로, 탈북자들에게 먹을 것을 주고 거주할 곳을 제공해 주었기 때문에 탈북자들의 상황에 대해 잘 알고 있었다. 나는 이타적인 한국 선교사들의 용기에 깊은 도전을 받았다.

드디어 나와 동료는 탈북자들을 돕고자 하는 비정부기구의 네트워크에 관여하게 되었다. 우리는 이 문제들을 유엔인권위원회, 유럽의회의 회원국들 그리고 유엔난민고등판무관실 본부에 제기했다. 좋은 일을 하는 많은 분을 만났고, 탈북 난민들을 도울 수 있는 특별한 기회도 얻었다.

다음해, 나는 한동국제법률대학원의 1주 여름 강의에 다시 초청받았다. 일 년 사이에 많은 일이 일어났고 기대감으로 설레었다. 학기 시작 전, 교수기도회에서 한동국제법률대학원 원장이 전임 교수를 두 명 찾고 있다고 했다. 그 즉시 나의 손이 올라갔고 "여기 한 명 있습니다"라고 말했다. 이로써 나는 7년간의 미국 변호사 생활을 그만두고, 다음 해 봄 학기부터 지금까지 한동에서 전임 교수로서 학생들을 가르치고 있다.

이듬해, 나는 중국에 있는 탈북자들의 상황과 유엔난민고등판무관실이 이들을 보호하는 데 실패했다는 사실을 미국 상원에서 증언해 달라는 요청을 받았다. 나의 삶을 바꾼 한동국제법률대학원 1회 졸업생의 질문이 2004년 4월 26일 미국 의회 기록으로 남아 있다.

학생들을 가르칠 때마다 나에게는 기쁨이 넘쳤다. 나는 하나님을 믿는 거룩한 젊은이들에게 나의 삶을 투자함으로써, 이들이 세상을 바꾸도록 돕는 것보다 더 큰 기쁨이 없다는 사실을 알았다. 한동에 머물면서, 하나님의 은혜로운 손길이 학교 캠퍼스와 학생들에게 미치고 있음을 확신하는 상황을 많이 경험하고 있다.

추운 어느 날 주차장을 걷고 있을 때 하나님께서 나에게 주신 말씀을 다시 한 번 생각하며 우리 주님의 선하심에 놀란다. 앞으로도 얼마나 놀라운 일들이 많이 일어날지 궁금하지만 오직 우리 신앙의 주인이신 하나님만이 아시는 것이다. 하나님을 온전히 신뢰하며 하나님이 하시는 일들을 함께 지켜보자!

사람이 제비를 뽑으나

1996년 5월부터 한동대를 시립대학으로 하라는 현수막이 시내 곳곳에 붙었다. 많은 사람이 왕래하는 길목이나 백화점 앞에 책상까지 놓고 행인들로부터 서명을 받고 있었다.

몇 달 후, 교육부로부터 우편이 왔다. 포항 시민 10여 만 명이 한동대를 시립대학으로 만들자는 데 서명했다는 진정서 사본이었다. 한 장에 20명씩 서명한 종이가 28장이었다. 김영인 기획처장이 한 장씩 꼼꼼히 살펴보다가, 그중에 이상한 종이를 한 장 발견했다. 자신과 한동대 교수들이 살고 있는 아파트 주민들의 명단이 들어 있었던 것이다. 서명할 리가 없는 이웃들의 이름을 보고, 몇몇 교수 부인들이 이웃들을 찾아가서 일일이 확인해 보았다.

그런데 이게 웬일인가! 두 사람을 제외한 18명의 도장이 본인도 모르게 찍혀 있었던 것이다. 그 성명서는 위조된 것이었다. 이웃은 자신들의 이름이 도용된 것에 분개하며 필요하다면 법정에 증인으로 서겠다고 약속했다.

10여 만 명의 서명이 있는 5천 장의 서류 중에 허위 날조된 그 한 장을 발견할 수 있는 것은 5천 분의 1의 확률이었다. 몇 달 동안 우리를 위협하며 온 지역을 술렁이게 했던 서명운동은 그렇게 끝이 났다.

"제비는 사람이 뽑으나 모든 일을 작정하기는 여호와께 있느니라"(잠 16:33).

역설적이지만 하나님은 고난을 통해 하나님의 부르심을 우리에게 재확인시켜 주셨다. 고난이 밀려오면 올수록 우리는 기도와 말씀에 매달렸다. 앤드류 머레이도 기도와 하나님 말씀은 떼려야 뗄 수 없는 것이며 기도와 말씀이 함께할 때 능력이 나타난다고 말했다.

"우리는 기도로 하나님께 묻고, 하나님은 말씀으로 우리에게 응답하신다. 우리는 기도로 하늘에 올라 하나님과 동거하고, 하나님은 말씀으로 내려오셔서 우리와 동거하신다. 우리는 기도로 자신을 하나님께 드리고 하나님은 말씀으로 당신을 우리에게 내어 주신다."

"…주께서 내게 소망을 가지게 하셨나이다 이 말씀은 나의 고난 중의 위로라 주의 말씀이 나를 살리셨기 때문이니이다 교만한 자들이 나를 심히 조롱하였어도 나는 주의 법을 떠나지 아니하였나이다 여호와여 주의 옛 규례들을 내가 기억하고 스스로 위로하였나이다"(시 119:49-52).

별일

하루가 멀다 하고 일어나는 사건들로 걱정 없는 날이 없었기에, 나는 남편이 퇴근하면 습관처럼 물었다.

"오늘은 별일 없었나요?"

"매일 무슨 일이 그렇게 일어나겠소?"

잠시 안도했지만 다음 날 아침 서재에서 들려오는 남편의 기도 소리에 나는 전날 무슨 일이 있었는지를 알 수 있었다. 비록 나에게는 말하지 않았지만 남편은 하나님께 모든 상황을 아뢰고 있었다.

'나에게는 별일 없다고 하더니 자기 아버지께는 다 일러바치네!'

남편의 기도를 통해 나는 이번 달에도 또 교직원 월급이 부족하고, 며칠 후면 몇 억의 어음이 돌아온다는 것도 알았다. '어음'이라는 단어는 내게 호랑이의 '어흥!' 하는 소리보다 더 무서웠다.

사람들도 전화를 걸어 종종 안부를 묻곤 했다.

"권사님! 별일 없으세요?"

"별일이 왜 없겠어요? S회사의 어음 보증이 만기되는데 더 이상 연장이 어렵다고 해요. 그리고 이달에만 필요한 돈이 10억이 넘는데요. 게다가 총장님은 내일 검찰에 또 조사를 받으러 가야 하고요."

나는 전화기를 붙들고 우리의 사정을 줄줄 이야기했다. 전화를 끊자 남편이 물었다.

"누군데 그렇게 미주알고주알 다 이야기하오?"

"그분이 나보고 별일 없냐고 물어서요. 별일이 없다고 하면 거짓말

하는 거 같아서요."

별일 없느냐는 질문이 그냥 인사가 아님을 예전엔 몰랐다. 내 말에 남편은 씁쓸히 웃으면서 말했다.

"차라리 종로 한복판에 나가서 확성기를 들고 광고하지 그러오."

수많은 별일들 속에 하나님은 우리에게 가끔 특별한 쉼을 주시기도 했다. 'Out of sight, Out of mind' 즉, '눈에서 멀어지면 마음에서도 멀어진다'고 했던가! 끊이지 않는 별일들을 잠시라도 잊을 수 있는 기회는 남편의 해외 출장뿐이었다. 학교의 불타는 듯한 상황에서 잠시라도 벗어나 출장 목적에만 집중하는 남편을 보면서 나는 그나마 쉼을 가질 수 있었다. 그러다가 전화벨이 울리면 학교에 또 무슨 일이 일어났는가 하고 가슴이 철렁 내려앉았다.

어느 해, 무더운 여름이었다. 모든 일정을 마치고 인천공항에 비행기가 착륙할 때, 나는 또 가슴이 답답해 옴을 느꼈다. 공항에 내리자 온몸으로 전해지는 숨막히는 습한 공기가 우리가 만나야 할 현실처럼 느껴졌다. 포항공항에 도착할 땐 다듬잇돌로 가슴을 내리누르는 것처럼 마음이 천근만근이었다.

'우리 앞에 또 무슨 일이 기다리고 있을까? 비행기가 착륙하지 않고 회항하면 좋으련만' 하는 심정이었다. 그날 시내를 빠져나올 때쯤 폭우가 쏟아지기 시작했다. 아스팔트 위를 사정없이 내리치는 빗줄기에 더위도 한풀 꺾이는 듯했다. 시원한 빗줄기를 보면서 한동의 앞날에도 저 빗줄기처럼 시원한 기운이 감도는 날이 오기를 간절히 기도했다.

"아무것도 염려하지 말고 다만 모든 일에 기도와 간구로, 너희 구할 것을 감사함으로 하나님께 아뢰라 그리하면 모든 지각에 뛰어난 하나님의 평강이 그리스도 예수 안에서 너희 마음과 생각을 지키시리라"(빌 4:6-7).

학교를 비방하는 온갖 공격과 남편에 대한 핍박의 목소리가 지역에서 그치질 않았다.

"김영길 총장은 종교 실습하고 있다."

"한동대는 특정 종교에 치우친 광신 집단이다."

"한동대는 지역 정서에 맞지 않는 대학이다."

궁핍과는 또 다른 환난이었다. 포항 시내로 들어오는 초입의 어느 건물에는 "김영길 총장은 물러가라"는 현수막이 오래전부터 걸려 있었다. 아무도 떼어 낼 수 없는 그 현수막은 난공불락 철옹성의 깃발처럼 보였다.

"인자야 너는 비록 가시와 찔레와 함께 있으며 전갈 가운데에 거주할지라도 그들을 두려워하지 말고 그들의 말을 두려워하지 말지어다…"(겔 2:6).

점점 뜨거워지는 하나님의 불

하나님의 자녀라면 각자의 자리에서 고난의 불을 통과해야 하지만, 그 불의 온도는 사람마다 각기 다르다. 하나님이 우리에게 허락하신 고난의 불은 갈수록 뜨거워져만 갔다. 개교 전에는 이보다 더 힘든 상황은 앞으로 없을 것이라 생각했는데, 하나님은 날이 갈수록 불의 온도를 조금씩 높이셨다. 환난이 곧 끝날 줄 알았던 우리에게 하나님은 은과 금을 연단하듯이 연단하셨다.

"사람마다 불로써 소금 치듯 함을 받으리라"(막 9:49).

그때까지만 해도 나는 고난과 시련이라는 불을 통과해야 하는 하나님의 방법이나 공식을 몰랐다. 환난 중에 즐거워할 줄도 몰랐고, 고난의 유익이나 우리가 통과해야 할 불길의 강도나 의미조차 몰랐다. 연단 이후의 소망에 대한 영적인 안목도 없었다.

"다만 이뿐 아니라 우리가 환난 중에도 즐거워하나니 이는 환난은 인내를, 인내는 연단을, 연단은 소망을 이루는 줄 앎이로다"(롬 5:3-4).

하나님의 출제 의도는 '인내'였다. 우리의 인내를 시험하시기라도 하듯 하나님은 우리에게서 얼굴을 숨기셨다. 아무리 기도하고 기다려도 하나님은 침묵하셨다. 시간이 갈수록 현실 문제는 조금도 호전되지 않았다. 광야의 위기는 만나와 메추라기가 없는 것이 아니었다. 하나님이 과연 살아계시는가, 계시지 않는가 의심하는 것이 더 큰 위기였다.

"구원자 이스라엘의 하나님이여 진실로 주는 스스로 숨어 계시는 하나님이시니이다"(사 45:15).

그렇다고 이제 와서 포기하거나 물러설 수도 없었다. 하나님은 우리가 지쳐서 아주 넘어지지 않도록 붙드셨다. 1997년 IMF 경제 위기로 나라의 경제가 어려웠을 때, 사람들은 종종 나에게 물었다.

"한동대학도 요즘 많이 힘드시죠?"

"저희는 개교할 때부터 IMF 상황이라서 차라리 상대적 빈곤감을 느끼질 않아서 좋네요."

1998년 연말까지 시급한 빚을 갚지 않으면 속절없이 학교 문을 닫아야 할 위급한 상황이 또다시 찾아왔다. 그때 신실하신 하나님께서는 우리의 생각을 뛰어넘는 방법으로 58억이라는 거금을 현금으로 단번에 공급해 주셨다. 그것은 또 하나의 기적을 경험하는 사건이었다. 사실 그 돈은 다른 기관에 이미 지원하기로 예정된 것이었는데, 우리 학교의 처절한 궁핍을 안 어느 기독 실업인이 절대로 자신의 이름을 밝히지 말라고 당부하면서 믿기지 않을 후원금을 단번에 보내 주었던 것이다.

아무것도 기대하지 못했던 순간, 그 절망적인 순간에, 하나님은 다른 사람의 입으로 넘어가려는 찰나에 퉤퉤 뱉어 내게 하시듯이 우리 학교로 넣어 주셨던 것이다. 그 스릴 넘치던 환희의 기억을 나는 잊을 수가 없다.

"네 하나님 여호와께서 이 사십 년 동안에 네게 광야 길을 걷게 하신 것을 기억하라 이는 너를 낮추시며 너를 시험하사 네 마음이 어떠한지 그 명령을 지키는지 지키지 않는지 알려 하심이라 너를 낮추시며 너를 주리게 하시며 또 너도 알지 못하며 네 조상들도 알지 못하던 만나를 네게 먹이신 것은 사람이 떡으로만 사는 것이 아니요 여호와의 입에서 나오는 모든 말씀으로 사는 줄을 네가 알게 하려 하심이니라"(신 8:2-3).

그로부터 몇 년 후, 워싱턴 펠로우십 교회(김원기 목사)를 방문하여, 예배 도중에 짧게 간증할 기회가 있었다.

"98년 코스타 집회에 참석했다가 펠로우십 교회에서 주일예배를 드리게 되었습니다. 그때 김 목사님은 소경 바디매오에 대한 설교를 하셨습니다. 예배를 마친 후, 목사님은 다급한 기도 제목이 있는 사람은 앞으로 나오라고 하셨습니다. 당시에는 고등학교 강당에서 예배를 드렸는데, 그때 제일 먼저 단상 아래로 넘어질 듯 뛰어 내려가는 머리가 하얀 남자가 있었습니다. 바로 제 남편이었습니다. 처음 방문한 낯선 교회에서 남편은 체면도 염치도 없었습니다. 그는 목사님께 제일 먼저 기도를 받는 또 한 사람의 바디매오였습니다. 목사님께 학교에 50억 원이 필요하다는 기도 제목을 드렸습니다. 당시 한동대학은 그 돈이 없으면 문을 닫아야 하는 다급한 상황이었고, 5개월 후 그 사이 액수가 더 불어나 58억 원이 필요했습니다. 우리 하나님이 어떻게 하셨을지 궁금하시지요? 그해가 저물어 가는 어느 날, 하나님은 한 기독 실업인을 통해서 58억 원을 단번에 보내 주셨습니다. 그 멋진 하나님이 바로 저와 여러분의 하나님이십니다!"

간증을 마치자 김원기 목사님이 말했다.

"권사님, 오늘 우리 교회에 5억 8천만 원의 십일조를 헌금하고 가셔야겠습니다."

목사님의 유쾌한 농담에 성도들이 모두 웃었다.

"내가 산을 향하여 눈을 들리라 나의 도움이 어디서 올까 나의 도움은 천지를 지으신 여호와에게서로다 여호와께서 너를 실족하지 아니하게 하시며 너를 지키시는 이가 졸지 아니하시리로다"(시 121:1-3).

기묘자요 모사요 전능하신 하나님은 국가적인 경기 침체나 기근보다 정녕 크신 하나님이셨다. 살아계신 하나님을 목격한 기쁨은 거금의 후원 액수보다 더 큰 기쁨이었다.

"네게 흑암 중의 보화와 은밀한 곳에 숨은 재물을 주어 네 이름을 부르는 자가 나 여호와 이스라엘의 하나님인 줄을 네가 알게 하리라"(사 45:3).

하나님은 나를 고통과 격리된 곳으로 데려가시지 않았다. 오히려 고통 가운데 계신 하나님을 만나는 기쁨을 우리에게 선물로 주셨다. 하나님이 고난 가운데 있는 나의 삶을 지휘하고 계시는 것을 경험할 때 비로소 우리를 연단하시는 하나님의 의도와 공식을 알아 가게 되었다. 고난과 시련의 사건을 통해서 하나님의 임재를 맛보게 되면서 나는 고난조차도 감사하게 되었다.

하나님은 우리 외에도 당신의 사람들을 한동으로 불러들여 함께 고난의 짐을 지며 각자의 분량에 맞게 자라게 하셨다. 고난의 순례길에 헌신된 동역자는 그 무엇과도 비교할 수 없는 값진 선물이요, 또 하나의 구름기둥이 되었다.

비전을 캐스팅하는 리더

최유강 96학번, 국제어문학부

한동에서의 시간은 '하나님께서는 사람을 통해 역사하신다'는 것을 새삼 깨닫는 기간이었습니다. 어찌 보면 무모해 보였을 것 같습니다. 저 포항에 위치한 조그마한 신생 대학의 젊은이들이 세상을 바꾼다니요? 지방에 위치한 대학에서 전 세계를 품고 나가자니요? 하지만 놀라운 것은 '리더'

가 비전을 캐스팅하니 학생들이 '우리가 세상을 바꿀 수 있을까?'라고 의심하지 않고 '그러면 세상을 어떻게 바꾸지?'라는 고민으로 바로 뛰어들어 갈 수 있었다는 점입니다.

아직도 이따금씩 한동에 입학하던 첫날을 떠올리곤 합니다. 구불구불 나있던 산길로 달리던 스쿨버스, 아직 포장되지 않은 캠퍼스의 도로, 생활관이 완성되지 않아 학생회관과 게스트하우스에 나뉘어 살았던 우리 학번 동기들….

아버지께서 1994년에 돌아가시고 96학번으로 원서를 내게 되었을 때 어머니는 걱정이 되셨는지 포항까지 직접 내려가서 원서를 접수하셨습니다. 아직 건물도 완성되지 않았다며 걱정하시는 어머니를 한참이나 달래드렸던 기억이 납니다. 입학식이 끝나고 서울로 올라가시던 어머니는 결국 눈물을 흘리셨습니다. 하지만 어머니는 한동을 통해 당장 눈에 보이는 것은 없지만 하나님나라를 보셨던 것 같습니다. 저의 가장 큰 후원자가 되어 주셨으니까요. 저와 한동과의 인연은 이렇게 시작되었습니다.

돌아보면 참 쉽지 않은 길이었습니다. 고등학교를 1994년 2월 20일에 졸업했는데 대학을 2004년 2월 20일에 졸업했으니까 단 하루의 오차도 없이 고등학교 졸업 후 10년 만에 대학을 졸업했습니다. 저에게 있어 아버지께서 돌아가신 1994년 12월은 광야로 들어서는 시작이었고, 그후 한동과 함께한 10년은 저의 인생 비전을 찾도록 하나님께서 허락하신 광야의 기간이었습니다.

제가 한동에서 받은 축복 가운데 하나는 비전을 제시하는 리더를 만날 수 있었다는 점입니다. 더 이상 비전을 말하지 않는 시대이지만 '세상을 바꾸자'는 비전이 한동에는 있습니다. '공부해서 남 주냐'며 수험생을 다그치는 시대에 '공부해서 남 주자'는 세상의 흐름과 정반대되는 인생의 방향성이 한동 가운데 있었습니다. 이런 비전을 우리 마음밭에 뿌려 주신 존경하는 스승 김영길 총장님과 교수님들을 만날 수 있었던 것은 제 인생의 커다란 축복이었습니다. 보이지 않는 길을 걸으며 세상을 바꾸고 국제화를 꿈꾼다는 비전을 나눴을 때 회의적이었던 주변의 시선들을 지금도 기억합니다. 이런 상황 속에서도 비전을 계속해서 제시해 주신 총장님과 저희의 꿈을 격려해 주신 교수님들이 계셨기에 한동인들은 한 치 앞도 보이지 않던 길을 걸을 수 있었습니다.

제가 한동에서 받은 두 번째 축복은 제 인생의 비전을 발견했다는 점입니다. '공부해서 남 주자'는 가르침과 기꺼이 제자들을 위해 시간을 내주시고 함께 기도해 주시고 고민해 주시는 교수님들과 함께하면서 저는 제 인생의 비전을 발견할 수 있었습니다. 저는 앞으로도 한동을 통해 많은 리더들과 인재들이 배출될 것이라 확신합니다. 개개인의 노력도 분명히 중요하겠지만 한동대학교라는 환경 때문에 가능하다고 생각합니다. 비전을 찾을 수 있는 토양은 아무에게나 주어지는 것이 아니기 때문입니다. 지금 제가 섬기고 있는 티치포올코리아(Teach for All Korea)는 '공부해서 남 주는, 소외 계층을 위한' 교육 봉사단입니다. 많은 사람이 제게 하버드에서 공부한 사람이 왜 돈도 크게 벌 수 없는 교육 봉사를 하냐고 묻습니다. 하지만 제가 받은 사랑과 '공부해서 남 주자'는 가르침을 통해 제 삶의 방향을 결정한 까닭에 기쁜 마음으로 교육 봉사에 헌신하게 되었습니다.

제가 한동에서 받은 세 번째 축복은 비전을 함께 나눌 수 있는 평생의 동역자들을 만났다는 점입니다. 전 세계 각지에 퍼져 있는 한동인들이 빛도 없이 소리도 없이 헌신된 삶을 살아가는 모습을 볼 때 '아! 한동의 교육이 헛되지 않았구나' 하는 감동을 받게 됩니다. 아프리카 오지를 오가며 애쓰는 동문들, 개발도상국에서 헌신하는 동문들, 기업과 학교, 선교지에서 각자의 사명을 묵묵히 감당하는 동문들은 무엇과도 바꿀 수 없는 귀한 한동의 보물입니다.

한동인들을 통해 다른 많은 사람이 '아 하나님께서는 사람을 통해 역사하시는구나' 하고 고백할 수 있기를 기대합니다. 그리고 이런 한동인들을 위해 지난 20년간 헌신해 오신 김영길 총장님과 김영애 사모님께 감사와 사랑을 전합니다.

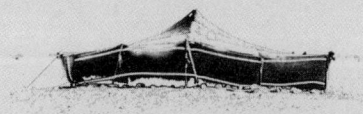

4장 광야의 언어를 배우다

주님은 우리가 가장 힘든 시간에
우리를 등에 업고 그 고난의 길을 걸으셨다.
우리는 고난보다 크신 하나님을 만났다.
그리고 우리 삶에는 결코 부인할 수 없는
주님의 흔적들이 쌓여 갔다.

아직도 포기하지 못하고

2000년 가을, 업무상 공금횡령죄, 국고보조금 전용, 사립 학교법 위반 등으로 한동대 총장이 징역 4년, 부총장이 징역 2년 6개월을 각각 구형 받고 불구속 기소되었다는 소식이 9시 뉴스 시간에 보도되었다. 다음날, 어음 만기일이 아직 3개월이 남았음에도 불구하고 모 금융회사에서 10억짜리 어음을 내일 돌리겠다는 통고를 해왔다. 우리는 4년 구형 소식에도 절망할 겨를이 없었다. 당장 갚아야 할 어음 문제부터 해결해야 했기 때문이다. 대책이 있을 리 만무했다. 남편은 안절부절못했다.

이때 하용조 목사님 생각이 간절했다. 하 목사님이라면 이 위기를 면하도록 도와주실 텐데…. 당시 목사님은 간암 수술을 받고 미국 샌디에이고에 잠시 머물고 계셨다. 사방을 아무리 둘러봐도 도움을 구할 곳이 없었다. 하는 수 없이 목사님께 전화를 걸었다. 그리고 자초지종을 설명 드렸다.

"목사님, 어떻게 해야 좋을지 모르겠어요!"

울음 섞인 나의 목소리에 목사님은 참으로 마음 아파하시면서 말씀하셨다.

"어쩌자고 장로님 내외분이 이 고생을 하시는지…, 두 분 생각하면 저는 늘 눈물이 납니다. 제가 교회에 한번 알아볼게요. 그리고 우리 지금 전화로 기도하십시다."

목사님은 학교와 우리 부부를 위해 간절히 기도해 주셨다.

얼마 후, 교회에서 전화가 걸려 왔다.

"지금 교회에도 3억 원밖에 없답니다. 권사님, 어쩌면 좋아요?"

낙심이 이만저만이 아니었다. 그분이 덧붙여 말했다.

"그런데 권사님, 지금 목사님이 편찮으셔서 요양 중에 계시잖아요. 앞으로 목사님께 이런 얘기는 직접 하시지 마세요. 다음부턴 교회로 직접 전화하시는 것이 좋겠습니다."

그의 말이 가시처럼 목에 걸렸다. 그러나 그 말을 곱씹을 여유도 없었다. 어떻게든 다음날인 토요일(그 당시에는 정상 업무를 했음) 은행 마감 시간까지 무슨 수를 써서라도 10억을 해결해야 했다. 속이 바짝바짝 타들어 갔다. 골똘히 생각에 잠겼던 남편이 말했다.

"미국의 김 장로님께 부탁을 해봅시다."

학교가 어려울 때마다 우리에게 큰 힘이 되어 주신 분이었다. 이곳은 밤 12시, 미국 로스앤젤레스 시간은 아침 7시였다. 염치 불구하고 전화기를 들었다. 이른 아침의 갑작스런 부탁에도 김 권사님은 따뜻하게 우리를 위로해 주었다.

"한동대학은 하나님의 대학인데 설마 하나님께서 부도나게 하시겠어요? 지금까지도 하나님께서 한동대와 함께하셨잖아요. 밤도 많이 늦었는데, 너무 걱정 마시고 편히 주무세요. 여기는 아침이니 우리도 이 문제를 연구해 볼게요."

남편은 김 권사님의 말을 듣고 편히 잠드는 것 같았다. 그러나 내게 그 밤은 어느 때보다 길고 길었다.

아침이 되었다. 이제 반나절만 지나면 은행 마감 시간이었다. 시간은 자꾸 흘러가고, 우리는 전화기만 바라보며 속수무책으로 앉아 있었다. 드디어 12시경 전화벨이 울렸다. 김 권사님이었다.

"10억을 학교로 송금했어요."

그 돈을 어떻게 구했는지 물어볼 새도 없었다. 어음을 막아 학교의 부도를 막아 주신 하나님께 감사하며 장로님 내외분께 감사했다. 우리 입에선 연신 할렐루야만 터져 나왔다. 10억을 단시간에 마련하신 사연을 나중에야 듣게 되었다. 미국에서 전신환으로 한국에 송금한다 해도 은행 업무 시간 내에 처리할 방법이 없었다고 한다. 김 권사님은 생각다 못해 한국에 있는 동생에게 며칠 동안만 10억을 빌려 달라고 부탁하셨다. 마침 그날 골프를 치던 동생이 평소와 달리 휴대폰을 가지고 있는 바람에 권사님과 통화를 할 수 있었다는 것이다. 대개 휴대폰을 두고 골프장에 나가는데 그날따라 휴대폰을 갖고 있었다니, 하나님의 섭리 안에서 결코 우연은 없었다. 지금 생각해도 부도 직전의 위기를 막아 주신 하나님의 방법은 기묘하고도 숨가빴다. 나는 전지전능하신 하나님이 나의 하나님이심을 고함치며 자랑하고 싶었다.

"와! 우리 하나님은 참으로 살아계신 하나님이시다!"

지옥 같은 절망을 맛보다가 천국으로 올라온 기분이었다. 모든 것이 잘 해결되었다는 이야기를 듣자 노심초사하던 남편이 그제야 안도하며 손수건으로 눈물을 닦았다. 나의 눈에서도 걷잡을 수 없이 눈물이 쏟아졌다. 그러나 인간의 마음은 얼마나 변덕스러운지 나는 하나님께 서러운 투정을 부렸다.

"하나님! 이렇게 주실 바에야 진즉 좀 주시지, 꼭 입이 바짝 타들어가고 피가 마르듯 애태운 뒤에야 주십니까?"

하나님은 이렇게 말씀하시는 것 같았다.

"나는 너희들에게 안 속는다. 진즉 주면 내가 한 일인 줄 너희가 알겠느냐? 나는 너희가 끝까지 나를 신뢰하는 것을 보기 원한단다."

"맞아요, 주님. 저희는 그동안 주님께 신용을 너무 많이 잃었어요. 이런 방법으로 우리를 훈련시키실 수밖에 없음을 인정하겠습니다. 오랫동안 우리를 참아 주신 하나님, 참으로 감사합니다."

돈 문제가 해결되고 제정신이 들고 보니, 그제야 숯불을 얹은 것처럼 얼굴이 화끈 달아오르기 시작했다. 편찮으신 목사님께 전화를 드렸던, 얼굴 두꺼운 내 자신이 부끄러워 견딜 수가 없었다.

'내가 미쳤지. 목사님께 문병은 못 갈망정 돈 꿔 달라고 미국에까지 전화를 했으니 해도 너무했지. 내가 어쩌다 이렇게 무지막지한 사람이 되었는고…!'

나의 염치없는 모습이 참으로 슬펐다.

전화로 우리에게 충고를 했던 그분의 말이 맞았다. 당시 온누리교회에서는 하 목사님과 김영길 장로가 만나면 일을 저지르기(?) 때문에, 서로 만나지 못하게 해야 한다는 이야기까지 돌고 있던 터였다.

하 목사님 부부와 우리는 서로 깊이 신뢰하는 사이가 아니었던가! 그런데 지금 우리는 한동대학 일로 목사님께 부담스러운 존재가 되고 말았으니, 우리 처지가 서러워서 자꾸만 눈물이 났다.

나는 그날 오후 내내 이불을 뒤집어쓰고 울었다. 그때 마음 깊은 곳에서 또 주님이 말씀하시는 것 같았다.

"사랑하는 딸아, 넌 아직도 너의 자존심과 자기연민을 포기하지 못하고 있구나!"

"네. 주님, 그렇습니다. 저를 불쌍히 여기소서!"

"그리스도 예수의 사람들은 육체와 함께 그 정욕과 탐심을 십자가에 못 박았느니라 만일 우리가 성령으로 살면 또한 성령으로 행할지니 헛된 영광을 구하여 서로 노엽게 하거나 서로 투기하지 말지니라"(갈 5:24-26).

Mr. Cool 하나님

나는 때로 주님께 여쭈어 본다.

"주님, 고난이 언제 끝날 줄 모르기 때문에 이렇게 힘들잖아요. 고난이 끝나는 날을 제게 살짝 귀띔이라도 해주시면 안 될까요? 그렇게 해주신다면 제가 훨씬 견디기 쉬울 텐데요."

"사랑하는 딸아, 내가 이미 말해 주지 않았느냐? 성경에는 너희 믿음의 선진들이 통과했던 모든 과정이 기록되어 있지 않느냐? 성경에서 네 궁금증을 풀어 주는 무수한 판례들이 있는 것을 너는 찾아 내지 못하느냐? 나는 그들이 갔던 그 길을 너희도 본받으며 가길 원한단다."

한참 힘들 때는 아무도 만나고 싶지 않았다. 심지어 한동대 교수 부인들조차도 만나고 싶지 않았다. 타 죽을 것 같은 뜨거운 불을 통과하는 사람이 옆에 있는 사람들에게 손을 흔들며 안부를 물을 여유가 없었던 것이다. 사람들은 종종 내게 물었다.

"사모님, 포항에 계셨어요?"

"그럼요. 제가 없으면 총장님 혼자 어떻게 사실 수 있겠어요?"

지금 생각해 보면 우리에게 허락하신 불의 온도는 하나님의 계획과 무관하지 않았다. 그 불은 주 예수 그리스도께 영광 돌릴 한동대의 지경을 확장하는 데 가장 알맞은 뜨거움이었을 것이다. 그러나 그때는 알지 못했다. 그 불의 온도를 조절하시는 분도 하나님이심을 감지하지 못했다. 우리를 불길 속으로 들어가도록 허락하신 하나님의 시험이 장기화되자 어두움의 영들이 나로 하여금 하나님을 원망하고 싶도록 유혹했다. 그 유혹에 넘어지지 않도록 우리를 지켜 주는 것은 하나님의 말씀이었다.

"네가 물 가운데로 지날 때에 내가 너와 함께할 것이라 강을 건널 때에 물이 너를 침몰하지 못할 것이며 네가 불 가운데로 지날 때에 타지도 아니할 것이요 불꽃이 너를 사르지도 못하리니"(사 43:2).

그날도 남편은 검찰 조사를 받으러 또다시 경주 검찰청으로 갔다. 조금 후, 현관 벨이 울렸다. 나가 보니 집배원이 서명을 해달라며 봉투를 내밀었다.

"이게 뭔데요?"

"법무부에서 보낸 등기 우편입니다."

나는 기가 질려서 나도 모르게 집배원에게 중얼거리고 있었다.

"조금 전에 검찰에 조사를 받으러 갔는데, 소환장을 또 가지고 오셨네!"

"저는 모릅니다. 서명만 해주시고 수령하십시오."

소환장에는 정한 날짜에 검찰에 출두하지 않으면 강제 구인한다고 붉은 글씨로 적혀 있었다.

"…너희는 이 큰 무리로 말미암아 두려워하거나 놀라지 말라 이 전쟁은 너희에게 속한 것이 아니요 하나님께 속한 것이니라…이 전쟁에는 너희가 싸울 것이 없나니 대열을 이루고 서서 너희와 함께한 여호와가 구원하는 것을 보라 유다와 예루살렘아 너희는 두려워하지 말며 놀라지 말고 내일 그들을 맞서 나가라 여호와가 너희와 함께하리라 하셨느니라 하매

> 여호사밧이 몸을 굽혀 얼굴을 땅에 대니 온 유다와 예루살렘 주민들도 여호와 앞에 엎드려 여호와께 경배하고…"(대하 20:15-18).

이 말씀에 따라 나는 기도했다.

"주님, 이 전쟁은 우리에게 속한 것이 아니고 하나님께 속한 것입니다. 남편은 또다시 법정으로 나가서 그들을 만날 것입니다. 하나님께서 저희와 함께하신다는 약속의 말씀을 의지합니다. 이 전쟁에서 저희가 싸울 것이 없다고 말씀하신 주님, 주님의 말씀대로 이루어지게 하옵소서. 지금 제가 또다시 놀라고 있지만, 주님께서 두려워하지도 말고 놀라지도 말라고 하시니 두려워하지 않겠습니다."

여호사밧이 몸을 굽혀 얼굴을 땅에 대고 하나님께 기도했던 것처럼, 나도 거실 바닥에 엎드려 얼굴을 묻고 두 팔을 벌려서 하나님께 간

절히 눈물로 기도드렸다. 나의 모습을 누군가 몰래 카메라로 찍었다면 아마 실성한 사람으로 보였을 것이다.

"사람이 감당할 시험밖에는 너희가 당한 것이 없나니 오직 하나님은 미쁘사 너희가 감당하지 못할 시험 당함을 허락하지 아니하시고 시험 당할 즈음에 또한 피할 길을 내사 너희로 능히 감당하게 하시느니라"(고전 10:13).

나는 시험이 닥쳐 오면 주님께 감당할 힘을 달라고, 피할 길을 달라고 기도했다. 시편 119편의 고백처럼 고난당하는 것이 유익이라고, 그로 인해 주님의 율례를 배우게 해달라고 기도했다.

"주 모습 내 눈에 안 보이며 그 음성 내 귀에 안 들려도 내 영혼 날마다 주를 만나 신령한 말씀 늘 배우도다 주님의 마음을 본받아 살면서 주님의 거룩하심 나도 이루리"라는 찬송을 부르고 또 불렀다. 나는 불을 통과한 후 평생토록 남을 화상의 흔적들까지 하나님의 사랑하심과 공의를 나타내는 기념비가 되게 해달라고 기도했다.

사람들이 나를 보고 말했다.

"사모님, 고생하고 계시는 것에 비하면 얼굴이 상하지 않고 여전하시네요. 두 분 얼굴만 뵈면 고생하시는 분 같지 않아요."

학교 안팎의 열기가 아무리 뜨겁게 이글거려도 하나님의 능력과 은혜는 불의 위력에 비교할 수 없었다. 평소보다 칠 배나 뜨거운 그 풀무불 속에서도 다니엘의 세 친구들을 온전히 보존해 주신 하나님! 그 뜨거운 열기 속에서 머리털 하나 그슬리지 않고 불에 탄 냄새조차 나지 않게 하시는 하나님! 그 하나님이 우리와 함께하심을 우리는 수없이 목격했다.

조이 도우슨은 풀무불 속에 함께 계시는 하나님을 'Mr. Cool 하나님'이라고 불렀다. 그 불의 강도와 열기는 하나님의 소명을 이루는 도구와 청지기로 빚어지기 위한 하나님의 담금질이었다. Mr. Cool 하나님은 결코 우리 곁을 떠나지 않으셨고 우리를 타게 내버려 두지도 않으셨다. 학교의 극심한 가난 속에서도, 억장이 무너질 것 같은 억울한 소리에도, 무시와 멸시를 당할 때도, 오해와 반대로 지도자의 외로운 자리에 있을 때도, 어떤 상황에서도 하나님의 측량할 수 없는 사랑은 우리를 떠나지 않았고, 견딜 수 있는 힘을 주셨다.

"그러므로 우리가 흔들리지 않는 나라를 받았은즉 은혜를 받자 이로 말미암아 경건함과 두려움으로 하나님을 기쁘시게 섬길지니 우리 하나님은 소멸하는 불이심이라"(히 12:28-29).

버스에 총장님을 향한 사랑을 싣고
최재웅 97학번, 경영경제학부

저는 총장님께서 교도소에 수감되시던, 2001년 5월 11일을 기억합니다. 그 4일 후가 스승의 날이었습니다. 옥 안에 계시는 총장님께 사랑과 존경을 표현하자고 우리는 마음을 모았습니다. 많은 학생들이 경주교도소로 갔으면 하는 바람으로 교수님들께 그날 하루만 휴강시켜 달라는 부탁을 드렸습니다. 그러나 학생들의 학습권을 존중해야 한다는 교수님들의 말씀에 저희는 한 발 물러났습니다.

그럼에도 불구하고 우리를 사랑하며 안아 주셨던 총장님을, 아니 우리의 스승님을 교도소에 혼자 계시게 할 수는 없었습니다. 저와 뜻을 같이 했던 제정호 군과 스피커를 들고 기숙사에서, 식당에서, 각 방을 돌아다니며 학우들에게 함께 가자고 호소했습니다. 수업을 포기할 수 없는 상황에서 학생들 200-300명만 참여해도 기적이라고 생각하며 저희는 믿음으로 버스 15대를 빌렸습니다. 캠퍼스에 속속 도착하는 버스 행렬을 보니 그제야 15대가 얼마나 많은 숫자인지 알 수 있었습니다. 두근거리는 마음으로 채플로 뛰어가는 저의 발걸음이 곧 기도였습니다.

"주님, 제발 버스를 채워 주세요. 돈도 많이 썼는데 헛돈이 되지 않았으면 좋겠습니다. 적어도 총장님을 향한 우리의 마음이, 총장님께서 스승으로 우리에게 보여 주셨던 헌신과 희생의 모습이 세상에 알려지게 해주세요."

효암채플 근처에서 학생들이 웅성대며 줄을 서 있는 모습이 저만치 보였습니다. 놀랍게도 채플실 안에도 학생들이 넘치도록 밀려들어 미처 안으로 들어가지 못하는 학생들도 많았습니다. 수업을 포기하면서까지 총장님 계시는 교도소로 가기로 한 학생들! 갑자기 뜨거운 눈물이 흘러내렸습니다.

채플로 들어가서 학생들에게 모두 운동장으로 나와 달라고 부탁했습니다. 모두들 말없이 따라 주었고, 졸지에 각 학부의 리더가 정해졌습니다. 놀랍게도 순식간에 학생들이 버스를 타기 위해 반듯하게 줄지어 섰습니다. 우리 학교와 학우들을 이보다 더 자랑스러워할 순간이 또 있을까 생각했습니다. 버스가 부족하여 회사에 버스를 더 보내 달라고 부탁했습니다. 그 아침에 갑자기 불러 모은 버스가 모두 29대였습니다. 그래도 버스를 타지 못한 학생들은 차가 있는 친구들과 함께 경주교도소로 이동했습니다. 버스가 이동하는 모습은 흡사 긴 기차 행렬을 보는 것 같았습니다. 교도소 앞에 도착하자, 1800여 명이 넘는 학생들에게 말을 전달할 방도가 없었습니다. 급박하게 음향은 설치했으나 모두 집중할 수 있는 단상이 없었습니다. 마침 교도소 앞 구멍가게에 플라스틱으로 된 낡은 테이블이 보였습니다. 주인 할머니는 구름처럼 모인 우리를 보고 놀라신 것 같았습니다.

"할머니, 이 테이블 잠깐만 빌려 주시겠어요?"

"가져가!"

할머니는 소리를 지르시고는 문을 쾅 닫으셨습니다.

담 안에 계시는 총장님을 향해 우리는 눈물을 참으며 조용히 〈스승의 은혜〉를 부르기 시작했습니다. 그리고 침묵 기도를 했습니다. 가져간 카네이션을 교도소 정문에 하나씩 쌓아 두고 그곳을 떠나기 전에, 빌려 온 테이블을 돌려 드리려고 할머니의 구멍가게로 갔습니다. 할머니는 활짝 웃으시며 "할렐루야!" 인사하셨습니다. 조금 전과 다른 할머니의 모습을 보며, 우리의 메시지가 세상에도 전달되리라는 믿음이 생겼습니다.

그날 이후 저는 세상 어디에서도 만날 수 없는 한동인이라는 믿음을 가지게 되었습니다. 한동대학교가 외치는 'Why Not Change the World!' 모토에 대한 꿈을 그려 가기 시작했습니다. 그것은 '언어를 통해 개발도상국을 돕는 사람!'이었습니다.

총장님, 저는 지금 그 꿈, 언어를 통해 세상에 영향을 주는 교육 컨설팅 기업(폴앤마크)을 운영하고 있습니다. 제게 그 꿈이 없었다면 그냥 기업 경영만으로도 바쁘게 하루하루 살고 있었을 것입니다. 2011년, 하나님께서는 남미의 에콰도르 교육부에서 2주 동안 교육 혁신 프로젝트 중의 하나로 아마존 14개 부족의 교사들에게 강의할 수 있는 기회를 주셨습니다. 매일 세상을 바꿀 꿈 이야기를 하던 한동의 청년들이 한 국가의 교육 개혁 프로젝트를 수행하게 된 것입니다.

지난주에는 러시아로부터 독립한 신생국가인 몰도바에 대한민국 교육부를 대신해서 다녀왔습니다. 제게 일어난 이 모든 일은 한동에서 기도하고 꾸었던 꿈이 있었기에, 하나님께서 가능하게 하셨던 것입니다. 한없이 감사해도 끝이 없겠지만, 총장님께서 나눠주신 'Why Not Change the World!'의 꿈의 작은 열매로 보답하고 싶어 펜을 들었습니다.

총장님, 사랑합니다.

감옥에 계신 아빠께

남편이 감옥에 있을 때 그가 감옥에서 풀려나오기를 기다리며 매일 남편에게 면회 가는 것 외에 내가 할 수 있는 일은 아무것도 없었다. 그날 나와 함께 면회를 간 아들은 말없이 유리창 너머로 아버지와 손을 나란히 맞대고 흐르는 눈물을 감추지 않았다.

"아빠! 지금 참 힘든 시기를 보내고 계시지만 저는 하나님께 기도합니다. 하나님은 사랑이시기에 하나님의 자녀에게 고통을 내려 주시지 않습니다. 다만 하나님께서 허락하시는 고통은 의미를 가지고 있습니다. 하나님은 공정한 분이시기에, 재판관이신 하나님, 공정하신 하나님께서 이 모든 일을 공의롭게 결론지으실 것입니다. 하나님의 공의가 드러나도록 기도하고 있습니다. 하나님은 신실하십니다. 신실하신 하나님께서 우리에게 주신 약속들, 곧 성경 말씀을 통해 주신 약속들을 우리의 고난을 통해서도 이루실 것을 저는 믿어요."

딸 종민이도 미국에서 편지를 보내 왔다.

"우리 아빠! 착하신 우리 아빠, 내가 세상에서 가장 존경하는 아빠, 감옥이란 곳과는 거리가 먼 아빠. 아빠, 올해에는 기억하셨나요? 6월 15일은 엄마 아빠의 결혼기념일입니다. 해마다 너무나 바쁘셔서 가족들의 생일, 아빠 엄마의 결혼기념일을 잊으셨는데, 아무것도 하실 수 없는 그곳에서는 기억하실는지요. 아니면 그 안에서도 오직 한동대 생각으로 또 잊으셨는지요. 멀리 있는 딸의 축하 인사를 받으셔요.

아빠, 전 시간이 가면 갈수록 가슴이 터져 나갈 듯이 아픕니다. 혼자 계실 아빠를 생각하면 쉴 새 없이 눈물이 흘러내립니다. 거기서 얼마나 답답하실까요. 아빠, 남들은 저에게 위로해요. 더 좋은 일이 있으려고 잠시 고생하신다고. 하지만 딸로서 바라보는 아빠의 고생은 잠시 거쳐야 할 시련으로는 너무나 가혹합니다. 하지만 전 알아요. 이 모든 시련이 있을 줄 6년 전에 미리 아셨더라도 하나님 말씀에 순수하게 순종하시는 아빠는 이 길을 택하시고 한동대로 가셨을 거라고요. 그러기에 저는 주님의 때를 기다립니다.

아빠, 많이많이 사랑해요. 그리고 이제 곧 귀국하니 빨리 뵙고 싶어요. 항상 기도드리며 늘 아빠를 생각하는 사랑하는 딸 종민 올림."

남편과 내가 한동에서 보낸 세월만큼이나 아들과 딸도 한동을 향한 사랑이 점점 풍성해졌다. 지금 남매는 한동대의 열렬한 후원자가 되었다.

시내 한가운데에도 구름기둥이

2001년 6월 4일, 총장, 부총장이 구속된 지 23일째 되는 날이었다. 새벽 4시에 학부모들을 태우고 서울에서 출발한 버스가 포항 중심가에 도착했다. 연이어 부산, 대구, 대전, 전주 등지의 버스들도 속속 도착했다. 700여 명의 학부모들과 1500여 명의 학생들이 질서 정연하게 긴 행렬을 이루었다. 총장과 부총장의 법정 구속 사건에 대한 침묵 가두 행진을 하는 이상한(?) 시위가 시작되었다.

'구속된 스승을 돌려 달라'는 피켓을 들고 포항 중심가에서 행진을 벌였다. 초여름의 뜨거운 태양도 어느 사이엔가 구름이 막아서서 한낮의 뜨거운 열기를 식혀 주었다. 이스라엘 백성을 구름기둥으로 보호하셨던 그 하나님이 한동인들을 위해 구름기둥을 보내 주셨다.

'시민 여러분! 우리는 포항을 사랑합니다. 우리 한동인들을 사랑해 주십시오.'

피켓을 든 학생들은 묵묵히 행진했다. 지나가는 행인들이 멈추어 서서 지켜보았다. 한동인들은 말 한 마디, 목소리 한 번 내지 않은 채 그

동안의 따돌림과 서러움을 침묵으로 호소했다.
　김은주 권사님(피지에서 순교한 95학번 권영민 군 어머니)은 자신이 지은 시를 낭랑한 목소리로 낭독하기 시작했다.

　　　이 시대의 소망이여, 한동인이여!
　　　바보스러울 만큼 우직한 스승은
　　　갓 태어난 한동을 껴안고
　　　동냥젖 얻어 먹이던 심청이 아비처럼
　　　지구촌 방방곳곳 아니 간 곳이 어디더냐
　　　이 세상을 변화시킬 인재를 양육하기 위해
　　　그 헌신과 눈물과 피땀이 녹아 있는
　　　사랑의 젖을 먹고 자란 한동인이여
　　　믿음직스럽고 훌륭하구나
　　　스승의 날 구치소 앞에서 의젓하고 정연하며
　　　성숙하게 영근 아름다운 의의 열매로 자라서
　　　영어(囹圄)의 몸이 된 스승을 향해
　　　변함없는 신뢰와 사랑을 바치며
　　　안타깝고 슬픈 마음을 곡조에 담아
　　　구치소 담장 안으로 스승의 노래를 실어 보냈을 때
　　　그 부형 같은 스승은 분명 아기같이 무구한 얼굴에
　　　카네이션보다 더 붉은 눈물을 흘렸으리라

교권이 짓밟히고 사제의 신뢰가 무너진 이 땅에

전 삶을 녹여 키워 낸 제자들 앞에서

비록 그렇게 갇혀 있지만

정녕 그는 행복하였으리라 너희들 때문에…

아, 아, 장하고 자랑스런 의의 열매들이여

그 스승을 닮아 그리도 아름다운가

모든 행동과 선택의 기준이 자기 자신이 되어 버린 이 시대

미워하는 자를 선대하고 저주하는 자를 축복하는 너희여

그 스승에 그 제자로구나

어느 나라 어느 시대에 이토록 제자들의 존경과

신뢰와 사랑을 바치는 소리를 들어보았느냐

너희 한동이 있기에 포항은 더욱 귀하고 아름답구나

순교의 재물 위에 쌓은 상아탑이여

스승들의 사랑과 수고의 땀 위에 쌓은 학문의 요람 한동이여

이제 고난과 역경 속에서 새롭게 태어난

믿음직스럽고 존귀한 한동이여

영원하리라, 영원하리라

그들의 총장이 감옥에 있는 슬픈 한동인들을 위해 하나님은 구름기둥을 또다시 보여 주셨다.

꿀 두 통

교도소 면회실에서 한 신사가 내게 다가왔다.

"저는 호주에서 목회하는 목사인데 며칠 전에 잠시 귀국했습니다. 그곳에서도 신문보도를 통해 한동대학 소식을 들으며 총장님을 위해 기도하고 있었습니다. 이번에 꼭 총장님을 뵙고 가려고 대구로 내려오는 새벽에, 하나님께서 총장님이 오늘 석방되신다고 말씀하셨습니다."

그는 호주에서 가지고 온 꿀 두 통을 내게 건네주고 떠났다. 너무 경황이 없었던 터라, 성함이나 연락처를 물어보지 못한 것이 지금도 아쉽다. 그날 남편은 감옥에서 출소했다.

사방으로 욱여쌈을 당하여도

7월 4일 남편이 53일 만에 감옥에서 보석으로 풀려난 뒤였다. 이제부터 한동대의 어려움은 다 지나가고, 교직원들도 한마음이 될 것이라고 기대했다. 그러나 환난은 그것으로 끝나지 않았다.

추석 연휴가 시작되었고, 대부분의 학생이 집으로 돌아가고, 남편은 몽골 울란바토르 대학과 한동대의 협약식을 위해 서울로 갈 준비를 하고 있었다. 바로 그날 이른 아침에 집으로 전화가 걸려 왔다. 남편이 받으니 아무 소리 없이 전화가 끊겼다. 잠시 뒤 또 전화가 왔다. 이번에는 내가 받았다.

"총장님 계십니까?"

낯선 목소리였다.

"저희는 노조원들입니다. 밖을 내다보십시오. 지금 우리는 총장님 아파트 주차장에 와 있습니다."

놀라서 창문을 열어 보니, 빨간 조끼를 입은 노조원들이 아파트 주차장을 점령하고 있었다. 현관 앞에는 이미 빨간 조끼를 입은 여자 노조원 두 명이 문 앞을 지키고 있었다. 우리는 포위당한 상태였다. 뜻밖의 사태에 관할 경찰서에 전화를 했지만, 왠지 석연치 않은 반응이었다. 남편은 근처에 살고 있는 교무위원들에게 연락을 했다.

아직 귀성하지 않고 있던 최재웅 군이 소식을 듣고 핸드마이크로 기숙사에 남아 있는 학생들에게 이 소식을 알리기 시작했다. 명절에 구하기 힘든 귀성 차표를 포기하고 200여 명의 학생들이 졸지에 아파트 주차장으로 달려왔다. 학생들은 그들의 총장님을 어떻게 할까 봐, 주차장에 줄지어 앉아서 숨죽이며 노조원들을 지켜보고 있었다. 살벌하지만 눈물겨운 장면이었다.

한편 집에서는 가까스로 들어온 교수들과 학생대표들이 대책회의를 하고 있었다. 학생들은 총장님을 무사히 탈출시키기 위해, 12층 아파트 옥상으로 올라가 다른 출입구를 통해서 나가자는 등 기막힌 작전들을 내놓았다. 음식을 준비할 상황이 아니라 모두들 점심도 거른 채, 집에 있던 생식가루를 한 포씩 입에 털어 넣고 또다시 머리를 맞댔다. 예약된 비행기는 이미 놓쳤고, 마지막 비행기라도 타야 할 텐데 도무지 방도가 보이지 않았다. 그렇게 긴 하루해가 다 가고 있었다. 저녁이 되자 아파트에서도 난리가 났다. 주차장이 노조원들의 차량으로 가득차

자 불편해진 주민들이 민원을 제기한 것이다. 부녀회장은 노조원들에게 해산해 달라고 몇 번이나 방송을 하고 있었다.

마침내 학생들은 우리를 가운데로 빙 둘러싸고 스크럼을 짜서 계단으로 내려가기 시작했다. 8층에서 4층까지 내려왔을 때, 갑자기 경찰 간부가 뛰어와서 우리를 만류했다.

"다시 올라가셔야 합니다. 이러다가는 학생들과 노조원들 간에 충돌 사태가 일어납니다."

집으로 올라온 우리는 잠시 후, 경찰의 호위를 받으며 학생들과 다시 계단을 내려왔다. 밖에는 이미 어둠이 짙게 깔려 있었고, 자동차 한 대가 아파트 입구를 막고 있었다. 우리가 빠져나올 수 없도록 자동차로 바리케이드를 친 것이다. 무대 조명처럼 환하게 켜놓은 자동차 헤드라이트 불빛이 밖으로 나오는 우리 일행을 눈부시게 비추었다. 불빛 때문에 우리를 둘러선 무리가 전혀 보이지 않았다. 붉은 수건을 두르고 붉은 조끼를 입은 무리의 수많은 눈, 눈, 눈들에 나는 기가 질렸다. 외부기관의 노조원들도 합세하는 바람에 더욱 숫자가 불어났다고 했다. 그들 앞에서 남편이 말했다.

"서울에 올라가서 이사장님과 학교를 위해서 바람직한 방법을 논의하고 오겠습니다."

12시간의 연금 상태에서 벗어난 우리는 출발 직전의 마지막 비행기를 아슬아슬하게 탈 수 있었다. 흡사 영화에서나 볼 수 있는 장면 같았다.

"우리가 사방으로 욱여쌈을 당하여도 싸이지 아니하며 답답한 일을 당하여도 낙심하지 아니하며 박해를 받아도 버린 바 되지 아니하며 거꾸러뜨림을 당하여도 망하지 아니하고 우리가 항상 예수의 죽음을 몸에 짊어짐은 예수의 생명이 또한 우리 몸에 나타나게 하려 함이라"(고후 4:8-10).

그때의 노동조합 직원들이 지금은 성실한 동역자로 변해 있다. 우리는 모두 하나님으로부터 공식은 같고 숫자만 틀린 하나님의 교과서를 통해 한 시대, 한때의 훈련을 받았던 것이다. 그래서 나는 오늘도 찬송을 부른다.

산천과 초목도 새것이 되었고 죄인과 원수도 친구로 변한다
주 따라 가는 길 험하고 멀어도 찬송을 부르며 뒤따라가리라
나 주를 모시고 영원히 살리라 날마다 섬기며 주 함께 살리라

뜻밖의 만남

눈이 채 녹지 않은 어느 추운 겨울밤, 나는 응급실로 실려 가는 위급 환자처럼 경기도 용인에 있는 기도원으로 급히 달려가고 있었다. 학교를 위해 늘 함께 중보하던 일행과 함께 택시를 대절해서 가면서 우리는 학교 이야기를 나누고 있었다. 그때 연세가 지긋해 보이는 택시 기사가 백미러로 우리를 보면서 대화에 끼어들었다.

"벌써 15년 전인가 봅니다. 제 차에 타셨던 한동대 김영길 총장님 아버님께 제가 전도한 적이 있습니다. 그후, 온누리교회에 다니는 기사

신우회 회원으로부터 할아버지께서 세례를 받으셨다는 소식도 들었고, 김 총장님이 저를 찾고 있다는 소문도 들었습니다. 그러나 저는 마땅히 할 바를 한 것뿐이라 그때 나타나지 않았지요."

우리 모두 놀라움으로 입을 다물지 못했다.

"어머나, 제가 바로 김 총장의 아내입니다. 그 당시 저희 가족은 아버님을 전도한 분을 무척 찾았습니다. 이름도 모르는 그 기사님께 우리 가족은 얼마나 감사했는지요."

"하나님이 오늘 밤 이런 만남을 주셨으니, 저도 오늘 영업은 그만하고 기도원까지 온 김에 기도하고 가겠습니다. 새벽에 서울로 제가 다시 모셔다 드리겠습니다."

15년 전의 일들이 파노라마처럼 펼쳐졌다. 1986년, 시내에서 뒤늦게 택시를 타고 아시안게임 폐막식에 다녀오신 아버님은 며칠째 근심 어린 모습이었다. 아버님의 말씀인즉, 그날 택시 기사가 연세도 많으신 아버님이 예수를 믿지 않으면 하늘나라 명단에 아버님 이름이 빠져 있어서 천국 입장권을 받을 수 없고, 결국 천국에 들어가지 못하니 어서 예수님을 믿으라고 했다는 것이다. 그 기사의 말이 못내 찜찜하셨던 아버님이 급기야 예수님을 영접하셨다.

우리는 그날 뜻밖에 하나님의 선물을 받은 것 같았다.

"다른 이로써는 구원을 받을 수 없나니 천하 사람 중에 구원을 받을 만한 다른 이름을 우리에게 주신 일이 없음이라"(행 4:12).

모래 위의 발자국

뉴저지에 살고 있는 딸을 방문했을 때이다. 딸의 가족은 우리가 한국으로 영구 귀국하기 전까지 살던 집에서 자동차로 한 시간 거리에 살고 있다. 나는 30여 년 전의 그 집, 그 동네에 가보고 싶었다. 우리 부부는 세 살 된 손녀를 가운데 앉히고 옛집을 향해 출발했다. 나는 차 뒷자리에 앉아서 창밖을 내다보면서 딸에게 물었다.

"여기가 어디야?"

"엄마, 조금만 더 가면 돼요."

수없이 다녔던 287번 하이웨이를 벗어나자, 그제야 17번 출구로 나가야 한다는 것이 기억났다. 하이웨이의 풍경은 예전과 변함이 없었다.

"여기쯤에 미스터콘 가게가 있었는데… 너 어렸을 때 그 집에서 아이스크림을 많이도 사 먹었지. 그리고 이 근처에 K마트도 있었는데… 아! 저기 있구나!"

나는 열심히 기억을 더듬었다.

우리가 살던 동네 근처에 이르자, 나는 더욱 탄성을 연발했다.

"우리가 살 때랑 동네가 하나도 안 변했네. 여름이면 네가 살다시피 하던 수영장도 그대로구나. 하나도 변한 게 없어. 너도 기억나지?"

딸도 감회에 젖어 고개를 끄덕였다.

그곳은 시간이 흐르지 않고 정지된 것처럼 모든 것이 30년 전 그대로였다. 바뀐 것이 있다면 자동차에 앉아 있는 우리의 자리뿐이었다. 그때는 앞자리에 우리가 앉았고 뒷자리에 아이들이 앉아 있었다. 그때 어린 딸은 언제나 창밖을 보면서 나에게 묻곤 했다.

"마미, 여기가 어디야? 이제 집에 다 와 가?"

"아직 조금 더 가야 해."

바로 30년 전 아이들이 우리에게 했던 질문을, 이제는 자리가 바뀌어 우리가 딸에게 그대로 하고 있었다.

예전에 살던 집 앞에 나는 한동안 서 있었다. 아이들이 집에서 걸어 나와 스쿨버스를 타고 학교에 가던 풍경이 선명하게 떠올랐다. 엄마의 발자국이 수없이 묻어 있던 그 길을 지금은 손녀가 아장아장 걷고 있다.

"주님, 벌써 30년의 세월이 흘렀네요. 제가 예수님을 안 이후로 환희의 기쁨도 많았지만, 고난도 많이 겪었네요."

하나님의 부르심에 따라 한국으로 떠나던 날, 그때는 우리 부부가 이런 질곡의 삶을 살게 되리라고는 상상도 못했었다. 그 순간 주님께서 내게 이렇게 물으시는 것만 같았다.

"딸아, 네가 살아온 길을 한 번 더 살아 달라고 내가 부탁한다면 그대로 살아 주겠느냐?"

나는 주님께 손사래를 쳤다.

"오 주님, 싫어요. 제가 주님을 너무 좋아하다 보니 미국에서 한국으로, 한국에서 포항의 한동대로, 그러다가 남편이 감옥까지 갔잖아요."

"그러나 그 길은 내가 지명하여 불러낸 길이 아니더냐. 그리고 지금까지 너는 네 힘이 아닌 내 힘으로 인생길을 걸어오지 않았느냐?"

"네, 주님, 그건 맞아요. 전적으로 주님의 은혜였음을 고백합니다."

"그렇다면 나의 부탁에 너는 또다시 순종할 수 있지 않겠느냐?"
그때서야 나는 주님께 대답을 올려 드렸다.
"네, 주님!"

개교 후 초창기에 영어를 가르치셨던 테리 스폰 박사(Terry Sphon, 리버티대학, 생물학부 교수)의 딸 크리스틴이 학교를 떠날 때 수를 놓아 선물로 준, 시 〈모래 위의 발자국〉이 아직도 우리 집에 액자로 걸려 있다.

어느 날 난 꿈을 꾸었네
주와 함께 바닷가 거니는 꿈을 꾸었네
하늘을 가로질러 내 인생의 장면들을 보았네
모래 위엔 두 쌍의 발자국이 있었네
한 쌍은 내 것, 또 한 쌍은 주님의 것
거기서 내 인생의 마지막 장면들을 보았네
내 발자국이 멈추어진 그곳에서 내 삶의 길을 뒤돌아보았을 때
그 길에서 오직 한 쌍의 발자국만 보였네
그때는 내 인생이 가장 비참하고 슬픈 시절이었네
나는 의아해서 주님께 물었다네
"주님! 제가 당신을 따르기로 했을 때
저와 항상 함께 계시겠다고 약속하셨잖아요
그러나 보세요
제가 주님을 가장 필요로 했을 때

그때 거기에는 한 쌍의 발자국밖에는 없지 않았습니까?
제가 주님을 가장 필요로 했을 때 주님은 제 곁을 떠나셨나요?"
그때 주님께서 대답하시었네
"나의 귀하고 소중한 아들아, 딸아!
나는 너를 사랑했고 너를 결코 떠나지 않았단다
네 시련의 때, 고통의 그때에도
나는 너를 떠나지 않았단다
네가 본 그 한 쌍의 발자국은
나의 발자국이었느니라
그때 내가 너를 등에 업고 걸었노라
그때 내가 너를 등에 업고 걸었노라

그랬다. 주님은 우리가 가장 힘든 시간에 우리를 등에 업고 그 고난의 길을 걸으셨다. 우리는 고난보다 크신 하나님을 만났다. 그리고 우리 삶에는 결코 부인할 수 없는 주님의 흔적들이 수없이 쌓여 갔다.

세상에서 가장 따뜻한 커피

임정택 04학번, 경영경제학부

2008년 5월, 저는 제가 왜 태어났는지, 왜 하나님이 저를 한동대로 보내신 것인지, 앞으로 어떻게 살아야 하는지에 대해 답을 듣지 못하면 공부도 연애도 아무것도 못할 것 같았습니다. 그래서 하나님께 대놓고 매달리기 시작했습니다. 그때처럼 간절히 기도 드렸던 적이 없었던 것 같습니다. 마침내 하나님께서는 말씀으로 저에게 대답해 주셨습니다.

"너희가 여기 내 형제 중에 지극히 작은 자 하나에게 한 것이 곧 내게 한 것이니라"(마 25:40).

그날, 그 순간부터 임정택의 모든 생각과 감정, 의지가 달라졌습니다. '지극히 작은 자들을 만나야만 하나님의 마음을 더 잘 알 수 있겠다'고 생각한 저는 그날 이후 수업 시간을 제외하고는 동사무소, 장애인 시설, 문 닫기 직전의 작은 사업체들을 돌며, 가난한 자, 병든 자, 장애인 등 소외된 자들을 찾아다니며 만났습니다.

하나님은 제게 새로운 비전을 주셨습니다. 이 시대의 장애인, 새터민, 가난한 자들에게 복음을 전하고 그들이 전문가로 성장하여 자립할 수 있도록 회사를 만드는 것이었습니다.

2008년 9월 2일, 마태복음 25장 40절 말씀을 기반으로 '향기 내는 사람들'이라는 사회혁신기업이 드디어 시작되었습니다. 장애인들을 바리스타로서 자립시키기 위한 커피 전문점과 저소득층의 자립을 돕는 컨설팅 사업의 첫 필요 예산은 1억 6백만 원이었습니다. 그렇지만 제 통장에는 25만 원이 전부였습니다. 기도 가운데 포스코를 찾아가야겠다는 마음을 주셨습니다. 포스코 본사의 담당자와 약속을 잡았고 1억 6백만 원의 재정을 지원해 주길 간곡히 요청했습니다. 그리고 포스코 팀장님이 지적한 문제점 14가지를 해결하기 위해 전국을 뛰어다니기 시작했습니다. 반년 만인 6개월 후, 공동모금을 통해 5천만 원이 지정기탁으로 최종 지원되었습니다. 그후 하나님은 장애인들을 살리기 위해 돈, 교육, 장소 등을 '때에 맞게' 허락해 주셨습니다. 2009년, 한동대에서 이 일이 시작되면 좋겠다며 총장님을 찾아뵈었을 때, 총장님께서는 조금도 망설이지 않고 이렇게 말씀하셨습니다.
"너무 귀한 사업이야! 내가 지원할 테니 한번 열심히 해봐!"
사실 그때까지 많은 사람의 우려의 목소리가 저를 힘들게 했는데, 총장님의 그 한 마디 말씀이 얼마나 큰 위로와 격려가 되었는지 모릅니다. 그날 저는 다시 힘을 내어 일어설 수 있었습니다.
2009년 9월 7일, 이 놀라운 일들을 이루도록 하신 하나님은 드디어 하나님의 선물, 히즈빈스 카페 1호점을 오픈하도록 하셨습니다. 대부분의 히즈빈스 바리스타들은 정신분열증, 조울증과 같은 정신질환을 앓고 20년 이상 치료를 받아 온 분들이었습니다. 집에서 계란 프라이도 해본 적 없던 분들이 카페의 모든 레시피를 6개월 동안 익혀서 일을 시작한 지 1년여 만에 90여 가지의 메뉴를 훌륭하게 만들어 내기 시작했습니다. 의학적으로나 학술적으로 기적과도 같다며 전문가들이 인정하기 시작했습니다. 포항에 소문이 나기 시작했고 수십 명의 장애인들이 히즈빈스에서 일하고 싶다며 줄을 섰습니다. 히즈빈스 1호점이 오픈한 지 일 년 만에 줄을 서지 않으면 먹지 못하는 카페가 되었습니다.
그후 3년이 지난 2013년, 포항에는 7개의 히즈빈스 매장이 있습니다. 로스팅, 베이커리 생산라인을 갖춘 공장 '향기 제작소'도 설립되었습니다. 현재 총 33명의 바리스타와 1명의 로스터, 2명의 제빵사 모두 장애인이지만 장애를 뛰어넘어 커피와 베이커리의 전문가로서 기적을 만들어 가고 있습니다.

하나님은 글로벌 하나님이십니다. 어느 날, 저의 멘토이신 정숙희 교수님(상담복지학부)이 미국 메릴랜드 대학의 교수님(정신장애 전공)과 8명의 대학원생(박사과정)들을 데리고 히즈빈스를 방문했습니다. 그로 인해 2013년 미국의 최대 정신보건학회 학술지에 히즈빈스 사례가 소개되었고, 미국의 비벌리힐스에서는 실제로 히즈빈스 오픈을 요청해 왔습니다.

총장님! 2014년에는 호주에서 세계자원봉사대회가 열립니다. 그런데 이 대회 중 특별 강연의 기회가 저에게 주어졌습니다. 2014년 9월, '배워서 남 주자'로 세상을 변화시키고 있는 한동인들의 이 귀한 이야기를 전 세계에 알릴 수 있는 기회가 왔습니다.

'향기 내는 사람들'은 '꿈꾸는 떡 설레'라는 사업을 새롭게 시작했습니다. 현재 새터민 3명이 떡 연구에서부터 납품하는 일까지 직접 하고 있습니다. 하나님의 방법으로 세상을 바꾸는 것이 무엇인지 가르쳐 주신 총장님 그리고 교수님들께 진심으로 감사드리며 펜을 놓습니다.

사랑합니다, 총장님!

2부

곳곳에
구름기둥을

광야는 과정이지 끝이 아니다.
가나안으로 가는 과정 그 과정 길목마다 하나님은 우리를
혼자 버려두지 않으셨다. 어디서 어떻게 찾으셨는지
하늘나라에 기록될 수많은 사람들을 통해
당신의 구름기둥 역할을 하게 하셨고
그들의 순전한 기도와 헌신을 기쁘게 받으셨다.

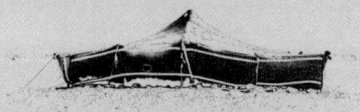

1장 벼랑 끝에서

> 내가 네게 명령한 것이 아니냐
> 강하고 담대하라 두려워하지 말며 놀라지 말라
> 네가 어디로 가든지 네 하나님 여호와가
> 너와 함께하느니라

이때를 위함이 아닌가

이영덕 이사장님은 뜨거운 풀무불 속의 세월을 한동과 함께하셨던 분이다. 사모님이신 정확실 선생님은 나의 대학 은사이기도 하다. 미국에서 10년여 만에 귀국한 나는 모교에 출강하게 되었고, 선생님이 '진짜 예수쟁이'로 변하셨다는 소식을 들었다. 그때부터 사제지간의 새로운 교제가 시작되었다. 선생님은 일편단심 외골수로 예수님을 사랑하셨다. 내가 이화여대에서 강의를 하던 14년의 세월을 뒤로하고, 남편을 따라 한동대학으로 온 이후로도 그리스도 안에서 선생님과의 교제는 계속되었다.

비판과 반대의 목소리가 학교를 뒤집을 듯하던 때, 학교의 빚은 날로 더해 가고, 학교 초기부터 지원을 아끼지 않았던 온누리교회와 하용조 목사님께도 비난과 공격의 화살이 날아들었다. 발신인 불명의 괴편지들이 교회 장로, 권사, 안수집사들에게 수차례 배달되고 교회까지 공격을 받게 되자, 이사장이셨던 하 목사님은 이사장직을 내려놓기로 하셨다. 취임 8개월 만이었다.

이런 상황에 누가 후임 이사장을 맡으려고 할지 걱정이 이만저만 아니었다. 하나님은 하 목사님과 남편에게 전 국무총리이셨던 이영덕 박사님을 마음에 두게 하셨다. 그러나 쉽지 않은 초청이었다. 국무총리까지 지내신 분이 시골의 작은 대학, 그것도 시끄럽고 말썽 많은 대학의 이사장으로 오시겠는가. 더구나 이 박사님 주위에서도 적극 만류했다. 그러나 내외분은 이 초청에 대해 진지하게 고민하며 하나님께 기도하셨다. 마침내 이 박사님은 한동대 이사장직을 수락하셨다.

"지금까지 나의 모든 학문적 경험과 대한민국 총리로서의 경륜이 하나님의 대학, 한동대학의 이때를 돕기 위함이 아닌가 생각합니다."

모르드개가 왕후의 자리에 앉게 된 에스더를 향한 말과 같았다.

"…네가 왕후의 자리를 얻은 것이 이 때를 위함이 아닌지 누가 알겠느냐"
(에 4:14).

매우 특별한 기도

1996년 8월 2일, 온누리교회 김순옥 권사님이 뜻밖의 전화를 했다.

"권사님, YWAM 하와이열방대학의 진 다넬(Jean Darnell) 목사님이라고 들어보신 적 있으세요? 이분이 며칠 전 한국 예수전도단 세미나 강사로 오셨어요. 제가 지금 이분과 장로님 댁 근처 커피숍에 있거든요. 좀처럼 뵙기 힘든 귀한 분이신데 마침 잠시 짬이 나서 모시고 갈 테니 목사님께 기도도 받으세요."

진 다넬 목사님은 로렌 커닝햄 목사님과 하와이 코나의 YWAM(국제예수전도단)을 창설하신 분으로, 온 세계를 다니며 성령의 기름부음이 넘치는 예언기도와 신유 사역을 하셨다. 전화를 받았을 때 마침 남편도 집에 있었다. 학교 일로 근심 걱정에 싸여 있던 때라 이런 귀한 목사님이 집으로 오신다니 무척 감사했다. 나는 전화를 끊자마자 이영덕 박사님께 전화를 드렸다. 바로 며칠 전에 한동대 이사장직을 수락하셨기에 학교를 위해 함께 기도드리면 좋겠다고 생각했던 것이다. 신기하게도 내외분은 우리 집에서 10분 거리에 계신다고 하셨다. 크리스천에게 우연이란 없다.

"주 여호와께서는 자기의 비밀을 그 종 선지자들에게 보이지 아니하시고는 결코 행하심이 없으시리라"(암 3:7).

그날 우리는 잊을 수 없는 놀라운 영적 기도를 경험하게 되었다.

다넬 목사님은 먼저 이영덕 이사장님을 위해 기도해 주셨다.

"높은 성곽 앞에 서 있는 너에게 문지기들이 출입하는 좁은 문으로 들어오라고 나는 너를 초청했다. 성곽의 큰 대문이 닫혀 있는 것은 너를 보호하기 위함이다. 너는 겸손하게도 나의 초청에 순종해 주었다. 네가 안으로 들어와 보면 이 성은 밖에서 보는 것과 달리, 나의 보호 아래 있는 매우 안전하고 광활한 곳임을 알게 될 것이다. 네가 겸손했기 때문에 너는 나의 생각과 비전과 나의 능력을 함께 공유하게 될 것이며, 네게 맡긴 나의 사명을 감당하게 될 것이다. 나는 너를 이 성을 지키는 사령관으로 세워서 대적들과 그들의 전략을 보게 할 것이며, 잃어버린 영토를 되찾도록 너에게 능력을 더해 줄 것이다. 그리함으로써 나는 너를 높일 것이며, 너는 솔로몬의 노래를 부르게 될 것이다."

목사님은 남편을 위해 기도해 주셨다.

"길거리에서 못된 사람들로부터 매맞아 코피가 터지며 상처투성이로 들어온 자식을 어미가 품에 안고 싸매 주며 위로하듯이 사랑하는 아들아, 나는 지금 너를 위로하기를 원하노라. 내가 너를 내 무릎에 앉히고 사랑의 팔로 안고 있는 것을 너는 느끼고 있느냐? 너를 넘어뜨리려는 자들이 좌우편에서 너를 공격해 와도, 나의 권능으로 너에게 유리한 바람을 반대편으로부터 불게 해서 네가 목적지를 향하여 항해할 수 있도록 할 것이다. 사랑하는 아들아, 너에게 준 사명의 길이 순탄치 않을지라도 너는 두려워하거나 낙담하지 말라. 오직 나만 바라보아라. '내가 네게 명령한 것이 아니냐 강하고 담대하라 두려워하지 말며 놀라지 말라 네가 어디로 가든지 네 하나님 여호와가 너와 함께하느니라'(수 1:9).

젊은이들에게 좋은 음식을 먹이고 싶어 하는 너의 '양육하는 마음' (Nourishing Mind)을 나는 알고 있단다. 엘리사가 선지 생도들을 먹이기 위해 행했던 기적으로 나는 너를 세우며 붙들어 주기를 원하노라."

목사님께서 말씀하신 엘리사의 기적은 열왕기하에 자세히 기록되어 있었다.

"…엘리사가 자기 사환에게 이르되 큰 솥을 걸고 선지자의 제자들을 위하여 국을 끓이라 하매 한 사람이 채소를 캐러 들에 나가 들포도덩굴을 만나 그것에서 들호박을 따서 옷자락에 채워가지고 돌아와 썰어 국 끓이는 솥에 넣되 그들은 무엇인지 알지 못한지라 이에 퍼다가 무리에게 주어 먹게 하였더니 무리가 국을 먹다가 그들이 외쳐 이르되 하나님의 사람이여 솥에 죽음의 독이 있나이다 하고 능히 먹지 못하는지라 엘리사가 이르되 그러면 가루를 가져오라 하여 솥에 던지고 이르되 퍼다가 무리에게 주어 먹게 하라 하매 이에 솥 가운데 독이 없어지니라"(왕하 4:38-41).

우리는 눈물이 쏟아졌고, 목사님의 기도는 계속되었다.

"나는 배고픈 젊은 영혼들을 먹이기 위해 국을 만들도록 솥과 재료들을 너에게 주었다. 이 재료들은 젊은이들의 건강에 매우 좋은 것들이다. 그런데 누군가가 솥에 독을 넣었다. 그리고 네가 하려는 일을 방해하며 음식에 독을 넣어서 중독시키고 있다. 엘리사가 가루를 솥에 넣자, 독이 중화되었듯이 성경에 기록된 말씀, 내가 네게 준 말, 로고스뿐 아니라 레마의 말씀을 솥에 던져라. 그리하면 솥에 들어 있는 독이 중화될 것이다. 준비된 재료들을 독이 있다고 버리지 말고 처음의 계획과 재료 그대로 요리하라. 네가 요리하는 음식이 많은 젊은이들을 살릴 것이다. 그리고 그들의 비전을 풍요롭게 할 것이다. 너의 음식 재료들과 교육의 조화는 젊은이들의 건강에 좋은 것이다. 너의 요리법이 옳다!(Your recipe is right!) 다시 말하노니, 너의 요리법이 옳다!

맛있는 국을 끓이기 위해서 불이 반드시 필요하듯이 내가 허락한 고난과 역경의 불을 두려워하지 마라. 이 불은 너로 하여금 소명을 잊지 않도록 하기 위함이며, 또한 너의 지혜와 능력을 의지하지 않고 나를 의지하도록 하기 위해 내가 허락한 것이다. 이 불이 초기부터 있는 것을 기뻐하라. 처음부터 음식을 잘 만들 수 있기 때문이다. 불의 열기와 강도는 나의 허락 하에 조정될 것이다.

너는 나의 약속을 기억하고 붙들라. 한동대학은 '선한 재정'(Good Economy)으로 운영될 것이다. 그것은 곧 '하나님의 재정'(Divine Economy)이다. 이에 대해서 너는 감사하게 될 것이며, 네 음식을 필요로 하는 열방의 젊은이들에게 나누어 주어라. 그들을 먹일 방법에 대해서도 나는 너에게 가르쳐 줄 것이다.

성경 말씀을 학문과 지식에 적용하여 먹이라. 말씀으로 건강하게 성장한 젊은이들은 나의 비전과 능력을 덧입게 될 것이다. 너희는 그들에게 좋은 음식을 나르는 선한 종업원이 되어야 한다. 이 학교는 벼의 싹을 키우는 모판과 같아서 내가 앞으로 이 모판의 지경을 동서남북으로 확장시킬 것이며, 이 모판에서 양육 받은 젊은이들이 세계 열방 곳곳에 심겨지도록 할 것이다."

우리 모두는 충격으로 한동안 말을 잊었다. 우리가 겪고 있는 모든 고난과 환난이 해석되었다. 또한 환난 중에 처한 우리의 현실이 하나님의 계획 속에 있음을 다시 한 번 확인할 수 있었다. 눈물로 범벅이 된 얼굴로 우리처럼 부족한 종을 쓰시는 하나님의 인자하심을 찬양했다. 물밀 듯한 기쁨과 새 힘이 솟아났다. 또한 하나님께서 한동대를 통해 장차 얼마나 큰일을 행하시며 영광을 받으실지 기대가 되었다.

> "…예언은 믿지 아니하는 자들을 위하지 않고 믿는 자들을 위함이니라"
> (고전 14:22).

이어서 목사님은 나를 위해서 기도해 주셨다.

"사랑하는 딸아, 나는 너에게 사람을 격려하는 은사를 주었다. 그러나 어둠의 영, 거짓 영은 내가 너에게 준 그 은사를 사용하지 못하도록 너를 낙심시키고 있다. 너를 넘어뜨림으로써 네 남편의 비전과 사역을 혼미케 하려고 한다. 그러나 내가 너의 은사를 회복시키실 것이니 너는 네 남편을 격려하라. 그리고 너의 동역자들을 격려하라. 그리고 내가 너에게 펜을 주겠다. 그것은 연필이 아니라 색연필(Coloring Pencil)이다. 너는 내가 하는 모든 일을 기록하라. 그리하면 네가 기록하는 나의 이야기는 다채로운 색깔이 되어 고난 중에 낙심한 사람들이 격려를 받게 될 것이며 내가 주는 힘을 그들도 얻게 될 것이다."

목사님의 기도 한 마디 한 마디가 내 마음에 깊이 새겨지고 있었다. 우리는 목사님의 기도를 녹음한 후 소중하게 기록하여 간직했다. 그리고 좌절하고 낙심할 때마다 이 기도문을 읽으며 힘과 위로를 얻곤 했다.

> "오직 하나님이 성령으로 이것을 우리에게 보이셨으니 성령은 모든 것 곧 하나님의 깊은 것까지도 통달하시느니라 사람의 일을 사람의 속에 있는 영 외에 누가 알리요 이와 같이 하나님의 일도 하나님의 영 외에는 아

무도 알지 못하느니라"(고전 2:10-11).

다넬 목사님의 기도는 광야에서 길을 잃지 않도록 하나님이 보내 주시는 또 하나의 구름기둥이었다.

우연한 만남은 없다

그러나 학교 상황은 더욱 악화일로로 치닫고 있었다. 전보다 더 크고 무서운 광풍과 풍랑이 일고 있었다. 곧 한동호가 파선할 것 같은 위험한 날의 연속이었다.

그때마다 나는 선생님께 긴급 전화를 드리곤 했다. 대학 은사가 아니라 한동대 이사장 사모님으로서 선생님은 나를 격려하시며 용기를 주셨다.

"왜 그리 믿음이 약해! 하나님이 주인이신 학교인데 걱정하지 마! 하나님이 한동대를 당연히 인도해 주실 것을 믿으며, 우리는 감사함으로 기다리자!"

광야학교의 내비게이션이 되시는 하나님이 우리를 인도하실 것을 선생님은 조금도 의심하지 않으셨다. 선생님은 참으로 담대하셨다. 하나님은 이사장님 내외분의 격려로 일마다 때마다 구름기둥을 보내 주셨다. 그 구름기둥이 없었다면 우리는 수없이 길을 잃고 말았을 것이다. 우리는 스승과 제자로, 때로는 큰형님과 아우로, 그리고 사명 받은 동역자로 깊은 신뢰와 우정을 쌓아 갔다.

이영덕 이사장님과 함께 워싱턴을 방문했을 때다. 마침 '서울대 동문회의 밤'에 참석하게 되었는데, 진금섭 서울대 동문 회장이 한동대 이사장님과 총장을 동문들에게 소개했을 때, 이 사장님은 확신에 차서 말씀하셨다.

"한동대학교는 하나님을 경외하며 정직하고 유능한 인재를 양육하는 하나님의 대학입니다. 장차 우리나라와 민족, 그리고 세계를 이끌어 갈 인재들이 한동대학에서 쏟아져 나올 것입니다. 서울대학교 동문 여러분, 멀리 떠나온 조국에 대해 앞으로 소망을 가지십시오. 영적으로나 도덕적으로 무너져 가는 조국과 세상을 변화시킬 인재들을 배출하기 위해 하나님께서 한동대학을 세우셨습니다. 한동대학은 시대적 소명이요 대한민국의 소망입니다."

서울대 동문회 자리였는데 세 사람 모두 질세라, 한동대 이야기만 열정적으로 하는 것을 보고 참석했던 어느 분이 말했다.

"오늘은 서울대 동문회가 아니라 한동대 모임인 것 같습니다. 우리가 서울대학 나온 것을 오늘처럼 후회한 적이 없습니다. 우리가 지금 대학에 간다면 한동대에 갔을 것 같습니다."

재치 있는 그의 말에 모두들 웃으며, 한국에 살 때는 들어보지 못했던 신설대학인 한동대학에 관심을 보이기 시작했다.

"보내심을 받지 아니하였으면 어찌 전파하리요 기록된 바 아름답도다 좋은 소식을 전하는 자들의 발이여…"(롬 10:15).

이사장님은 아내를 무척 사랑하셨다. 한번은 저녁 무렵 이사장님의 전화가 집으로 걸려 왔다. 전화기 저편에서 "여보, 나요" 하시는 것이 아닌가! 단축 번호를 잘못 누르신 것이다. 나는 당황해서 "이사장님! 저예요. 여기 포항이에요, 김 권사예요" 하고 거듭 외쳤으나, 귀가 약간 어두우신 이사장님은 계속 말씀하셨다. "여보, 나 지금 집으로 가고 있소. 10분 안에 도착하리다."

급기야 이사장님은 내가 듣지 않아야 할 말씀을 하시는 것이 아닌가. "여보, 사랑해!" 나는 기겁을 하고 말았다. 남편한테도 들어 보지 못한 사랑 고백을 이사장님으로부터 듣다니…. 할 수 없이 "네, 저도요"라고 대답하고는 전화를 얼른 끊었다. 그리고 황급히 선생님께 자초지종을 말씀드렸더니 한바탕 웃으시다가 "그 말, 내가 들은 걸로 할게. 오늘 하루 종일 바쁘셨는지 전화 한 통 없으시더니, 그런 전화를 다 하셨네" 하고 말씀하셨다. 두 분은 젊은이들처럼 그렇게 사랑 고백을 자주 하셨다.

그후 이영덕 이사장님은 병환 중에 힘없이 누워 계시면서도 학교 이야기를 들으시면 무척 기뻐하시며 때로는 눈물을 주르륵 흘리셨다. 병환 중의 이사장님을 극진히 간호하시던 사모님은 이사장님이 소천하시자, 슬픔 가운데도 곧 마음을 추스르고 의연한 모습을 되찾으셨다.

"당신이 그토록 사모하시던 하나님 품에서 이제 편안히 안식하시니 얼마나 좋으세요? 나도 머지않아 곧 그곳으로 갈 터이니 그때 우리 반갑게 만납시다."

이사장님이 소천하시자, 한동대 학교장으로 치른 장례식장에서 이사장님의 서울대학교 제자들은 '이사장님의 각별하신 한동 사랑' 이야기를 저마다 들려주었다. 그중 교육부 장관을 역임한 제자 몇 분이 그들의 장관 시절 일어났던 일화를 소개했다. 1997년 학교가 교육 개혁 우수 대학으로 1차 선정되었을 때, 지역 인사들이 교육부로 찾아와 선정을 방해했던 일, 교육부 장관으로서 아시아 최초로 한동 국제법률대학원의 개교 인가를 도왔던 일 등, 그들은 이사장님의 한동대에 대한 열정을 막을 수 없었다고 했다.

"그렇게 말썽(?) 많았던 대학이 이렇게 좋은 대학으로 훌륭하게 발전해 나가고 있으니 저희들도 보람을 느낍니다."

이웃 대학, 포스텍 총장이었던 정성기 총장님은 학교에 적지 않은 기부금을 가지고 오셔서 말했다.

"한동대학은 패자부활전의 승리자 같습니다."

김동길 박사도 말했다.

"처음에는 될 것 같지 않던 한동대학이 이제는 아무도 괄시하지 못하는 대학이 되었습니다."

부활 신앙, 정직함, 검소함, 불의에 대한 단호함으로 곧고 아름다운 일생을 사신 내외분은 한동대와 한동인들을 진심으로 사랑하셨다. 또한 하나님 사랑, 나라 사랑, 사람 사랑의 본을 우리에게 보여 주셨다. 두려움 없는 믿음의 여정을 걸어가시며, 하나님이 함께하시니 걱정 말라고 당부하시던 생전의 선생님의 목소리가 아직도 귀에 쟁쟁하다.

높은 곳으로의 초대

개교 이래 지난 19년 동안 하나님께서는 남편과 나를 살아 계신 하나님을 증거하는 증인으로 국내외를 다니게 하셨다. 우리의 발은 우리의 것이 아니었다. 동시에 십자가의 복음을 전하는 전도자로, 한동대학교 홍보 요원으로, 학교 후원금 모금자로 한꺼번에 사용하셨다. 하나님이 하시는 일은 일거양득이 아니라 일거십득이었다.

1997년 여름, 미국 시카고 위튼 대학의 코스타 집회에 참가하고 있을 때 온누리교회에서 연락이 왔다. 8월 중순에 열리는 여성 리더십 컨퍼런스에서 강의를 해달라는 요청이었다. 나와 직접 연락이 닿지 않아서인지 하용조 목사님은 이미 제목까지 정해 주셨다. '하나님의 선하심과 인자하심'이라는 제목 아래 '하나님의 대학 세우기'라는 부제를 붙여 주셨다. 코스타 집회를 마치고 귀국하자마자 교회에서는 리더십 컨퍼런스의 강의 초록을 보내라고 독촉했다. 나는 주제에 맞는 성경 구절을 찾느라 시편을 읽고 또 읽었다.

"나의 발을 암사슴 발 같게 하시며 나를 나의 높은 곳에 세우시며"(시 18:33).

높은 곳은 어디를 뜻하는 것일까, 사람들이 혹 총장이라는 지위로 오해할 수도 있겠다 싶어 성경을 좀 더 읽었다. '높은 곳'과 '암사슴'이라는 부분을 어떻게 이해해야 할지 고민하는데 탁자 위에 있는 책이 눈에 들어왔다. 표지 그림에 사슴 한 마리가 언덕 위에 서 있는 것이 아닌가! 한나 허나드(Hannah Hurnard)가 쓴 《Hind's Feet on High Places》(《나의 발을 사슴과 같게 하사》 두란노 역간)였다. 미국에서 사는 오랜 친구로부터 선물로 받은 책이었다. 영어 원서라서 부담스러웠지만, 언젠가 틈이 나면 읽어보리라고 탁자 위에 그대로 둔 상태였다. 목차를 읽어 보니, 내가 하려는 강의 내용이 고스란히 담겨 있었다. 마침 아들 호민이도 몇 년 전 대학(노스웨스턴대) 다닐 때에 이 책을 읽었는데, 며칠 밤을 새워 읽을 정도로 감동을 받았노라고 했다. 그날 우리 모자는 이 책에 기록된 크리스천의 고통과 슬픔에 대해 이야기를 나누었다. 그리고 나는 때맞추어 만난 그 책을 보고 기쁨과 흥분을 주체할 수가 없었다.

하박국 3장 17-19절에도 시편과 같은 말씀이 기록되어 있었다. 나는 다시 '높은 곳'에 대해 묵상하기 시작했다.

"감람나무에 소출이 없으며 밭에 먹을 것이 없으며 우리에 양이 없으며 외양간에 소가 없을지라도"라는 하박국에 기록된 말씀은 그야말로 폭삭 망한 상황을 가리킨다. 그런데도 나는 과연 여호와로 인하여 즐거워하며 나의 구원의 하나님으로 인하여 기뻐할 수 있을까? 바로 지금의 내 형편과 똑같지 않은가? 그런데도 나는 과연 이 고백을 할 수 있을까? 예전에 편안할 때 나는 이 말씀을 얼마나 좋아했던가! 감상도 신앙적 호기도 아닌 당시 내 눈앞에 일어나는 학교의 현실 앞에 나는 하박국 선지자처럼 믿음의 고백을 할 수 없었다. 그렇지만 나도 주님께 그 고백을 드리고 싶었다.

"주 여호와는 나의 힘이시라!"

그렇다! 나는 할 수 없지만 하게 하시는 분이 계시는구나! 이 말씀은 나에게 소망을 주고 있었다. 하나님이 나의 힘이 되시기 때문에, 내가 지금 당장 고백하지 못하더라도 기어코 나로 하여금 그 고백을 하게 하실 것이다!

"주 여호와는 나의 힘이시라 나의 발을 사슴과 같게 하사 나를 나의 높은 곳으로 다니게 하시리로다"(합 3:19).

'높은 곳'이란 높은 지위의 자리가 아니라 바로 그 고백을 하나님께 드리는 자리였다. 나는 새벽에 일어나 하나님께 감사 기도를 드렸다. 그리고 여성 리더십 컨퍼런스에서 하박국의 사슴을 비유하며 말씀을 전했다.

"우리는 모두 높은 곳에 올라가고 싶지만 겁쟁이 사슴처럼 엄두도 못 냅니다. 겁쟁이 사슴은 다리를 저는 불구 사슴이어서 다른 사슴들처럼 높은 언덕이나 아슬아슬한 절벽을 사뿐사뿐 뛰어넘는다는 것은 감히 꿈도 꿀 수 없습니다. 어느 날 사슴의 소원을 알고 있는 목자가 나타나 겁쟁이 사슴을 높은 곳으로 올라갈 수 있도록 도와주겠다고 약속합니다. 이때 목자는 높은 곳에 올라가기 위해선 반드시 겁쟁이 사슴과 동행할 길동무가 필요하다며 두 친구를 붙여 줍니다. 왼손을 잡은 길동무의 이름은 가난이었고, 오른손을 잡은 길동무는 핍박이었습니다. 사슴은 그들이 너무 무서워 손을 놓아 버립니다. 그러자 사슴은 그만 넘어지고 맙니다. 겁쟁이 사슴은 울면서 길동무들의 손을 다시 잡아야만 했습니다.

사슴에게는 나쁜 친구들도 있었습니다. 사슴이 높은 곳에 올라가지 못하도록 뒤따라다니며 조롱하고 비웃으며 방해했습니다. 그들의 이름은 교만, 자기 연민, 분개, 쓴뿌리, 자존심이었습니다. 사슴은 그들을 보자 다시 두려워졌습니다. 그때마다 목자가 나타나 사슴을 위로하며 다독여 줍니다.

우리 인생은 광야입니다. 광야 같은 인생길을 가는 우리에게도 길동무들이 있습니다. 여러분의 길동무는 누구입니까? 물질적인 궁핍입니까? 나만의 은밀한 깊은 상처입니까? 나의 인생에서 없었으면 좋겠다고 생각하는 사람, 질병, 피하고 싶은 상황, 사건이 바로 나의 길동무들입니다. 그러나 이들의 손을 꼭 잡아야만 우리는 높은 곳으로 올라갈 수 있습니다. 광야를 지나, 가시밭길과 외로운 해변 길도 지나고 절벽도 오르며 드디어 겁쟁이 사슴은 높은 곳에 이르렀습니다. 어느새 그의 입은 사랑의 목자를 노래하고 있었습니다. 그리고 그의 손을 잡고 있던 길동무의 이름도 풍요와 평화로 바뀌어져 있었습니다."

곳곳에서 흐느끼는 모습이 보였다. 당시에는 IMF 경제 위기로 남편들이 실직 위기에 놓여 있는 불안한 주부들이 많았다. 나는 간증을 마치며 시 한편을 읽었다.

주님 때때로 병들게 하심을 감사합니다
이로 인해 인간의 연약함을 깨닫게 해주시기 때문입니다
가끔 고독의 수렁에 내던져 주심도 감사합니다
주님과 가까워지는 기회가 되기 때문입니다

일이 안 되게 틀어 주심도 감사합니다
그래서 나의 교만이 반성될 수 있기 때문입니다

아들, 딸이 걱정거리가 되게 하시고 부모와 동기가 짐으로
느껴질 때도 있게 하심을 감사합니다
그로 인해 인간된 보람을 깨닫게 되기 때문입니다

먹고 사는 데 힘겹게 하심을 감사합니다
눈물로써 밥을 먹는 심정을 이해할 수 있기 때문입니다

불의와 허세가 득세하는 시대에 태어난 것도 감사합니다
이로 인해 하나님의 의가 분명히 드러나기 때문입니다

땀과 고생의 잔을 맛보게 하심을 감사합니다
그래서 주님의 사랑을 진실로 깨닫기 때문입니다

주님! 이 모든 일로 감사할 마음 주심을 감사합니다

간증을 마치자 그 시를 달라고 요청하는 분들이 많았다. 사실, 그 시는 하나님이 찾아 주신 것이었다. 그날 아침, 집을 막 나서려는데 전화벨이 울렸다. 누군가의 전화번호를 알려 달라는 전화였다. 전화번호부

가 있는 책상 서랍을 뒤적이다가 빛바랜 종이 한 장이 툭 떨어졌다. 시가 적힌 종이였다. 그것이 서랍에 있는지도 몰랐다. 놀랍게도 그날 나의 간증에 꼭 맞는 시였다. 나는 그 종이를 강의 노트에 소중하게 접어 넣으며, 세밀하신 하나님의 인도하심에 안심하며 집을 나섰다. 그 시는 하나님이 나와 함께하신다는 증표의 구름기둥이었다.

여성 컨퍼런스가 끝난 후, 월간지 〈목회와 신학〉에서 구독자들에게 나의 간증 테이프를 부록으로 증정했다. 이를 통해 하나님의 대학 한동대학의 이야기가 더욱 널리 알려지게 되었다. 간증 테이프를 듣다가 약속 시간에 늦었다는 목사님도 계셨고, 운전하다가 눈물이 앞을 가려서 하마터면 사고가 날 뻔 하셨다는 분도 계셨다. 당신의 백성을 훈련하시는 하나님의 방법은 누구에게나 동일한 것이기 때문이리라. 공식은 같고 숫자만 다를 뿐!

"그러나 내가 가는 길을 그가 아시나니 그가 나를 단련하신 후에는 내가 순금 같이 되어 나오리라"(욥 23:10).

그로부터 몇 년 후, 전주의 한 교회에서 작자미상인 줄 알았던 그 시의 작가, 오몽근 목사님을 만나게 되었다.

"권사님의 간증 테이프를 들었는데 제 시를 읽으시더군요. 제 시를 애용해 주셔서 감사했습니다."

나의 궁금증까지 풀어 주시는 자상하신 하나님이시다.

레밀리터리블

정다훈 06학번, 산업정보디자인학부

1년 전 총장님께서 제 휴대전화로 전화를 주신 기억이 지금도 생생하고 식은땀이 흐릅니다. 군 복무 중인 제게 주말 아침은 늦잠을 자는 시간입니다. 아침에 모르는 번호로 전화가 와서 당연히 군인이라고 생각하고 비몽사몽간에 전화를 받았습니다. 수화기 너머로 "다훈아, 나 총장이다"라고 말씀하셨을 때 저는 공군참모총장님인 줄 알고 그 자리에서 벌떡 일어나 대성박력으로 "필승!"을 외쳤습니다. 그때 총장님께서 "허허, 다훈아. 나 한동대 총장 김영길이야"라고 대답하셨을 때 마치 오랜만에 캠퍼스로 돌아간 듯 반가움과 추억이 함께 떠올랐습니다. 고향인 '한동대'를 떠올리며 총장님께 글을 올립니다.

"집이 어디에요?"

저를 가장 난감하게 만드는 질문입니다. 선교사인 부모님 덕분에 두 살 때부터 한국을 떠나 바레인과 요르단을 비롯해 여러 나라를 돌아다니며 자라 왔고 스무 살에 한국에 들어왔지만 각각 다른 도시에서 대학(포항), 대학원(서울), 군대(계룡/대전) 생활을 해 한국에서조차 제 '집'이 어디라고 선뜻 말하기가 어렵습니다.

평생 아랍인과 백인과만 어울려 지낸 탓에 겉모습만 동양인이지 모국인 대한민국에 그 어떠한 뿌리도 내리지 못하고 모든 것이 이국적으로만 느껴졌습니다. 평생 한국인으로서 정체성을 확립하지 못할까 봐 걱정하신 부모님은 제가 한국에 있는 대학교로 진학하기를 권하셨습니다. 잠시 한국에서 중학교를 다닐 때 겪었던 무의미한 무한 암기 교육과 잦은 폭력의 악몽이 떠올랐습니다. 이미 미국 대학으로의 진학 준비를 마친 저는 부모님의 말씀에 순종하기 싫었습니다. 하지만 부모님께서 "이때가 한국인으로서 정체성을 찾을 수 있는 마지막 기회다"라고 말씀하시자 평생 이방인으로 사는 것이 두려워 한동대에 입학하게 되었습니다.

한국 어디에도 집이 없는 저에게 한동은 유일한 '고향'이 되어 주었습니다. 다행히 저와 같은 선교사 자녀 학생들이 많아 학교생활에 적응하는 데는 어려움이 없었지만 '한국인'으로 거듭나는 길은 쉽지 않았습니다. 영화감독이 꿈이었던 저는 1학년 때부터 언론정보 전공 수업을 수강했습니다. 하지만 한국어 실력이 부족해 학점을 제대로 받지 못했습니다. 산업정보디자인학부를 전공으로 선택하게 되었지만, 그림에 대한 기초실력이 구비되지 않았던 저에게는 또 다른 어려운 길이었습니다. 언어와 학업에 어려움을 겪으면서 한국에서의 대학생활을 이대로 지속할 수 있을지 진지하게 고민하는 가운데, 부모님께서 "학업이 좀 부진하더라도 진정한 한국인으로 거듭나는 시간이 된다면 네 대학생활은 성공한 것이다"라고 말씀하셔서 다시 용기를 내었습니다.

한동의 또 다른 세계인 '동아리 활동'에 열심을 내면서 저는 'Mission and Talent'라는 연합공동체에서 학생 리더로 섬기게 되었습니다. 그 덕분에 친구들과 돈독한 관계도 만들면서, 한국 문화에 점점 적응해 갈 수 있었고, 학업에도 집중할 수 있었습니다. 여전히 영상의 꿈을 키워 가던 저는 디자인 수업을 들으면서도 타 전공인 언론정보학 수업을 많이 수강하게 되었습니다. 정말 감사하게도, 디자인학과 교수님들께서도 타 전공 수업을 듣는 저를 응원해 주셨고, 언론정보학과 교수님들과 학생들 역시 저를 타과 학생이라고 차별하지 않고 같은 한동인으로서 대우해 주었습니다. 그분들을 통해 학교와 교수님은 학생을 가르칠 뿐만 아니라 자신의 꿈을 찾아갈 수 있도록 지원해 주는 존재라는 것을 처음 깨달았습니다.

문자메시지를 보낼 때 맞춤법을 틀리지 않고 보낸 적이 없는 한국어 실력이었지만, 저는 무사히 한동을 졸업하고 연세대 대학원에서 영상을 전공하던 중, 대한민국 공군 정훈장교로 입대하게 되었습니다. 대학시절 겪었던 다양한 경험을 군대에 적용하여 군 홍보물을 제작했고, 중위로 진급한 직후, 영화 〈레미제라블〉의 패러디 영상 '레밀리터리블'을 감독하게 되었습니다. 국내 전 매체를 넘어서 CNN, BBC에까지 소개된 이 영상을 만들 수 있었던 데는 장병들 간의 소통이 큰 몫을 했다고 생각합니다. 영상, 음악, 음향, 디자인, 소셜미디어 홍보 등 각 분야의 전문가들이 한자리에 모여 아이디어를 공유하고 소통하였기에 가능했습니다. 각 분야에 대한 깊은 지식은 부족했지만, 한동에서 다양한 전공 수업과 동아리 활동을 통해 얻은 경험으로 저는 감독으로서 그 중심에서 서로 소통할 수 있도록 기여했을 뿐입니다.

무전공 입학, 평균보다 많은 교양수업, 필수인 복수전공, 동아리 활동 말고는 방과 후 별로 할 게 없는 지역 조건, 짧은 역사, 지방대, 주변 사람들의 의문 등 한동대를 둘러싼 환경은 그리 좋지만은 않습니다. 하지만 환경과 상황을 탓하는 것이 아니라 이러한 환경을 하나님이 주신 새로운 기회로 받아들인다면 하나님 안에서 자신의 꿈을 찾아갈 수 있다고 생각합니다. 저는 이제야 진정한 '한국인'이 되었다고 자부할 수 있습니다. 맞춤법이 틀리지 않을 만큼 한국어 실력이 늘고, 유교적인 예절문화에 익숙해져서가 아니라 한국에서 그리고 한동에서 제 비전을 찾았기 때문입니다.

사슴의 발을 피곤치 않게

여성 리더십 컨퍼런스에서 간증한 이후 국내외의 교회들로부터 많은 간증 요청이 있었다. 간증 요청을 받으면, 그곳이 어디건 살아 계신 하나님께서 나를 증인으로 부르시는 명령인 줄 알고 순종하며 찾아갔다. 그때마다 내 손에는 갈대상자 후원 용지가 들려 있었다. 우리 부부의 사명이자 사역이었다. 언제나 나의 간증의 주인공은 예수 그리스도였고 한동대학은 무대였다. 주인공보다 무대를 더 자랑할까 봐, 나 자신이 하나님의 영광을 도적질할까 봐 늘 조심했다. 그 마음으로 〈증거자의 자세〉라는 시를 쓰기도 했다.

바리새인과 제사장들과 레위인들은
세례요한에게 물었다.
"네가 누구냐?"
그들의 저의는 요한이 무슨 권위로
세례를 주는지,
요한의 교권적 신분을 알고자 함이었다.

하나님 일 한다고 하면서
형식과 권위에만 관심이 많은 자들
영혼을 생명의 길로 인도하는 자들이
자기들의 인기만 염려하는 불순한 자들

그러나 세례요한은
자신을 숨기지 않았다네
"나는 그리스도가 아니라
나는 광야에서 외치는 소리라"
단호히 자신을 부인했다네

그는 사람들이 혹 자신을
그리스도로 오해할까 봐
자기에게 관심을 가질까 봐
자신이 높임을 받을까 봐
자기가 존경을 가로 챌까 봐
그래서 주님의 영광을 도적질 할까 봐
참으로 그는 못 견뎌 했다네

나는 그의 깨끗한 인격을 흠모하네
내 허약함과 허물을 감추려 함으로

나는 얼마나 속박 받고 있었는가
언제나 칭찬 듣기 즐겨 함으로
인정받고 싶은 나의 숨은 욕심 때문에
하나님께 인정받지 못하는 내 모습

오! 주님 또 한 번 참회합니다
용서하소서!
불쌍히 여기소서!

　예수님을 전하면 학교 후원과 홍보는 덤으로 주시는 하나님의 선물이었다. 나는 내 작은 입술로 있는 힘을 다해 예수님의 십자가와 복음, 그리고 하나님의 대학인 한동대학을 이끄시는 하나님을 증거했다. 그리고 하나님의 대학이라는 이름이 무색할 만큼 지지리도 궁핍한 학교 사정과 학교를 뒤집으려는 핍박을 통해 하나님께서 친히 세워 나가시는 한동의 이야기를 목격자로서 증언했다. 증인은 사실을 보태지도 말고 빼지도 말아야 한다. 여전히 학교는 어려운 상황이었음에도 말씀을 전할 때 나는 언제나 새로운 힘이 솟아났다. 그로 인해 당시 한국 교계와 성도들은 한동대가 개교부터 직면하고 있는 고난의 이야기들, 가난과 핍박이 한동이라는 광야학교의 필수과목이었음을 알게 되었다. 이 때문에 남편이 재정 문제 등으로 형사 고발되어 법정 구속이 되었을 때도 한국 기독교계가 사건의 배경을 빨리 이해할 수 있지 않았나 생각한다. 오히려 이 일을 계기로 하나님은 46억 원이나 되는 많은 후원금을 모아 주셨다. 어떤 교수님은 농담처럼 말했다.

"총장님, 계산해 보니 하루 몸값이 8천만 원입니다. 총장님은 그 안에서 고생하셨지만, 학교 생각하면 그곳에 좀더 계셨어야 하는데요."

하나님의 방법은 우리의 생각과는 달라서 그 사건은 학교의 고단수 홍보 작전이 되었다. 하나님은 결코 이해할 수도, 일어날 수도 없는 사건들을 일으키시며, 모든 것에 합력하여 선을 이루게 하셨다. 그 하나님은 어제나 오늘이나 동일하게 살아 계신 우리의 하나님이시다.

"우리가 알거니와 하나님을 사랑하는 자 곧 그의 뜻대로 부르심을 입은 자들에게는 모든 것이 합력하여 선을 이루느니라"(롬 8:28).

나의 양식

사람들이 묻는다.

"식사도 하지 않고 한 시간 이상 그렇게 열강을 하면 무척 지치고 시장하실 텐데요?"

실제로 나는 전혀 시장기를 느끼지 않는다. 이럴 때마다 나는 우리 예수님과 내가 한편이라는 즐거운 상상에 빠진다. 행로에 곤하여 우물가에 그대로 앉으셨던 예수님은 물 길러 온 사마리아 여인에게 자신의 피곤함도 잊으신 채 복음을 전하셨다. 그때 동네에서 먹을 것을 구해 와서 권하는 제자들에게 예수님은 말씀하셨다.

"내게는 너희가 알지 못하는 양식이 있느니라."

제자들이 누군가 예수님께 음식을 갖다 드렸는지 궁금해 하자 예수님이 대답하셨다.

"나의 양식은 나를 보내신 이의 뜻을 행하며 그의 일을 온전히 이루는 이것이니라."

예수님처럼 나도 하나님 말씀을 전할 때마다 언제나 새 힘이 솟아난다. 19년 동안 매 주일 서울과 포항을 오가며, 전국은 물론 세계 여러 나라를 다니면서도 힘과 건강을 유지할 수 있는 비결은 살아 계신 예수님을 증거하고 다니는 덕분이었다. 하나님은 내가 학교 일로 걱정 근심에 짓눌려 낙심해서 쓰러질까 봐 복음을 전하는 발걸음으로 나를 끌어내셨던 것 같다.

나의 등 뒤에서 나를 도우시는 주
나의 인생길에서 지치고 곤하여
매일처럼 주저앉고 싶을 때 나를 밀어 주시네

나의 등 뒤에서 나를 도우시는 주
평안히 길을 갈 땐 보이지 않아도
지치고 곤하여 넘어질 때면 다가와 손 내미시네

일어나 걸어라 내가 새 힘을 주리니
일어나 너 걸어라 내 너를 도우리

나를 증거해 줘서 고맙구나

구약 성경에는 "놀라지 말라, 두려워 말라"는 말씀이 곳곳에 있다. 예전에는 그 구절을 읽을 때 무심히 읽었다. 하나님이 여호수아에게 "놀라지 말라" 하시면, 그때는 내게 놀랄 일이 크게 없었으니 여호수아의 마음이 어떠한지 몰랐다.

한동대에서 여러 환난을 겪으면서 내가 하도 잘 놀라고 두려워했기 때문에, 그런 나를 보시며 애태우시는 하나님의 심정을 알게 되었다. 이후부터 이 말씀은 유독 나에게만 타일러 주시는 하나님의 세레나데였다. 믿음의 선진들인 아브라함도 모세도 여호수아도 다윗도 에스겔도 엘리야도 나처럼 두려워했음이 틀림없다. 나는 그때 알았다. 그래서 하나님은 "놀라지 말라, 두려워 말라 내가 너와 함께함이라"고 하셨구나! 내가 잘 놀라는 존재임을 아시는 주님은 나보다 더욱 애간장을 태우시는 것이 틀림없었다. 그래서 나는 주님 말씀의 옷자락 앞에 엎드려서 놀란 가슴을 가라앉히곤 했다. 하나님은 나로 하여금 그의 옷자락을 놓치지 않고 잡을 수 있도록 나를 간증자로 세우신 것이다. 믿음은 사건을 해석하는 힘이었다.

항상 성도들 앞에 서야 하는 나는 말씀을 붙잡고 말씀 앞에 긴장하며 살아야만 했다. 내가 그 시간을 소홀히 해서 하나님 이름으로 모인 성도들의 귀한 시간을 도둑질할 수 없었기 때문이다.

"주님, 습관이나 경험에 의지하지 않게 해주세요. 내 머리에서 발끝까지 성령님께서 나를 점령해 주셔서 예수님만 높이게 해주세요."

떨리는 마음으로 기도했지만 어떤 메시지를 전해야겠다고 특별히 준비하고 간 적은 없었다. 찬양 속에 거하시는 성령님은 성도들과 함께 찬양드릴 때, 그 시간에 전해야 할 메시지를 나에게 알려 주신다.

내 간증의 첫 번째 청중은 바로 나 자신이다. 주님이 내게 계속 간증의 기회를 주시는 것은 하나님과 나와의 은밀하고도 달콤한 기억들, 그 역사들을 내가 먼저, 항상 기억하라는 뜻으로 여겨졌다.

"너희는 옛적 일을 기억하라 나는 하나님이라 나 외에 다른 이가 없느니라 나는 하나님이라 나 같은 이가 없느니라 내가 시초부터 종말을 알리며 아직 이루지 아니한 일을 옛적부터 보이고 이르기를 나의 뜻이 설 것이니 내가 나의 모든 기뻐하는 것을 이루리라 하였노라"(사 46:9-10).

그렇지 않으면 겁 많은 내가 현실 문제에 빠질 것을 주님은 잘 알고 계시기 때문이리라. 그래서 하나님은 눈을 돌리라고 나를 학교 밖으로 끌어내시는 것이다. 나의 간증은 하나님께 올려드리는 나의 봉헌이기에 간증을 마치고 자리에 앉으면 나는 늘 주님께 여쭈어 본다.

"주님, 오늘 제가 전한 말씀이 주님 마음에 드셨나요?"

그럴 때마다 주님은 내게 속삭여 주신다.

"딸아, 이번에도 네가 나를 맘껏 증거하고 자랑해 줘서 고맙다!"

한동을 통해 우리는 배웠다. 우리 부부가 한동대 사역을 하지 않았다면 고상하게 교회는 다녔겠지만, 살아 계신 하나님의 그 역사를 어디서 이렇게 생생히 경험할 수 있었겠는가! 나도 예전에는 다른 곳에 관심이 많았지만, 이제는 살아 계신 하나님을 경험했기에, 그 경험들이 나를 붙들어 주는 기념비가 되어서 주님의 이름을 높이며 주님께 나의 시선을 고정시킬 수 있게 되었다.

객기와 용기

개교 6년째인 2001년 2월 이른 아침, 이영덕 이사장님으로부터 전화가 왔다.

"총장님, 이거 도대체 어떻게 된 거요?"

약간 노기를 띤 이사장님의 목소리에 심상치 않은 일이 벌어진 것 같았다.

"어젯밤, 합격자 부모로부터 전화를 받았어요, 한동대 총학생회장 이름으로 편지가 날아왔답니다. 한동대가 세간에 알려진 대로 유토피아가 아니니 한 번 더 생각하고 등록하라는 내용이랍니다. 학생대표가 자기 학교에 오지 말라는 편지를 보내다니 참 충격적이고 개탄스런 일입니다. 자세한 상황과 경위를 알아보고 엄중한 조처를 취해야겠어요."

남편은 아연실색했다. 나 역시 충격으로 풀썩 주저앉고 말았다. 그동안 교수들과 재학생, 졸업생이 한마음으로 신입생 유치를 위해 전국 각 도시로 다니며 학교 홍보와 입시설명회를 위해 갖은 노력을 다해 왔는데, 일부 지각없는 학생들의 행동은 실망과 놀라움 그 자체였다.

신입생들의 합격과 불합격에 상관없이 해마다 총학생회에서는 모든 입시지원자들에게 감사편지를 보내 왔다. 이를 위해 학교에서는 전체 지원자 명단을 총학생회에게만 넘겨주었다. 상황을 알아본즉, 총학생회 회장도 모르는 가운데, 부회장을 비롯한 학생회 간부 세 명이 이 일을 벌였다는 것이다. 재학생들에겐 등록금 5퍼센트를 인상했는데 신입생들에겐 8퍼센트를 인상했으니, 이렇게 불공평한 학교에 등록하는 것을 재고하라는 내용의 편지였다고 했다.

남편이 침통하게 말했다.

"이런 편지를 받고도 한동대학을 선택한다면 올해의 신입생들이 한동을 선택하기 위해 한 차례 더 검증을 거치는 것이 되겠군!"

신입생의 등록에 큰 타격이 될 수 있는 이 큰 파장을 어찌 수습해야 할지, 끝없는 재판과 재정적인 고통과는 또 다른 버거운 시험이었다. 학교 내부의 끊임없는 정체성 논란, 총장과 학교 리더십들에 대한 일부 교수들의 지칠 줄 모르는 비난과 반대 등의 문제 위에, 이런 일까지 벌어지니 참으로 참담한 심정이었다. 그날 저녁 설상가상으로 학교법인에서는 남편이 또 형사고발을 당했다는 소식까지 전해 주었다. 상처에 소금을 뿌리듯, 고통에 고통을 더하며 우리는 막막한 밤을 지새워야 했다.

이튿날 아침, 이영덕 이사장님 내외분이 집으로 찾아오셨다.

"총장님, 언젠가 설교 시간에 들은 한 우화가 기억납니다. 엘리야가 한 제자와 함께 순례 여행을 떠났다고 합니다. 어느 마을을 지나가게 된 엘리야와 제자는 무척이나 가난한 노부부의 집에서 하룻밤을 묵게 되었습니다. 노부부는 엘리야 일행을 정성껏 대접했는데, 아침에 엘리야는 그 집의 유일한 재산인 소를 죽이고 그 집을 떠났답니다.

다음 마을에서 엘리야는 대단한 부잣집에 유숙을 청했어요. 부자는 그들을 박대하며 초라한 방 한쪽에서 겨우 하룻밤을 재워 주었답니다. 다음날 아침, 그 집의 담이 무너진 것을 보고 엘리야는 그 담을 정성스레 고쳐 주고 그 마을을 떠났습니다. 엘리야의 행동을 지켜본 제자가 물었습니다.

'제가 지금까지 선생님의 행동을 지켜봤는데 도무지 이해할 수가 없습니다. 당신을 극진하게 대접한 노부부의 유일한 재산인 소를 죽이고는 당신을 박대한 부자의 담을 그렇게 정성스럽게 고치는 이유가 무엇입니까? 배은망덕한 처사라고 생각됩니다.'

이 물음에 엘리야는 대답했습니다.

'사탄이 가난한 노부부의 생명을 호시탐탐 노리고 있기에 소의 생명을 대신 취해 그 노부부의 생명을 보호해야 했습니다. 반면에 부자의 무너진 담 안을 보니 커다란 금괴가 숨어있더군요. 내가 그 집의 무너진 담을 고쳐 준 것은 부자가 그 금괴를 취해 더 사악한 만행을 부리는 것을 방지하기 위함이었습니다.'

총장님, 우리에게 일어나는 이해할 수 없는 사건이나 환난은 하나님께서 더 큰 환난을 막아주시기 위함입니다. 어제와 오늘 한꺼번에 닥친 두 가지 사건도 하나님께서 우리에게 더 큰 환난을 피하게 하시기 위함입니다."

내외분의 따뜻한 위로에 눈물이 핑 돌았다.

학교에서는 재학생이 신입생의 입학을 방해하는 해교 행위를 했으니, 책임을 물어 징계 조치를 해야 한다는 목소리도 만만치 않았다. 그 학생은 전화도 받지 않고 연락두절이었다. 처음에는 철없는 학생이 괘씸했지만 시간이 지나면서 그 마음이 사라지고 그를 위해 간절히 기도하기 시작했다.

"하나님, 한동대 학생들 중에는 부모로부터 받은 상처로 인해 매사에 부정적인 학생, 권위에 도전하며 원망으로 가득 찬 학생, 열등의식으로 자신과 세상을 포기한 학생 등 각양각색으로 길 잃은 양들이 많습니다. 이 학생도 어쩌면 남모르는 마음의 상처 때문에 이런 객기를 부렸을 수도 있습니다. 아흔아홉 마리의 양들을 두고 한 마리의 잃은 양을 찾으시는 예수님의 심정으로, 그 학생에게 주님의 사랑과 위로를 전할 기회를 주시옵소서."

며칠 후, 찾아오신 손님을 만나려고 학교 운동장에 주차를 하고 있는데, 학생처장이 한 학생을 나에게 소개했다. 방학 중이라 학교는 조용했고 학교 교정은 한겨울의 매서운 날씨로 더욱 쓸쓸해 보였다.

"사모님, 이 학생이 그 학생입니다."

작은 체구에 퍽 착실하게 보이는 학생이었다.

나도 모르게 불쑥 이런 말이 나왔다.

"그동안 많이 힘들었지? 너를 무척 만나 보고 싶었단다."

학생은 약간 놀라는 기색이었다. 그리고 고개를 푹 숙였다. 학생처장은 회의가 있다며 그 자리를 떠나고 그 학생과 나만 남게 되었다.

"잠시 너와 이야기하고 싶은데, 시간 좀 내 줄 수 있겠니?"

나는 손님 만나러 갈 생각도 잊어버리고, 그 학생을 태워 생활관 옆 소나무 숲 앞에 차를 세웠다. 주위엔 인적이라곤 없었다. 하늘은 차가운 잿빛이었다. 잠시 나는 무슨 말을 시작해야 할지 조심스러웠다. 다만 그 학생이 귀하게 여겨졌다. 그리고 마음속으로 기도했다.

'성령님, 제가 무슨 말을 해야 할지 지혜를 주소서. 우리의 대화를 축복하옵소서.'

숲을 바라보며 나는 천천히 말했다.

"저 소나무 숲을 좀 보렴. 멀리서 보면 숲은 아름답구나. 하지만 가까이 가 보면 죽은 나무도 있고, 가지가 부러진 나무도 있겠지. 그래도 숲은 여전히 서로 어울리며 아름다운 모습으로 저렇게 우리 앞에 있구나. 한동대는 참 좋은 학교란다. 너희 나이 때는 의협심도 많고 너희들만의 정의의 잣대가 있겠지. 의협심과 용기는 좋은 것이지만, 자칫 왜곡된 정보로 행동하는 정의감이나 의협심은 매우 위험할 수도 있단다. 그리고 오판으로 만용을 불러올 수 있어.

재학생과 신입생의 등록금 인상 비율이 다르다는 게 잘못된 것은 아니라고 생각해. 우리 학교는 적잖은 채무를 가지고 개교한 대학이라 재정적인 어려움이 항상 있는 것을 너도 잘 알고 있으리라 생각한다. 이렇게 재정적으로 열악해도 하나님께서 너희 같은 우수한 학생들, 훌륭하신 교수님들, 충성스런 직원 선생님들과 학부모님들, 2만여 명의 갈대상자 후원자들과 수많은 중보자들을 보내 주셔서 오늘의 우리 학교를 이끌고 계신단다. 우리 학교는 하나님이 친히 공급하심을 경험하는 하나님의 대학이 아니냐? 경제적으로 어려운 학생들이 많지만 돈이 없어서 학교를 못 다니는 학생이 없도록 학교는 최선을 다하고 있단다. 학교 재정이 워낙 열악하다 보니, 학생들에게 마음껏 해주지 못하는 것을 총장님은 늘 마음 아파하시지. 언젠가는 등록금 때문에 공부 못하는 학생이 없는 그런 대학이 되길 총장님은 소망하고 계셔. 그렇다고 맨손으로 학교를 운영할 수는 없지 않니?"

학생은 말없이 내 이야기를 듣고 있었다.

"총학생회장 부재중에, 너와 몇몇 학생들이 정의로운 일을 한다고 마치 전체 학생의 의견인 것처럼 신입생 후보자들에게 편지를 보낸 것은 결코 정의롭거나 공정한 처사는 아니라고 여겨진다. 정직 못지않게 중요한 것은 용기와 책임감이라고 생각해. 실수는 누구나 할 수 있지. 자기의 실수를 인정하고 사과하는 사람은 진정 용기 있고 책임 있는 사람이야. 학교는 학생을 지켜 주는 보호막과 같아서 학교 울타리 안에서 저지른 실수는 그래도 용서받을 수 있단다. 그렇지만 이런 경솔한 행동은 사회에서는 결코 용납되지 않아. 한동명예제도를 지키려는 한동인은 '자신의 말과 행동에 책임지는 사람'이어야 해. 이런 사람들이 장차 사회에서도 본이 되고 영향력을 끼치는 리더십을 발휘할 수 있단다. 너 공부는 열심히 하고 있니?"

나는 슬쩍 물었다. 학생은 고개를 저었다.

"인생에서 가장 소중한 대학 시절은 순식간에 지나간단다. 지금부터 너에게 남아 있는 대학 생활 2년을 먼 훗날 후회하지 않도록 공부의 바다에 푹 빠져 보라고 권하고 싶구나. 공부할 수 있는 인생의 황금기인 대학 시절은 네 인생에서 다시는 돌아오지 않아. 인생이란 연습도 없고 반복도 없고, 테이프처럼 되감을 수도 없는 단 한 번뿐인 삶이란다. 아무도 너의 인생을 책임지며 대신 살아 주지 않아. 스스로 네 인생을 책임져야 하는 것이지. 순간을 성실하게 사는 사람은 영원을 성실하게 살게 된단다. 너의 성실한 삶이 곧 어머니께 효도하는 길이요, 너의 미래를 준비하는 것이라고 생각해."

그날 이후, 그 학생은 빠른우편으로 모든 한동대 합격 지원자들에게 사과 편지를 보냈다는 소식을 들었다.

"죄송합니다. 제가 나무만 보고 숲을 보지 못했습니다. 총학생회 부회장으로 월권한 것을 사과드립니다."

그 학생에게 그런 용기를 주신 하나님께 나는 가슴 벅찬 감사 기도를 드렸다.

"새 영을 너희 속에 두고 새 마음을 너희에게 주되 너희 육신에서 굳은 마음을 제거하고 부드러운 마음을 줄 것이며"(겔 36:26).

그후, 그 학생이 도서관에 푹 박혀 있다는 소식을 들었다. 그로부터 2년 후, 어느 대기업 취업자 명단에서 그의 이름을 보게 된 나는 뛸 듯이 기뻤다. 수소문해서 그의 전화번호를 알아낸 나는 그에게 전화를 했다.

"축하한다, 진심으로!"

"사모님, 지금 저 신입사원 연수 받는 중이에요. 저도 사모님 뵙고 싶어요."

얼마 후 그는 첫 월급을 받았다며 점심을 사겠다고 했다. 우리는 냉면 한 그릇을 맛있게 먹으며 오랫동안 옛 이야기를 나누었다.

"사모님, 혹시 앞으로도 저처럼 철없이 객기를 부리는 후배들이 있다면 제게 해주셨던 것처럼 너그럽게 참아 주세요. 총장님과 사모님께서 끝까지 참고 기다려 주시면, 언젠가는 그들도 저처럼 바로 서게 될 것입니다."

그후로 그는 미국으로 장기 출장을 간다며 연락을 주기도 했고, 어느 날은 속으로 좋아하던 여학생을 놓쳤다는 서글픈 소식도 전해 주었다. 나는 그에게 말했다.

"우리 인생길 한 길목에서 누굴 좋아하고 사랑한다는 것은 하나님이 주신 축복 중의 하나란다. 젊은 날의 아름다운 추억이 남기 때문이지. 실연을 당해 봐야 인격적으로 더욱 성숙해질 수 있단다. 원하는 것, 갖고 싶은 것을 다 가진 사람은 기다림의 고통을 모르기 때문에 깊이가 없거든. 역설적이지만 모자람을 느낀 후에 누리는 충만함은 그 기쁨의 향기가 진하고 오래가는 법이란다. 너와 같은 청년기에 사랑의 가슴앓이를 안 해 본 사람은 어쩌면 불행한 사람일지도 모르지."

어느 날, 그는 밝은 목소리로 새로이 좋아하는 여자 친구가 생겼다고 했다. 드디어 결혼 소식을 전해 주었을 때, 절로 흐뭇한 미소가 지어졌다. 하나님은 우리를 말없이 지켜보시며 우리의 아픈 상처를 치유해 주시고, 새로운 피조물로 빚어 가신다. 그리고 주님의 도구로 하나님나라 건설에 참여시켜 주신다. 허물투성이인 나도 하나님의 긍휼을 입어 치유함을 받았기에, 나 또한 하나님의 자비하심을 나타내는 통로가 되기를 소원한다.

그날 인적 없는 학교 캠퍼스의 한 모퉁이, 겨울 소나무 숲에서 그 학생과 나를 위해 들려주시던 하나님의 사랑의 세레나데를 나는 잊지 못한다. 나는 습관처럼 눈을 들어 하늘을 바라보면서 구름기둥으로 앞서서 나를 인도하시는 하나님을 확인하곤 한다.

세상은 너의 밥

박신영 03학번, 언론정보문화학부

저는 꿈이 없었습니다. 특별히 잘하는 것도 없고 학교 수업도 너무 싫지만, 달리 대안도 없으니 그저 시키는 대로 꾸역꾸역 공부하고 수능까지 본 아이. 그런데 대학 전공을 정하라고 하시니 숨이 턱 막히는 아이. 나는 뭘 해야 하지? 나는 누구지? 난 뭘 잘하냐고? 그걸 내가 어떻게 알아? 그래서 찾아간 것이 '무전공'으로 입학하는 한동대학교였습니다.

그런데 학교에 들어가도 딱히 하고 싶은 게 없었어요. 모든 게 두렵고 무서웠습니다. 대학로가 아닌 '대학논' 뿐인 이곳에서 어떻게 사나 싶어서 그냥 어딘가에 소속은 되어야겠다고 동아리 시험을 봤습니다. 그런데 동아리 하나 들어가는 것도 녹록치 않았습니다. 동아리에서 네 번이나 거부당한 학교에 있는 게 너무나 괴로웠습니다. 또르르 흐르는 눈물을 훔치며 기숙사에 들어갔는데, 왕언니가 저에게 말했습니다.

"신영아, 너는 정말 하나님이 훌륭하게 키우실 것 같아. 그냥 보통 사람은 이렇게 많이 떨어지지 않아."

아직도 생각합니다. 선배님 말씀은 제 심장에 씨앗이 되었음을 고백합니다. 그렇게 갈 길 몰라 방황하던 저에게 친구가 물었습니다.

"신영아, 너 어딘가에 그리 가고 싶으면 광고학회 같이 갈래?"

그렇게 따라간 광고학회에서 절 받아 줬다는 사실에 감동하여 그저 시키는 대로 공부하고 참여하고 그렇게 광고가 무엇인지, 공모전이 무엇인지 배우게 되었습니다. 그리고 공대 기도실에서 기도했습니다.

"하나님, 제가 하나님이라면요, 전도 전략을 바꿀 것 같아요. 젊은이들의 눈과 귀가 모인 공모전을 이용할 것 같아요. 눈과 귀가 모인 최고의 자리에 하나님을 아는 사람을 세우셔서 지혜의 근본 되신 하나님을 알리게 해 주세요."

그렇게 묵묵히 지내던 중 차근차근 커가는 실력으로 본선 진출, 입선, 동상, 은상, 금상, 대상, 2년 연속 대상, 그리고 경쟁사에서도 대상… 23관왕의 수상 경력을 갖게 되었습니다.

LG애드 공모전 시상식 때를 잊지 못합니다. 제가 기획서 부문 대상을 받아 "최고, 최초의 기획자이신 하나님께 이 모든 영광을 돌립니다"라고 수상소감을 이야기했는데, 당시 디자인 부문 대상을 받은 학교 선배님들도 "최고, 최초의 디자이너이신 하나님께 이 모든 영광을 돌립니다"라고 고백했던 그 섬세하게 응답하신 시상식 현장을 말입니다.

'아, 하나님은 정말 모든 분야의 최고이자 최초이시구나.'

어느 날, 매점을 지나 기숙사로 가는데 "신영아, 네가 아는 것을 사람들에게 나눠야지?" 하는 마음의 소리가 들렸습니다. 하나님을 의지하여 순종하고, 후배들을 위한 세미나를 기획하게 되었습니다. 그리고 200-300명씩 모아 세미나를 열었습니다. '공모전 상금으로 이미 혼수 준비를 다 마쳤다는 박신영의 천기누설 세미나' 타이틀은 재미를 위해 그리 붙였지만, 진짜 하고 싶었던 이야기는 '지혜의 근본 되신 하나님'이었고, 하나님의 은혜로 3시간이 훌쩍 넘는 시간 동안 후배들은 눈과 귀를 집중해 준 은혜로운 자리였음을 고백합니다.

세미나는 학기마다 계속되었고 다른 학교까지 소문이 나서 대학생으로서 다른 학교 대학생을 위한 강의까지 하게 되었습니다. 그리고 출판사의 요청으로 《삽질정신》(다산북스)이라는 책을 집필해 베스트셀러가 되었습니다.

졸업 후, 제일기획 AP전략그룹에 들어가 4년간의 광고업을 경험하고, 폴앤마크 교육컨설팅회사로 이직, 그리고 대통령직속청년위원회 위원, 문화체육관광부 콘텐츠코리아랩 자문위원, 서울시 도시계획국 자문 활동, 그리고 또 한 번 베스트셀러가 된 《기획의 정석》(세종서적) 저자로 활동하고 있습니다.

도서관에서 시험 기간마다 힘을 주고 격려해 주시던 총장님을 졸업 후 뵙게 되었을 때, 총장님이 제게 말씀하셨어요.

"신영아, 네가 하는 일은 한 영혼의 영원을 바꾸는 일이야. 네 한 마디로 사람들의 영혼이 바뀔 수 있어. 교육은 한 영혼의 현세적인 영원을 바꾸지만, 거기에 복음이 들어가면 그 영혼의 영원을 바꿀 수 있는 거지."

태어나 30여 년을 살고 난 후, 꿈이 없던 저는 어렴풋이, '한 영혼의 영원을 바꾸는 것'이 어쩌면 하나님이 기뻐하시는 꿈일지도 모르겠다고, 꿈을 깨닫고 있습니다. 다시 돌이켜 생각해 봅니다. 아무것도 아니었던 저를 무엇이 될 것으로 훈련시키시기보다 아무것도 되지 않을 것을 훈련시키신 후, 오직 하나님의 인도하심대로만 살게 하신 하나님. 그 시작점에 한 영혼의 영원을 위해 한동대학교로의 부르심에 순종하시고, 학생들을 위해 하나님의 뜻을 따라 헌신하신 총장님, 교수님과 간사님과 선배님들의 존재를 겸허히 깨닫고 감사를 전하고 싶습니다.

그리고 후배들에게 감히 전하고 싶습니다. 한 손에 성경을, 한 손에 전공을, 창조자를 기억하며 묵묵히 준비된 그대를 하나님께서 하나님의 방법대로 하나님의 때에 사용하실 것입니다. 그 사용이 무엇이든 작디작은 인간의 시야보다 하나님은 넓으시고 신묘막측하시니, 그 뜻 안에 맘껏 누리시기를!

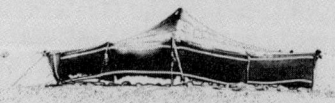

2장 권리를 포기하니

> 하나님의 나라를 위해 나의 권리를 포기할 때,
> 내 안에 일어나는 놀라운 변화는 바로 자유함이었다.
> 분하지도, 억울하지도 않는 자유함과 평안!
> 사람들의 평판이나 칭찬에도 연연해하지 않는 자유함!

우리 모두 이게 뭐람

온누리교회 선교관 입당 예배를 드리던 날이었다. 입당예배를 앞두고 교회에서는 전 세계에 흩어져 있던 평신도 선교사 및 사역자들을 초청했다. 당시 중국에서 농장을 경영하며 복음을 전하고 있었던 최선수 장로님 부부(치과의사)와 일본에서 목회를 하고 있었던 고(故) 조성록 장로님(퇴역 장군) 부부도 참석했다.

조성록 장로님 내외분과는 특별한 추억이 있다. 1991년 여름, 일본 창조과학회 우사미(이비인후과 의사) 박사의 초청으로 일본에 갔을 때, 육군 소장에서 막 퇴역하신 조 장로님 내외분도 동행했다. 도쿄에서 약 1시간 떨어진 요카이치의 호리코시 목사님 교회에서 진행된 창조론 강연에서 조 장로님은 졸지에 일본어 통역을 맡게 되었다. 일본말을 수십 년 만에 해보신다는 장로님은 스스로도 놀랄 정도로 막힘이 없이 유창하게 통역을 하셨다. 이후 장로님은 일본을 향한 선교적 사명으로 불타오르기 시작했고, 이듬해 도쿄신학대학의 유학생이 되셨다. 몇 년 후 일본 교회를 개척하여 목회를 시작하신 조 목사님의 교회를 방문했을 때의 감동을 나는 잊을 수가 없다. 화려했던 장군의 위엄이나 체면은 찾아볼 수 없었고, 여름 날씨에 비지땀을 흘리며 전도지를 돌리고 계셨다. 사모님도 그 옛날 애견 낸시를 안고 있는 귀부인의 모습은 간 데없고, 음식 전도사를 자청하며 일본 성도들에게 주일마다 한국 음식을 대접하고 있었다.

해외 선교사들을 초청하던 그날, 두 분의 사모님과 나는 하용조 목사님이 친히 해주시는 선교관 안내를 받게 되었다. 목사님 뒤를 따라가며 나는 투덜대고 있었다.

"중국에서 선인장 농장한다고 허구한 날 모래 화분을 흔들다가 어깨 근육이 생겨 버린 김상옥 사모님, 매 주일 일본 성도들 음식 대접하느라 거칠어진 손으로 나타난 유은필 사모님, 그리고 가난과 핍박으로 점철된 한동대학교에서 밥 먹듯이 금식 기도하느라 삐쩍 말라 버린 내 모습, 우리 모두 이게 뭐람!"

나는 계속 구시렁거렸다.

"쳇, 아무 고생도 모르고 살던 우리를 다 떠나라고 보내 놓으신 목사님은 선교관을 자랑하고 계시니, 목사님이 설교를 잘못하시면 평신도가 망한다니까!"

뒤에서 중얼거리는 소리를 들으셨는지 하 목사님이 뒤돌아보셨다.

"권사님, 뭐라고 하셨나요?"

"아니요. 아무 말도 안 했는데요."

전방에서 치열한 전투를 하다가 잠시 후방에 돌아온 전투원들이 후방의 평온함을 보고 괜히 심술이 나서 던진 푸념이었다. 하지만 자격 없는 우리를 써 주시는 하나님을 생각하면 푸념도 잠시뿐, 하나님의 은혜에 감사할 따름이다. 게다가 우리가 여기까지 올 수 있었던 것은 전적으로 하나님이 앞서 구름기둥과 불기둥으로 그리고 만나와 메추라기로 인도해 주셨기 때문이었다. 결코 우리가 잘나서 된 것이 아니다. 오직 하나님의 은혜이다. 그래서 언젠가 천국에서 하나님을 뵈올 때 예수님께 나의 면류관을 드리며 이 찬송을 부르고 싶다.

주의 옷자락 만지며 주 발 앞에 무릎 꿇고 그 사랑에 나 안기네
어떤 말로 그 어떤 소리도 그 발 앞에서 잠잠해지네
주 나의 사랑 그 발 앞에 앉아 내 모든 기도는 사랑의 노래가 되네
주의 옷자락 만지며 주의 두 발을 씻기며
주님 그 발에 입 맞추며 나의 왕관을 놓으리

그런 권리는 네게 없단다

나는 자기연민의 늪에 빠져서 헤어 나오지 못할 때도 많았다. 어느

날, 나는 남편에게 말하면 그가 더 힘들어할 것 같아 컴퓨터 자판을 두들기며 하나님께 내 속내를 털어놓고 있었다.

"아, 내가 어쩌다 이 꼴이 됐지? 나는 한 번도 남에게 돈을 꿔본 적이 없는데. 학교가 허구한 날 돈 꾸러 다니는 형편이 되니, 내 자존심은 땅에 떨어지고…."

나는 내 처지가 하도 처량해서 눈물만 났다. 자판에 후드득 눈물이 떨어져 내렸다. 얼마나 시간이 흘렀는지도 모른 채 나는 글을 쓰는 데 여념이 없었다.

따르릉, 따르릉! 전화 소리를 듣고 그제야 컴퓨터에서 눈을 뗐다. 한참 전화 통화를 했던 것 같다. 전화기를 내려놓고 컴퓨터 앞으로 돌아오면서 내가 글을 쓰고 있었다는 것이 생각났다. 쓰고 있던 글을 저장한 기억이 나지 않아 불안했다. 아무리 찾아도 방금 전까지 붙들고 씨름하던 화면이 보이지 않았다.

'설마 없어진 건 아니겠지? 아, 하나님! 제가 얼마나 열심히 쓰고 있었는지 아시잖아요, 하나님!!!'

내가 아는 모든 방법을 다 동원해도 컴퓨터는 내 글을 보여 주지 않았다. 다급한 마음에 나는 학교로 전화해 도움을 청했다. 나에게 자세히 안내를 해주던 직원이 내게 물었다.

"사모님! 확실히 저장은 하셨어요? 만약 저장을 안 하셨다면 살리는 건 불가능합니다."

직원의 설명을 듣고 나서 그제야 나는 내가 그 글을 저장하지 않은 것을 알았다. 내 눈앞에 펼쳐진 컴퓨터 화면을 보고도 전화를 받기 전 상황으로 돌리고만 싶었다. 온전히 몰입해서 써내려 간 글을 한 줄도 살릴 수 없음에 나는 절망했다. 사람의 기술로선 불가능한 것을 알고 나는 컴퓨터 자판기 앞에서 하나님께 기도드렸다.

바로 그때, 하나님이 내게 말씀하셨다. 분명한 하나님의 음성이었다.

"사랑하는 딸아. 나는 네가 나에게서 눈을 떼지 않고 내 마음을 알기를 바랐단다. 그런데 너는 오전 내내 네 마음에 취해 울며불며 속상하다고 힘들다고 글을 쓰고 있더구나. 내가 너에게 어려운 숙제를 내주고, 거칠고 힘든 시간들을 지나게 하는 것은 너 스스로 슬퍼하라고 준 것이 아니란다. 나는 네가 오로지 나만 바라보고 내 마음을 느끼고 내게 전적으로 의지하기를 원했다. 그런데 너는 네 마음, 네 감정, 자기연민에 빠져 너를 사랑하는 내 마음과 내 존재는 까맣게 잊고 있더구나. 그래서 내가 날려 버렸다. 내가 원하는 나의 딸의 모습이 아니구나."

하나님은 하나님을 드러내라고 내 손에 쥐어 주신 색연필을 자기연민에 빠져 내 감정을 드러내는 데 사용하고 있었음을 깨우쳐 주셨다. 나 스스로를 불쌍히 여기는 자기연민의 감정까지도 포기하게 하셨다. 나는 하나님의 마음을 보았다. 나는 나를 향해 달려오는 거친 파도가 무서워 내 영혼이 얼마나 두려움에 떨고 있는지, 얼마나 허우적대는지, 얼마나 슬퍼하고 있는지에만 관심이 있었다. 나는 파도 너머 계시는 하나님을 보지 못했다. 하나님이 원하시는 것은 내가 그 파도를 잘 이겨내는 것보다, 파도 너머 계시는 사랑의 하나님을 아는 것이었다.

"하나님! 저는 증인이요 기록자일 뿐인데 주인 되신 하나님의 마음을 잊고 글을 쓴 점 회개합니다. 용서하여 주옵소서. 저에게 하나님의 마음, 말씀을 통해 깨닫게 하신 것, 학교의 상황들을 통해 경험하게 하신 하나님의 역사, 그 모든 것은 주님이 하신 일입니다. 제 것이 아니요 제가 한 것이 아닙니다. 저는 기록하는 증인일 뿐입니다. 저의 믿음 없음을 용서하여 주시고 이제부터 그 어떤 기록도 간증도 하나님의 이름으로 할 수 있도록 저를 정신 바짝 차리게 하시고, 붙들어 주시기를 기도드립니다."

그 후로 나는 컴퓨터 앞에 앉으면 하나님께 기도를 드린다.

"하나님, 내 시선의 프리즘으로 오직 주님만 드러나게 해주세요."

나는 하나님의 역사하심을 본 기록자이자 증언자일 뿐이다. 하나님은 나에게 하나님보다 내 감정을 더 중요하게 알릴 권리를 주신 적이 없다. 나를 증인삼아 기록하게 하시고, 많은 사람에게 살아 계신 예수 그리스도와 하나님 나라를 증거하는 증인으로 서게 하실 때마다 나는 하나님이 온전히 드러나기를 성령님께 간구한다.

네가 밟는 땅은 다 네게 주리라

하나님은 떨기나무 불꽃 가운데서 모세에게 신을 벗으라고 명령하셨다. 당시 이집트에서 맨발로 다니는 사람은 노예라는 표시였다. 바로 왕의 궁전에서 왕자로 자란 모세는 신을 벗는 의미를 누구보다 잘 알고 있었다. 모세는 지금까지 살아 왔던 왕자로서의 권리를 포기하고,

하나님의 종이 되어 자기 백성을 구원해 내는 임무를 받은 것이다. 모세의 첫 임무는 신을 벗는 것이었다.

하나님은 나에게도 나의 모든 소유, 재산, 명예, 지식, 그리고 자기 연민과 나 자신의 감정까지, 내 것이라 여긴 모든 것에 대한 권리를 포기하는 훈련을 시키셨다. 내 것이라고 생각한 것들을 포기했을 때, 비로소 하나님은 당신의 능력을 우리에게 나타내 보이실 것이기 때문이었다.

권리 포기는 내가 신고 있던 신발을 버리거나 잃어버리는 것이 아니다. 하나님은 우리의 명예, 재물, 권력, 지위, 심지어 성품 하나까지도 가져가시지 않는다. 다만, 하나님은 우리의 신을 벗기기 원하신다. 우리의 마음은 신발을 벗고 벗기려는 주권 싸움이 가장 치열한 전쟁터이다. 그러나 하나님의 임재를 경험하면 신을 벗게 된다. 나의 모든 것이 주님의 소유이며, 나는 주님의 종이라는 것을 알게 된다.

우리가 신을 벗는 순간, 하나님은 우리를 업고 걸어가신다. 포기하는 그 순간부터 하나님의 발이 우리의 발이 된다. 신발 하나 벗었는데 우리는 하나님의 등에 업혀 하나님과 동행하는 복을 누리는 것이다. 권리 포기는 우리가 중요하다고 생각한 우선순위와 가치관을 하나님의 시각에서 재조정 받는 시간이다. 하나님의 시각으로 재조정되기 위해 하나님은 우리에게 권리 포기를 요구하신다. 그리고 권리를 포기하는 자에게 감사라는 선물을 허락하신다.

평안히 살 수 있는 안정된 삶을 포기한 한동대에서의 삶은 작은 헌신이요 작은 포기였다. 그러나 그것이 얼마나 작은 헌신이요 포기인 줄 몰랐기에 감사는커녕 불평과 불만, 두려움만 가득했다. 작은 헌신과 작은 수고조차도 철저하게 계산하고 있었던 것이다. 그래서 감사가 부족했다.

권리 포기의 최고 모범을 보이신 분이 예수님이시다. 하나님이신 예수님은 우리를 하나님의 자녀로 삼기 위해 하나님과 동등됨의 자리를 포기하셨다. '할 수 있거든 이 잔을 가져가 달라'고 기도하셨던 예수님은 그러나 기도하시자마자 하나님께 자신의 감정까지 다시 올려드렸다. 십자가에 달려 사람들에게 조롱거리가 되고, 가짜 왕이라 불리는 치욕을 겪으시면서도 모든 권리를 포기하고 감당하셨다. 권리 포기만이 어두움의 세력과의 영적 전쟁에서 승리할 수 있는 유일한 전략이라는 것도 가르쳐 주셨다.

> "너희 안에 이 마음을 품으라 곧 그리스도 예수의 마음이니 그는 근본 하나님의 본체시나 하나님과 동등됨을 취할 것으로 여기지 아니하시고 오히려 자기를 비워 종의 형체를 가지사 사람들과 같이 되셨고 사람의 모양으로 나타나사 자기를 낮추시고 죽기까지 복종하셨으니 곧 십자가에 죽으심이라"(빌 2:5-8).

나에게 권리 포기 문제를 출제하신 하나님의 의도는 무엇일까? 그것은 자유함이었다. 하나님의 나라를 위해 나의 권리를 포기할 때, 내 안에 일어나는 놀라운 변화, 곧 포기함으로써 뜻밖에도 자유함을 선물로 받게 되었다. 어떤 상황에서도 분하지도, 원통하지도, 억울하지도 않는 자유함과 평안! 사람들의 평판이나 칭찬에도 연연해하지 않는 자유함! 가난에도 부에도 처할 줄 아는 자유함을, 그 하나님의 비법을 경험하게 하셨다. 그리고 한동에서의 삶을 통해 하나님은 내게 권리를 포기하신 예수 그리스도를 깊이 묵상하게 하셨다. 그 예수님을 묵상할수록, 하나님의 임재 앞에 거할수록 내 자신을 포기하게 해주시는 예수님을 더욱 사랑하게 하셨다. 신기한 것은 포기하면 할수록 내 마음속에 기쁨이 흘러나오기 시작했고, 그 포기의 맛을 하나씩 맛보아 알게 되었다는 것이다.

"내가 모세에게 말한 바와 같이 너희 발바닥으로 밟는 곳은 모두 내가 너희에게 주었노니"(수 1:3).

"너희의 발바닥으로 밟는 곳은 다 너희의 소유가 되리니…"(신 11:24).

온갖 좋은 은사와 선물들은 하나님께서 주신 것(약 1:17)이므로, 주님이 그것들을 포기하라고 명령하실 때 주신 자에게 돌려 드리는 것이 마땅하다. 신을 벗고, 우리의 권리를 포기하고 하나님을 따르는 사람에게 하나님은 온 세상을 유업으로 주신다고 약속하셨다.

고난 없이, 연단 없이, 떨기나무 불꽃 앞에서의 포기 없이 우리가 하나님의 도구로 빚어질 수 없음을 하나님은 가르쳐 주고 싶어 하신다. 그것이 하나님의 또 하나의 공식이었다. 땅에 속한 것들에 집착하고 연연해하는 사람이 천국 시민으로 살 수 없기 때문이었다.

"너는 과연 신발을 벗고 나의 종으로 살고 있느냐?"

하나님은 이 순간에도 나에게 묻고 계신다.

다윗이 아닌 요나단의 모습으로

진태훈 96학번, 생명과학부

돌이켜보면 한동대에 입학한 후, 저는 광야 길 40년과 같은 4년을 보냈던 것 같습니다. 지금 제가 선교사로서 네팔 땅에서 8년의 세월을 버틸 수 있었던 것은 4년간의 한동 광야 생활에서 나온 힘이 아니었나 생각해 봅니다.

저는 장기 선교사로 네팔의 크리스천 스쿨인 언약학교에 오게 되었습니다. 원래는 이곳의 과학 교사로 활동할 예정이었는데, 저를 뽑으신 선임 선교사님이 제가 네팔에 온 지 3개월 만에 소천하셔서, 졸지에 스물일곱 살의 어린 청년인 제가 이 학교의 이사장이 되었습니다. 이로 인해 저는 한 번도 당면해 보지 못했던 수없는 문제에 봉착하게 되었지요.

총장님, 네팔의 언약학교를 처음 맡고 제가 맨 처음 직면한 문제는 재정적인 어려움이었습니다. 단돈 500달러를 들고 네팔에 온 저희 부부가 120명의 학생들과 12명의 선생님들, 스태프들이 있는 학교의 재정을 마련하는 것은 벅찬 일이었습니다. 하지만 재정적인 어려움을 겪었던 한동대에서 하나님이 베푸신 기적을 경험하는 것을 보게 하셨던 하나님은 저에게 두려움보다는 기도하면서 방법을 구해 보자는 마음을 주셨습니다. 하나님의 뜻이 이곳에 있다면 재정적인 문제로 학교 문을 닫지 않으실 거라는 믿음으로, 기도함으로써 재정이 채워지는 경험을 네팔에서도 동일하게 경험했습니다.

학교의 리더로서 제가 부딪친 큰 문제 가운데 하나는 바로 인간관계였습니다. 대부분의 사람들이 호의적이었지만, 현지인 교장 선생님은 유독 제게 배타적이었습니다. 저와 파워 게임을 하는 듯한 모습도 보이셨죠. 주변의 선배들은 현지인 교장 선생님을 바꾸라고 조언을 해주었습니다. 하지만 제 마음속에서는 과연 이것이 성경적인가 하는 물음이 계속되었습니다. 섬김을 받는 자가 아닌 '섬기는 자로 세상을 변화시키자'라는 모토로 총장님과 교수님들의 낮아지심을 한동에서 보고 배웠는데, 힘을 갖기 위해 세상적인 방법을 선택해야 하는지에 대한 의문이 있었습니다.

그래서 다시 기도를 했습니다. 하나님은 저에게 다윗을 사랑하고 섬겼던 요나단이 되라고 말씀하셨습니다. 선교사로 다윗이 되고픈 저의 계획을 내려놓고, 다윗을 사랑하고 거품처럼 사라진 요나단의 모습으로 살기를 원하시는 하나님 마음을 느낄 수 있었습니다. 그래서 저는 그날 밤 요나단이 되기로 하고 현지인 교장 선생님을 섬기기로 결정했습니다. 8년이 지난 지금 제 선교 사역에서 가장 잘한 결정이 있다면 바로 그것이 아닐까 생각합니다. 그후 학교는 급속도로 안정을 찾았고, 그 다음해부터는 학생 수가 늘어서 재정적인 어려움도 어느 정도는 해소될 수 있었습니다. 이런 결정을 내릴 수 있었던 원동력은 대학 시절, 옆집 할아버지 같았던 총장님의 모습 속에서 권위적인 리더십보다는 섬기는 리더십을 보아 왔기 때문입니다. 그리고 교수라는 직책을 가지고 힘을 사용하기보다는 학생들을 끊임없이 참아 주고 사랑했던 교수님의 모습 때문이었습니다. 기숙사 생활을 통해서 나와 맞지 않는 사람들과 어떻게 살아가는지를 배울 수 있었던 경험과 '배워서 남 주자'라는 구호 아래 겸손하게 섬기는 리더십을 배웠기 때문입니다.

제가 주님 앞에 더 낮아지면 낮아질수록 학교 사역은 오히려 번창해 가는 모습을 봅니다. 힘과 권력을 포기하고 온전히 하나님만을 의지할 때, 저에게 닥친 어려운 과제들이 자연스럽게 해결되어 있는 것들을 봅니다. 언약학교는 여전히 가난합니다. 가끔은 우리 학생들을 배불리 먹이고 좋은 집에서 살게 하고 싶은 욕심이 솟구치기도 하지만, 그럴 때마다 저는 총장님과 함께했던 한동의 배고프고 가난한 시절을 떠올리며 좁은 길을 선택하곤 합니다.

언약학교가 네팔 학교들의 역할모델로서 선한 영향력을 줄 수 있는 그 날들을 소망해 봅니다. 네팔 전역에 언약학교의 커리큘럼과 정신을 나누어 주고 네팔 교육계를 변화시킬 그 날을 꿈꾸며 오늘도 저는 네팔 땅에서 교육자로서의 삶을 삽니다.

권리 포기하는 자들의 멋진 행진

하나님의 역사는 자신의 권리를 포기하고 하나님께 그 권위를 드리는 사람들의 손에 맡겨짐을 우리는 수없이 경험했다. 한동을 위해 이런 분들의 얼굴을 떠올릴 때마다 나는 가슴이 뜨거워졌다. 어느 수요일, 온누리교회의 '마리아행전'에서 나는 권리 포기에 대해 말씀을 전했다. 며칠 후, 내 육촌 동생 이영숙 집사가 집으로 찾아왔다.

"언니가 전한 메시지를 듣고 권리 포기에 대해 깊이 생각하게 되었어요. 그리고 하나님은 제가 포기해야 할 부분을 알려 주셨어요. 대구에 있는 제 소유의 땅을 한동대학에 기증하고 싶어요. 시가가 약 60-70억 되는데, 그것으로 한동대에 필요한 건물을 지었으면 좋겠어요. 한동대에 효암채플을 기증한 분이 저는 늘 부러웠어요."

권리 포기하는 자들의 멋진 행진에 내 동생도 합류할 수 있어서 하나님께 감사드렸다. 그야말로 가문의 영광이었다.

며칠 후 동생은 기증 서류를 준비해서 학교로 찾아 왔다. 그로부터 7-8년이 지나 그 땅은 드디어 매매계약을 맺게 되었다. 이를 통해 앞으로 한동대학에 또 하나의 기념비적인 건물, 도서관 겸 글로벌 국제정보센터가 세워지는 날을 우리는 설레는 마음으로 기다리고 있다.

미국과 캐나다에서도 옥합을

LA 코너스톤 교회(이종용 목사)에서 권리 포기에 대한 간증을 한 적이 있었다. 예배 후에 누가 나를 찾는다고 했다.

"오늘, 권사님의 말씀을 들으며 성령께서 제게 말씀해 주셨습니다. 저는 생활비를 아끼며 조금씩 저축해 왔는데 하나님은 오늘 그것을 한동대를 위해 드리라고 하셨습니다. 8만 달러(당시 환율로 약 1억 원)입니다."

이미 몇 차례나 학교를 후원해 주셨던 임인옥 권사님이었다. 캐나다 토론토에서도 이은실(그레이스) 권사님이 건축기금을 보내주셨다. 하나님의 뜻에 기꺼이 동의하며 자신의 지갑을 내어 드리는 권사님들에게 주님이 그의 지갑을 30배 60배로 더욱 배가시켜 주시기를 기도했다.

기부 DNA가 있다

2009년 10월 13일, 대학 본관 대회의실에서 부평에 사시는 석선 김점석 선생님과 문규선 여사 내외분이 평생 모아 소유한 익산의 땅을 기증하는 기증식이 열렸다. 두 아드님 내외분과 손자 손녀 등 온 가족이 함께 오셨다. 5남매 중 장남인 김상수 목사님(새가족교회)께서 아버님을 대신해서 가족 대표로 말씀하셨다.

"언젠가 일간 신문에서 고액 기부자들에게는 '기부 DNA가 있다'라는 기사를 본 적이 있습니다. 공통된 특징 5가지는 유년 시절의 가난, 자수성가한 기업인, 근검절약, 선 기부 후 가족 동의, 돌다리 두드리듯 꼼꼼한 기부 등입니다. 그런 면에서 보면 우리 부모님도 기부 DNA를 가지셨다고 봅니다. 아버님이 조실부모하여 유년 시절이 너무 어려우셨고, 반면에 열심히 일하셔서 자수성가하셨습니다. 근검절약에 대해서는 어머님은 일흔이 훨씬 넘은 지금까지도 가계부를 쓰고 계실 정도로 알뜰하십니다. 두 분 다 연세가 있고 몸이 불편하심에도 불구하고 사시는 곳 부평에서 자녀들이 있는 서울에라도 오시려면 꼭 지하철이나 대중교통을 이용하면서 돈을 아끼는 것이 몸에 밴 분들이십니다.

이처럼 평생을 애써 일하셔서 일군 것을, 좋은 일이지만 선뜻 기부하도록 권해 드리는 것이 자식으로서 너무 송구스러웠습니다. 행여 부모님들이 '너희들은 고생을 몰라서 그러는구나. 우리가 아끼고 절약해서 얻은 분신과도 같은 재산을 쉽게 기부하자고 하는 것을 보니…'라고 생각하실까 봐 염려스럽기도 했습니다.

솔직히 부모님도 처음에는 흔쾌히 동의하지 못하셨습니다. 기부가 좋은 줄은 알지만 모든 부모들의 마음처럼 당신들의 명예보다 혹은 다른 이들의 유익보다도 내 자녀들에게 더 많은 것을 남겨 주고 싶은 마음이 앞섰다고나 할까요? 그러나 자녀들의 마음을 아시고, 또 하나님이 기뻐하셨기 때문에 기꺼이 이 자리에 서게 되었습니다.

아무리 좋은 뜻이라도 자녀들의 마음이 하나가 되지 않으면 불가능할 것입니다. 저는 집안의 장남이지만 장남 구실을 전혀 하지 못하는 부족한 사람입니다. 목회를 한답시고 부모님을 제대로 찾아뵙지도, 모시지도 못하는 불효자입니다. 제 대신, 남동생과 제수씨가 자주 부모님을 찾아뵙고 날마다 전화 드리고, 큰누님 역시 부모님을 극진하게 모십니다. 재산에 대한 권리는 이렇게 부모에게 효를 다하는 형제들이 주장하는 것이 당연할 텐데도, 이 좋은 일에 심부름하는 저의 생각을 기쁨으로 흔쾌히 받아 주었습니다. 얼마나 고맙고 감사한지 모릅니다. 하나님이 이런 형제들에게 만 배로 복 주시기를 바랍니다.

무엇보다도 우리 가족 중에는 직간접으로 한동대학교와 연관된 사람이 아무도 없습니다. 그래서 더더욱 이 하나님의 대학, 한동대학교에 오직 하나님의 영광만을 위해 기부할 수 있게 된 것이 더욱 감사하고 뜻깊다고 생각합니다.

김영길 총장님께서 작년 11월에 제가 섬기는 교회에 오셔서 새생명축제에서 간증을 해주셨습니다. 작은 개척교회임에도 불구하고, 더구나 11월은 입시설명회나 준비로 가장 바쁜 달임에도 불구하고 대학의 총장님께서 오신 것이 너무 감사했습니다. 대부분 유명 강사분들은 저녁도 드시지 않고 설교만 하고 가시는데, 오셔서 함께 식사도 하시며 너무 소탈하게 한동대와 학생들에 대해서 말씀하시는 총장 장로님의 모습을 보면서 참 감동이 되었습니다. 그때 하나님께서 좋은 일을 할 기회를 주시면 한동대에 하면 좋겠다는 소원을 주셨습니다. 그러므로 총장님께서 아무리 바쁘시고 힘드셔도 계속해서 여러 교회들을 다니셔야 할 것 같습니다.

이제 이번 기부로 우리 가족과 한동대는 깊은 인연을 맺게 되었습니다. 앞으로 계속해서 우리 모두가 한동의 가족으로 더욱 기도하고, 앞으로도 만남이 계속되기를 간절히 바랍니다. 감사합니다."

우리들은 석선 선생님과 그 가족들을 기념하여 학교에 기념식수를 했다.

왼손이 한 일을 오른손이 모르게

2009년 2월 27일, 비서실에서 전화가 왔다.

"사모님, 미국에서 오신 어떤 분이 사모님과 총장님을 서울에서 뵙고 싶다고 하십니다. 그분이 한동대에 돈을 기부하고 싶으시데요. 그런데 액수가 믿기지 않을 만큼 너무 커요. 32억 원이래요."

우리는 설레는 마음으로 곧장 서울로 왔다. 요즈음 같이 국내외적으로 어려운 경제 상황에 설마 또 하나의 신기루는 아니겠지 하는 마음이었다.

약속 장소인 I호텔 로비에서 우리는 퍽 인자하게 보이는 노신사 부부를 만났다. 우리와 마주앉은 그분이 천천히 말문을 열었다.

"5년 전, 사모님께서 저희 교회에 오셔서 간증을 하신 적이 있습니다. 그때 읽게 된《갈대상자》(두란노)는 제 마음에 큰 감동을 주었지요. 그때부터 저희 부부는 한동대학교에 관심을 갖게 되었습니다. 저는 가끔씩 학교 홈페이지를 통해서 학교의 발전상과 최근 소식도 접하곤 했지요. 그리고 매년 귀국할 때마다 학교를 방문하곤 했습니다. 무척 인상적이었던 것은 학생들의 밝은 표정과 누구에게나 인사하는 모습이었습니다. 요즘 시대 보기 드문 광경이었지요. 한동대학교에서 중요시하는 인성교육의 면모를 느낄 수 있었어요."

그는 천천히 말을 이었다.

"반평생을 미국에서 생활해 온 저희들이지만, 조국에 대한 사랑과 바람은 한결같습니다. 하나님을 경외하는 정직하고 유능한 인재를 배출하는 한동대학교, 지성, 영성, 인성의 전인격적인 교육을 하는 한동대학교가 있다는 것에 우리 조국에 소망이 있다고 생각합니다. 5년 전부터 저희 부부는 줄곧 기도하며 생각한 것을 이행하려고 어제 귀국했습니다. 마침 환율이 달러당 1,600대 1로 최고를 기록하고 있으니, 국가적으론 좀 미안하지만 학교에는 적기라는 생각이 듭니다. 내일 미화로 2백만 달러, 한화로 약 32억 원을 학교로 송금하겠습니다."

우리는 감사와 감격에 휩싸였고 동시에 무거운 책임감을 느꼈다.

"회장님! 참으로 감사합니다. 이 감동스러운 이야기를 우리 한동인들에게 전해도 되겠지요?"

"아닙니다! 부족한 제가 다른 말씀은 잘 지키지 못해도, 왼손이 한 일을 오른손이 모르게 하라고 하신 예수님의 말씀만은 지키고 싶습니다. 제가 언젠가 주님 앞에 섰을 때, 이 분부를 지키려 했다고 말씀드릴 수 있도록 도와주십시오."

"그렇다면, 기부자는 밝히지 않더라도 우리 한동인들이 회장님 내외분의 삶을 듣고 배울 수 있도록 기부 이야기는 하도록 허락해 주세요."

"그렇다면 제가 어느 지역, 어느 교회에 다니는지, 짐작 가능한 이야기는 어떤 것도 밝히지 말아 주시면 좋겠습니다."

그로부터 며칠 후인 2009년 3월 5일, 경주역으로 마중 나가려는 제의를 한사코 사양하며, 내외분이 학교로 찾아오셨다.

"저희들은 학교를 여러 번 다녀갔었기에 찾아오는 길은 전혀 불편하지 않습니다."

그러니까 이분들은 그동안 암행어사처럼 소리 소문 없이 다녀가셨던 것이다. 그러나 이날은 처음으로 공식적인 방문을 하시는 날이기에, 교무위원들은 두 분을 꼭 뵙고 싶어 했다. 그러나 내외분은 그것마저도 사양하셨다.

"각자 모두 바쁘실 텐데 저 같은 사람들을 뭐하러 만나시려고요."

내외분은 학교 홍보 영상물도 보고 학교 교정도 둘러보면서 올 때마다 학교 교정이 아름답게 변하고 있다며 좋아하셨다. 10여 분 만에 총장실에서의 기증 서류 전달 서명이 끝났다. 그리고 두 분은 대절해 온

택시를 타고 훌쩍 떠나셨다. 과묵하셨지만 겸손한 내외분의 모습이 오랫동안 뇌리에서 떠나지 않고 있다.

　지금까지 하나님은 우리와 동행하시는 증거들을 우리에게 수없이 보여 주셨다. 한동대에 행하신 기적 같은 사건들, 광야에서 낮에는 구름기둥으로, 밤에는 불기둥으로 보호하시며, 주릴 때 만나와 메추라기로 먹여 주시는 하나님이 우리를 홀로 두지 않고 하나님의 소명을 이루기까지 함께 하시리라.

　　나는 길 잃은 나그네였네 죄 중에 헤매이는데
　　사랑의 왕 내 목자 예수 나를 집으로 인도하네
　　나의 영혼이 피곤할 때에 날 붙들어 힘 주시며
　　날 위로해 주시는 예수 나와 언제나 동행하네
　　내가 이 세상 살아갈 동안 주 내 곁에 함께 하사
　　늘 보호해 주시는 예수 나를 안전케 하시리라

사소한 것에도 정직을

강미정 03학번, 언론정보문화학부

처음 학교의 존재를 알게 된 건 중학교 때였습니다. 언니가 입학한 96년 여름, 언니를 따라서 한동에 놀러갔어요. 학교 사람들, 그리고 교수님과 팀을 이뤄 가족같이 지내는 모습이 정말 보기 좋았습니다. 그때부터 한동대에 가겠다고 호언장담하며 그 당시 한동대를 알지 못했던 중학교 친구들에게도 한동대 자랑을 하곤 했습니다.

그때의 호언장담대로 저는 03학년도에 입학했습니다. 저는 한동의 무전공 입학 덕분에 심리학부터, 언론, 국제관계 등 다양한 수업을 들었죠. 심리학보다는 영상 수업에 강한 매력을 느끼며 방송 영상에 관심을 갖게 되었습니다. 한동의 무전공 입학이 아니었으면 언론과 공연을 접해 보지 못하고, 지금의 아나운서가 아닌 다른 일을 하고 있었을 수도 있겠네요.

한동에서의 4년은, 저의 가치관과 근간을 세울 수 있는 시간이었습니다. 막연하게만 생각되는 '정직'이라는 걸 구체적으로 배우는 시간이었고, 시험 시간에 아무도 감독하는 사람이 없이 자신의 양심을 실천하는 시간이었습니다. 보통 세상에서 말하는 '배워서 남 주나'가 아닌 '배워서 남 주자'를 너무도 자연스럽게 외치며 공부해 왔던 그 시간들. 교수님과 소그룹 성경 공부를 하며 그리스도인으로서 어떻게 살아야 하는가를 진지하게 묻고 답하며 하나씩 가치관을 쌓아 온 시간이었습니다.

4년 동안 익힌 정직과 양심, '배워서 남 주자'는 생각은, 언론인이 되고 직장생활을 하는 지금도 저를 채찍질합니다. 라디오 제작비를 정산하고, 청취자 선물, 협찬사의 상품을 내 손에 가득 쥐고 있을 때도 내가 편해지고 나를 이롭게 하는 쉬운 방법들이 많았지만, 사소한 것에도 내가 그토록 배워 왔던 하나님 앞에서의 '정직'이 떠올라 그렇게 할 수 없었습니다. 지금은 회사 사무실에 가득 비치돼 있는 작은 물품들을 쓸 때도 '내 사적인 용도로 쓸 건데 이건 내가 사서 쓰는 게 맞겠지?'라는 생각이 들어 다시 내려놓곤 합니다. 이것도 다 한동에서 배운 '작은 양심'이 끊임없이 저를 채찍질하는 거겠죠.

'배워서 남 주자'는 마음으로 목소리가 필요한 곳에 재능 기부도 하고, 청소년들에게 방송인 직업 강의도 하고, 지금 취미로 배우고 있는 캘리그래피와 네일아트로도 아낌없이 나눠 주고 있습니다. 다큐멘터리 타이틀 제작에 무료로 손글씨를 써주기도 하고, 좋은 글귀나 성경 구절을 예쁘게 써서 선물하기도 합니다. 배운 것을 아낌없이 나눠 줄 때 제가 얼마나 행복해지는지를 소소한 일상과 취미 생활에서도 느끼고 있습니다. 역시 '배워서 남 주자!'라는 한동의 가르침이 진리였습니다.

앞으로 제가 꿈꾸는 삶은 하나님이 주신 감사한 재능을 마음껏 나누어주며 사는 것입니다. 방송이든 목소리든 손글씨든 강의든, 뭐든 그저 행복하게 사랑을 전할 수 있는 사람이 되고 싶습니다.

한동이 아니었다면, 저는 다른 가치관을 갖고 다른 삶을 살았겠지요. 교수님들과 성경을 보며 어떻게 살 것인가 고민하고, 사람이 아닌 '하나님' 앞에서의 내 모습을 정직하게 바라보고, 양심을 구체적인 습관으로 만들어 준 한동대에 늘 감사하는 마음입니다. 이런 멋진 철학으로 학교를 세워 주신 김영길 총장님께, 그리고 애정으로 돌봐 주시고 학교의 역사와 흔적들을 꼼꼼히 남겨 주시는 사모님께 진심으로 감사드립니다. 한동의 정신을 배운 졸업생들이 전국 곳곳에, 세계 곳곳에 수없이 뻗어 나가 있으니 벌써 세상은 조금씩 바뀌고 있는 거겠죠? 저도 자랑스러운 한동인, 부끄럽지 않은 제자와 선배가 되겠습니다. 앞으로도 늘 건강하시고, 지금처럼 저희들 뜨겁게 응원하며 지켜봐 주세요!

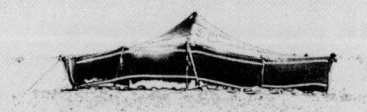

3장 남송리를 넘어가는 한동인들

> 저희들은 하나님이 찾으시는 예배자가 되려고
> 새벽기도를 드립니다. 새벽기도를 통해서
> 우리 스스로를 깨우고 한동을 깨우고
> 세상을 깨울 수 있을 때 세상이
> 변화되리라 생각합니다.

한동인들 마음을 불태운 방화범

2003년 5월 15일, 한동대 채플실에는 스승의 날을 기념하기 위해 학생들이 가득했다. 남편은 만면에 웃음을 띠고 학생들에게 옆에 나란히 서 있는 한 분을 소개했다.

"여러분! 온누리교회의 하용조 목사님을 소개합니다. 우리 학교가 수많은 위기를 겪을 때마다 숨넘어가는 사람에게 인공호흡을 시켜 주듯이 하 목사님과 온누리교회가 우리 학교를 도와주셨습니다. 그러나 그동안 우리는 고맙다는 인사 한 번 제대로 하지 못했습니다. 우리 모두 먼저 하나님께, 그리고 목사님께 감사의 박수를 드립시다."

우레와 같은 박수가 터져 나왔다. 하 목사님의 말씀이 시작되었다.

"한동대학이 부도 위기에 처했을 때, 온누리교회가 돈을 빌려서 학교를 도왔던 것은 하나님께서 기뻐하시는 일이었습니다. 온누리 교인들은 한동대를 도울 수 있었던 것을 큰 영광으로 생각하고 있습니다. 이 일이 온누리교회가 비전을 갖는 결정적 계기가 되었습니다. 100억을 헌금하니 100억만큼 온누리 교인들의 가슴이 넓어졌습니다. 과분하게도 온누리교회가 지금까지 500여 명의 선교사들을 파송할 수 있는 축복을 받은 것도 한동대학을 도울 수 있었던 헌신에서 나온 것입니다. 교인들이 은혜를 받고 세상으로 뛰어나갔습니다. 온누리교회의 첫 번째 장로인 여러분의 총장님도 세상을 향해 포항으로 떠난 첫 선교사입니다. 한동대학은 세상을 변화시키는 대학으로 성장하고 있습니다. 이 모든 것이 하나님이 기뻐하시는 일입니다."

목사님의 힘 있는 말씀을 학생들은 숨을 죽이며 경청했다.

"짧은 기간, 제가 한동대학교 이사장으로 헌신하면서 한동대에서 느낀 네 가지가 있습니다. 첫째, 비전의 위대함입니다. 새는 멀리 본 만큼 멀리 날아갑니다. 비전은 언제나 미래와 연결됩니다. 비전은 미래를 현재로 만듭니다. 한동대학은 다른 대학들이 보지 못한 것들을 보고, 느끼는 대학입니다.

둘째, 한동대는 꿈의 대학, 미래의 대학, 꿈꾸는 자들이 모인 대학입니다. 꿈꾸는 자들은 배가 고파도 눈이 반짝거립니다. 꿈꾸는 자는 가난이 두렵지 않습니다.

셋째, 한동대는 리더십의 위대함이 있는 대학입니다. 한 사람의 리더는 세상을 변화시킵니다. 한동대는 영적 리더를 만들어 내는 대학입니다. 어떤 고난도 이겨 내는 리더를 키워 내는 대학입니다.

넷째, 한동대는 고난의 위대함이 있는 대학입니다. 현재 받은 고난은 장차 받을 영광과 족히 비교할 수 없습니다. 고난의 깊이만큼 영적 깊이가 있습니다. 고난을 겪어 보지 못한 사람은 인생의 깊이를 모릅니다. 권영민 군과 강경식 군의 피지 순교 사건, 총장님의 감옥 사건으로 한동대가 여기서 깨지는 것은 아닐까 우려하는 사람도 있었습니다. 그러나 우리 모두는 하나님께서 한동대학을 고난의 틀 속에서 연단시키고 성숙시키시는 과정을 보았습니다. 언젠가 총장님이 어려운 중에도 '건물이 해마다 한 동, 한 동씩 생겨나서 한동대학'이라고 말하기도 했습니다."

위트 있는 목사님의 말씀에 장내에 웃음이 터졌다.

"히브리서 12장 1-3절 말씀은 하나님의 꿈을 실현시키는 사람들, 믿음의 리더십에 대해 말씀하고 있습니다.

첫째, 믿음의 지도자는 역사를 전승합니다. 하나님의 사람은 갑자기 태어나는 것이 아닙니다. 백여 년 전, 순교자들의 피와 고통이 전승되어 오늘의 한국 교회가 있는 것입니다. 우리의 현실에는 순교자가 없습니다. 피지 학생들의 순교는 한동대학이 믿음을 계승하게 합니다. 예수 그리스도를 위해 고난 받는 희생의 리더십이 한동의 전통을 세워 나가게 될 것입니다. 예수님을 위해 고난 받는 자는 축복 받은 자입니다. 순교의 피와 희생의 리더십에서 복음의 역사가 일어나기 때문입니다.

둘째, 믿음의 지도자는 장애물을 제거하는 리더십입니다. 불가능과 장애물을 두려워하지 마십시오. 무거운 것과 얽매이기 쉬운 것들을 벗어 버려야 합니다. 진정한 리더십은 자기 것을 포기해야 생깁니다. 희생할 때 생깁니다. 믿음의 주요 온전케 하시는 예수를 바라보십시오.

셋째, 믿음의 지도자는 목표가 분명해야 합니다. 출발은 있으나 목표가 없는 것은 방황입니다. 한 가지 비전으로, 한 가지만 보는 사람! 오직 그리스도만 바라보다가 사팔뜨기가 된 사람, 예수만 바라보다 죽을 수 있는 사람, 이것이 하나님의 사람들의 리더십입니다. 여러분의 총장님이 그런 사람입니다. 2년 전, 온누리교회의 임직 예배에서 축사를 하시던 총장님은 온누리교회라는 말 대신, '여러분들은 한동대학에 헌신하신 분들'이라고 말했습니다. 그 말을 듣고 뒤에서 쩔쩔맨 사람은 사모님입니다. 그러나 총장님은 자신이 그렇게 말한 줄도 모르고 있었습니다. 그때 설교를 하셨던 장신대 고용수 총장님이 당황해서 제게 물었습니다. '오늘 이 행사가 한동대 행사입니까?' 총장님과 이야기하면 다른 말은 하지 않습니다. 늘 한동대학 이야기뿐입니다. 여러분의 총장님은 오로지 하나님이 주신 한 가지 사명, 한동에 미친 사람입니다.

인생이란 속도가 중요한 것이 아니라 방향이 중요합니다. 성취보다는 의미가 중요합니다. 쾌락보다는 감동이, 소유보다는 나눔이 중요합니다. 목적과 목표가 분명한 지도자가 되십시오.

넷째, 진정한 믿음의 리더는 고난을 겪는 지도자입니다. 고난은 기다림입니다. 조급하면 고난을 견뎌 내지 못합니다. 사랑은 기다림입니다. 바울은 마음에 사형선고를 받고 살 소망까지 끊어진 지도자였습니다. 리더는 고독합니다. 그러나 고난과 환난을 겪은 사람은 믿음의 거인이 됩니다. 그런 사람이 진정한 하나님의 사람이 됩니다."

열정적인 목사님의 말씀은 학생들의 가슴에 불을 지르고 있었다.

"선교는 장난이 아닙니다. 예수님이 십자가에 돌아가신 것은 자기 포기와 헌신이었습니다. 당대에 영광을 받지 못했던 허다한 믿음의 증인들, 순교의 역사를 계승하는 지도자, 소유의 욕망을 포기하는 지도자, 목적과 목표가 분명한 한 가지 마음의 지도자, 어떤 고난도 기쁘게 감내하는 지도자, 고난이 축복인 것을 아는 지도자로 성장하십시오. 그렇게 한동을 졸업하십시오. 비겁하거나 타협하는 사람이 되지 마십시오. 생명을 걸고 하나님나라를 위해 사는 사람들이 히브리서에 기록된 믿음의 사람들입니다.

10년 후, 20년 후 사회 각계각층에서 서로를 존경할 수 있는 사람이 되십시오. 서로가 그가 내 동급생이었다는 것을 자랑스러워하는 사람이 되십시오. 빨리 대학을 졸업할 생각을 하지 말고 적어도 5년 동안 다니십시오. 아르바이트해서 모은 돈으로 일 년은 선교지로 떠나십시오. 순수한 대학 시절 자신을 희생하십시오. 선교지에서 고민해 보십시오. 인생을 보는 눈이 달라질 것입니다. 그런 축복이 여러분에게 있기를 바랍니다."

채플실 가득 "아멘!" 소리가 울려 퍼졌다.

"주님! 꿈의 대학, 믿음의 대학, 한동대학이 학생, 교수, 직원, 학부모 모두 하나가 되어 이 땅에서 진정한 하나님의 대학으로 우뚝 서도록 축복하여 주시옵소서."

감동적인 설교와 기도를 마친 목사님은 벅찬 감정을 주체하지 못하시는 듯, 채플실을 가득 메운 학생들을 한동안 바라보고 서 있었다. 그 때 학생들이 우르르 단 위로 올라갔다.

"목사님, 저희에게 베푸신 은혜에 보답하는 마음으로 목사님을 위해 기도하고 싶습니다. 기도 제목을 말씀해 주세요."

학생들이 목사님을 빙 둘러 선 가운데 목사님은 무릎을 꿇고 앉았다. 학생들은 준비해 온 하트 모양의 색종이를 목사님의 옷에 붙이기

시작했다. 졸지에 목사님은 색동옷을 입으셨다.

"목사님, 사랑합니다. 목사님, 감사합니다. 건강하시기를 기도하겠습니다."

사랑의 메시지가 적힌 색종이를 덧입은 채, 목사님이 말했다.

"한국 교회가 말씀으로 바로 서도록, 한국 교회를 위해 기도해 주십시오. 이 시대를 지켜 주는 마지막 보루가 교회이기 때문입니다. 또 이라크와 아프가니스탄에 교회가 세워져서 복음의 문이 열리도록 기도해 주십시오."

또 한 차례 감동의 물결이 채플실을 휩쓸었다. 그 물결은 학생들의 가슴속에서 터져 나와 바람처럼 폭포처럼 하늘로 치솟았다. 기도를 마치고 목사님이 단에서 내려가실 때까지 학생들의 우레 같은 박수는 그칠 줄 몰랐다. 그날 하나님은 한동 하늘에 무지갯빛 꿈의 구름기둥을 보내 주셨다.

개교 직후 한동대의 운명이 풍전등화와 같았을 때 하용조 목사님은 한동대 후원을 놓고 당회를 소집하셨다. 다섯 번이나 당회가 열렸지만, 결론이 나지 않았을 때 목사님은 마지막으로 말씀하셨다.

"저는 한동대학이 하나님의 인재를 양성하는 하나님의 대학임을 확신합니다. 또한 순수한 기독교 정신의 대학으로 이 시대의 한 획을 그을 거라 믿습니다. 이스라엘 백성을 애굽에서 탈출시킬 때 모세가 백성의 찬반 의견을 듣고자 투표를 했다면 아마 애굽을 탈출하지 못했을 것입니다. 하나님의 강권하심으로 모세는 그 명령을 따랐습니다. 때로 기독교는 민주주의에 반(反)합니다. 하나님이 지도자 한 사람에게 명령하시기 때문이지요. 온누리교회가 한동대학을 도와주는 것을 하나님이 기뻐하신다고 저는 확신합니다.

갚을 길 없는 이에게 돈을 빌려 주는 사람이 선한 사람입니다. 한동대는 온누리교회가 빌려 주는 금액을 갚을 길이 없는 학교입니다. 한동대학을 후원하고자 하는 제 뜻을 여러분이 따라 주시면 감사하겠습니다."

온누리교회에서 한동대에 후원한 금액이 170여 억 원에 달했다. 남편은 목사님에게 송구한 마음으로 말했다.

"목사님, 빚진 우리의 체면을 살려 주셔서 고맙습니다."

"장로님 내외분 때문에 온누리교회가 한동대를 후원한 것이 아닙니다. 하나님의 대학이기 때문에 도운 것입니다. 어쩌면 하나님 보시기에 제가 지금까지의 사역 중에서 제일 잘한 일이 하나님의 인재를 양성하는 한동대를 도운 것일 수도 있습니다."

2011년 목사님이 소천하셨을 때, 첫 위로 예배에서 대표 기도를 맡은 남편은 제대로 기도를 드리지도 못하고 하용조 목사님 이름을 수없이 부르며 소리 내어 통곡하다가 쓰러질 듯 비틀거리며 단상에서 내려왔다.

"내 형 요나단이여 내가 그대를 애통함은 그대는 내게 심히 아름다움이라 그대가 나를 사랑함이 기이하여 여인의 사랑보다 더하였도다"(삼하 1:26).

우린 한동인이잖아요

2003년 가을, 연세대학교 이찬해 교수(현재 캄보디아 로열음대 총장)가 작곡한 다윗 왕의 생애를 그린 뮤지컬 <더 킹>을 관람하기 위해 모처럼 국립극장을 찾았다. 뜻밖에도 그곳에서 네댓 명의 한동대 학생들을 보고 우리는 서로 놀랐다.

"아니, 수업은 어떻게 하고 너희들이 여긴 어쩐 일이니?"

"사모님은 어떻게 여길 오셨어요?"

그중에는 군복무 중에도 휴가 때면 어김없이 학교에 들리는 임채석 군(98학번)도 있었다. 채석 군은 "사모님, 걱정하지 마십시오. 우리 학교를 지키시는 분은 하나님이십니다. 그리고 우리가 있잖아요"라고 격려하던 학생이었다.

"나야, 이 뮤지컬을 보려고 왔지!"

"저희들도요. 저희는 벌써 세 번째 본 걸요."

"아니, 왜?"

"우리 학교에서도 이 뮤지컬을 공연해 보고 싶어서요."

"이 거대한 공연을 우리 학교에서 해보고 싶다고?"

"네. 우린 한동인이잖아요. 할 수 있어요."

채석 군이 씩씩하게 말했다.

"그럼 작곡자에게 허락 받았니?"

"그런 것도 허락 받아야 하나요?"

"당연하지! 그냥 하면 남의 것을 훔치는 거지. 너희들이 정말 이 뮤지컬을 하고 싶다면 작곡자를 내가 소개시켜 줄까?"

학생들의 눈이 크게 떠졌다.

"사모님께서 이찬해 교수님을 아세요?"

"좀 알지!"

"야호!"

학생들은 신나게 외쳤다. 나는 학생들의 그런 순수한 마음이 좋았다.

음악대학도 없는 대학에서, 무대 세트도 어마어마하고 출연진이 250여 명이나 되는 대작을 공연하겠다니, 학생들의 발상이 하도 귀해서 웃음이 절로 나왔다.

며칠 후, 학생들은 연세대학 이 교수의 연구실로 찾아갔다.

"교수님, 국립극장 뮤지컬 공연시간은 2시간 30분인데, 1시간 40분으로 줄여 주세요. 그렇게 해주실 거죠?"

학생들은 떼를 쓰다시피 했다. 학생들은 그렇게 용감했고, 이 교수는 학생들의 겁 없는 요청을 뿌리치지 못했다.

이찬해 교수와 한동대학의 만남은 1995년 개교하던 해부터 시작되었다. 모든 것이 열악했던 개교 2학기, 좋은 일이라면 몸을 사리지 않는 이 교수의 승낙으로, 학교는 교양과정으로 '음악 감상'(Music Appreciation) 과목을 개설했다. 일주일에 하루, 서울 포항을 왕래해야 하는 고충을 예견하면서도 이 교수는 우리의 요청을 흔쾌히 수락했다. 이 교수가 제시한 단 한 가지 조건은 바로크 시대부터 현대까지 시대별 클래식 음반과 오디오를 학교에서 준비해야 한다는 것이었다. 학교가 경황이 없던 때라, 나는 내 지갑을 열어 준비를 해야 했다. 음반 목록을 가지고 S레코드사를 찾아갔을 때 예상 밖의 비싼 음반 가격에 놀랐지만 그래도 구입하고 보니, 오디오 플레이어가 없는 것이 또 문제였다. 그때 나의 고민을 들은 이기복 교수(당시 한동대 기초학부)가 선뜻 나섰다.

"걱정 말아요. 우리 집에 인켈 오디오가 있어요. 남편이 평소에 음악을 잘 듣지 않더라고요."

곧바로 오디오 세트는 학교로 옮겨졌다. 단숨에 일을 저지른 이 교수가 남편에게 혹 핀잔이나 듣지 않을까 걱정되었다. 그러나 어찌하든 학생들을 잘 양육하려는 우리 마음을 하나님은 알고 계시리라.

이찬해 교수는 한 과목 수업을 위해 매주 수요일 첫 비행기로 학교에 왔다. 그러나 포항은 가을이면 안개 때문에 비행기 결항이 잦았다. 그런 날이면, 이 교수는 비행기로 대구까지 와서, 다시 포항으로 총알택시를 타고 강의실로 숨차게 달려 왔다. 이런 날이 거듭되면서 그의 열정은 체력을 따라갈 수 없었고, 이 교양과목은 한 학기로 막을 내려야만 했다. 하지만 그후에도 이찬해 교수의 한동 사랑에는 변함이 없었다.

못 다한 한동 사랑 때문인지, 이 교수는 한동대 학생들의 뮤지컬 공연을 흔쾌히 허락해 주었다. 허락을 받자 뮤지컬 기획팀이 꾸려졌고 〈더 킹〉의 배역을 찾기 위해 교내에 오디션 광고를 냈다. 음악대학은 없었지만 채플 찬양 팀이나 음악 관련 동아리에 아마추어 이상의 실력자들이 많았다. 학부생 외에도 법률대학원, 심지어 한동국제학교 어린 학생들까지 오디션을 봤다는 소문이 들렸고, 챔버팀, 찬양팀에서도 오케스트라와 합창단 오디션에 참여했다.

모든 한동인이 〈더 킹〉에 총동원되고 있는 듯했다. 다윗 역을 맡은 로스쿨 대학원생 TJ는 전공은 뒤로 하고 뮤지컬 연습에 열중해 로스쿨 린 버저드 원장이 펄쩍 뛸 정도였다. 공연팀은 국립극장 공연 녹화 영상을 보면서 야심차게 밤도 잊고 연습했다. 연출과 연기 지도를 맡았던 최종률 교수(국립극장 공연 〈더 킹〉의 연출자)도 같이 밤을 샜다.

공연 연습이 한창일 때, 이찬해 교수의 제자인 윤혜준 교수가 음악 지도를 위해 서울에서 내려왔다.

"사모님, 학교에 내려온 첫날 저는 사실 기가 막혔습니다. 연습을 시작하려는데 학생대표가 이 공연은 하나님께 드리는 예배이니 예배부터 드리고 연습을 하자고 하는 거예요. 그날 마지막 비행기로 다시 서울로 가야 했는데 학생들이 1시간 30분 동안이나 예배를 드려 처음에는 화가 났어요. 그런데 차츰 제가 은혜를 받기 시작했어요. 연습보다 더 중요한 것이 예배라는 것을 깨달은 거죠. 아마추어 학생들의 실력이 날이 갈수록 향상되는 이유를 그때 알게 되었습니다. 춤추는 몸짓, 손짓 하나, 음표 하나하나까지 주님께 드리려는 그 노력이 바로 예배였어요. 예배가 끝나고 제 눈앞에 있는 학생들이 얼마나 멋지고 근사해 보이던지, 하나님은 더 기특하게 보셨으리라 생각돼요. 학생들을 지도하러 온 제가 더 큰 은혜를 받았다니까요."

2학기 기말고사가 끝난 12월, 학교 채플실에서 공연의 막이 올랐다. 입장료는 천 원, 채플실 계단까지 길게 줄을 선 관람객들의 열기가 뜨거웠다. 시내 고등학생 관객들도 몰려와 성황을 이루었다. 공연을 기다리는 내내 가슴이 뛰었다. 나는 공부하랴 연습하랴 하루 두세 시간밖에 잠을 못 잤다는 뮤지컬 팀의 혼신의 노력이 빛을 발하길 기도했다.

무대는 학생들의 재능 기부 그 자체였다. 산업정보디자인학부 학생들이 그린 대형 그림 한 장이 무대세트를 대신했고 의상도 아마추어다웠다. 하지만 내 눈에는 이들이 최고의 스타들로 보였다. 몇 달 전의 국립극장 공연과 비교해도 전혀 손색이 없었다. 공연 내내 보여 주는 춤, 노래, 학생들의 신들린 듯한 연기력에 관객의 숨소리 하나 들리지 않았다. 다윗이 밧세바를 범하고 회개하는 장면이었다. 다윗 역을 맡은 TJ가 땅을 치고 오열하며 심하게 회개하는 바람에, 가발이 땅에 떨어지고 말았다. 맨 앞줄에 앉아 있던 나는 아이쿠 이를 어쩌나 했다. 그러나 다윗은 떨어진 가발을 얼른 자기 머리에 다시 얹으면서 계속 울면서 회개했다. 그 모습이 너무도 진지해서 아무도 웃는 사람이 없었다.

1막이 끝나고 휴식 시간이었다. 춤추듯 온몸으로 지휘하던 지휘자 우명훈 군이 챔버팀 한 사람 한 사람을 붙들고 차례로 기도를 하고 있었다. 그들은 잠시 쉬는 시간도 자신들을 예배자로 하나님께 드리고 있었다. 나중에 명훈 군에게 물어보니, 이 공연 때문에 생전 처음으로 지휘봉을 잡아 보았다고 했다. 믿기지 않는 대답이었다.

공연이 끝나고 이찬해 교수가 무대 위에 올랐다.

"한동대 뮤지컬은 국립 오페라단의 뮤지컬보다 훨씬 감동적입니다. 그동안 믿음과 기도로 준비하며 우리의 왕이 되신 하나님을 찬양하신 여러분! 참으로 훌륭합니다."

나는 눈물을 참으며 손바닥이 아프도록 박수를 치고 또 쳤다.

뮤지컬을 기획했던 임채석 군이 말했다.

"다윗의 왕이 되시고, 우리의 왕 중 왕 되신 예수님께 모든 영광을 올려드립니다."

압살롬 역을 맡았던 정용훈(98학번, 뮤지컬 배우 에녹) 군은 공연 사흘째가 되자 목이 쉬어서 소리가 나오질 않게 되었다. 나는 그의 열렬 팬이 되어 비타민C를 한 통 사서 찾아가기도 했다.

맨 땅에 헤딩하듯이

몇 달 후, 이찬해 교수와 함께 숙명여대 이경숙 총장을 만났다.

"숙명아트센터 개관 기념 공연을 구상 중에 있는데, 좋은 아이디어 있으면 알려 줘요."

이 총장의 제안에 이찬해 교수가 재빨리 말했다.

"한동대 학생들의 뮤지컬 〈더 킹〉이 어떨까요? 학생들 공연이어서 의미도 있고, 성경에 나오는 다윗 왕의 이야기이니 공연 내용이야 말할 것도 없이 좋고."

이 교수의 제안에 이 총장이 관심을 보였다.

"그렇다면, 두 학교의 총학생회 대표들끼리 만나서 추진하도록 해

볼까?"

한동대 뮤지컬 팀이 숙대 음대생들과 한자리에 모였다. 숙명여대 학생들이 챔버와 합창팀에 합류하는 것으로 연습은 시작되었다. 시작부터 활기가 넘쳤다.

2004년 3월, 숙명아트센터의 개관 기념으로 한동대와 숙대의 합동 공연이 펼쳐졌다. 3일간의 공연이 성황리에 끝나자, 무대 위로 한 학부모가 꽃다발을 들고 올라왔다.

"제 큰 딸은 숙대에, 작은 딸은 한동대에 재학 중입니다. 오늘 이 공연에서 한동대 딸은 무대에서, 숙대 딸은 합창으로 함께 출연했습니다. 딸들을 잘 가르쳐 주신 두 대학의 총장님들께 감사의 꽃다발을 드리고 싶습니다."

얼마 후 또 하나의 일을 저지를 아이디어를 가지고 임채석 군이 찾아왔다.

"이번 겨울방학 동안 서울 한전아트센터에서 공연을 하고 싶어요. 사모님도 기도해 주세요. 저희는 벌써부터 기도하고 있어요."

순수한 그들이 기특하면서도 이 일을 어떻게 감당하려고 하는지 걱정스럽기도 했다.

"할 수 있습니다. 우린 한동인이니까요. 이번에는 일반인을 대상으로 입장권도 팔 거예요. 귀빈석은 5만 원, 일반석은 3만 원으로 하려고요."

며칠 후, 채석 군이 날아갈 듯한 목소리로 전화를 했다.

"사모님! 드디어 날짜를 잡았어요. 어느 단체가 한전아트센터 공연을 취소해서, 정확히 3일이 비어 있대요. 하나님이 우릴 위해 비워 주신 겁니다."

그후로 뮤지컬 기획 팀은 몇몇 교회를 찾아다니며 티켓을 팔기 시작했다. 출연 팀도 밤에는 연습하고 낮에는 티켓을 팔러 다녔다. 서울에서 연습을 해야 했지만 숙소와 마땅한 연습 장소가 없었다. 동분서주하는 아들의 모습이 안쓰러워 채석 군의 부모님이 마침 비어 있는 이웃 아파트를 통째로 빌려 40명이 넘는 남녀 학생들의 숙소를 따로 마련해 주신 것은 물론 숙식 뒷바라지까지 해주셨다.

2005년 1월, 드디어 한전아트센터에서 공연의 막이 올랐다. 쌀쌀한 날씨에 관객이 많이 올지 기대 반 염려 반이었다. 감사하게도 티켓은 전석 매진이었고 심지어 200여 명이 되돌아가기도 했다. 나는 관객이 꽉 찬 공연장에서 다섯 번째로 공연을 관람하고 있었다. 국립오페라단에서 빌려 온 무대 세트와 의상으로 무대도 한층 돋보였고, 학생들의 연기와 노래와 춤 솜씨도 이전보다 더 무르익었다. 다윗, 밧세바, 압살롬, 요압, 나단, 무녀들, 그리고 챔버와 합창단, 그 외 수많은 출연진들에게 박수가 멈출 줄 몰랐다. 관객 중에는 다윗이 밧세바에게 마음을 빼앗긴 이유를 이제야 알겠더라는 이야기를 하는 사람도 있었다.

그후, 채석 군은 공연 수익금 800만 원을 학교 기숙사(은혜관) 건립 기금으로 가지고 왔다.

"저희는 맨땅에 헤딩하는 것을 총장님을 통해 배웠어요. 수많은 도전으로 여기까지 걸어 오신 총장님과 한동의 나날들이 우리의 교과서입니다. 우리도 총장님처럼 도전하며 살겠습니다. 우린 한동인이잖아요!"

채석 군은 전 세계의 회의 장소로 쓰이는 코엑스 오디토리엄에서도 춘향송(One heart) 영어 뮤지컬을 공연했다.

막이 내리자, 남편이 누군가의 손을 잡고 무대 위로 올랐다. 임기를 마친 이명박 전(前) 서울시장이었다. 뮤지컬 기획팀이 이 전 시장에게 초청장을 보냈고 그는 흔쾌히 학생들의 초청에 응했던 것이다.

"저는 제 고향 포항에 있는 한동대학교에 각별한 사랑과 관심이 있습니다. 오늘, 저는 모교 고려대학교 동문회로부터 자랑스러운 동문인상과 상금을 받았습니다. 이 상금을 훌륭한 공연을 하신 한동대 뮤지컬의 후원금으로 드립니다."

모든 공연을 마친 후 채석 군이 말했다.

"후배가 오디토리엄 복도 끝에서 환호성을 지르며 저에게 달려왔어요. 총장님이 건네주신 흰 봉투 속에는 500만 원짜리 수표 한 장이 들어 있었어요. 우리는 공연 준비하느라 쓴 500만 원을 어디서 구해야 할지 몰라 기도 중이었거든요. 생각지도 못했던 후원금을 하나님이 예비해 주셨던 거죠. 우리는 절묘하신 하나님께 뜨겁게 감사 기도를 드렸어요."

"문들아 너희 머리를 들지어다 영원한 문들아 들릴지어다 영광의 왕이 들어가시리로다"(시 24:7).

도대체 무엇이

정용훈 98학번, 언론정보문화학부

하나님을 알지 못했던 저는 한동에서 기독교인에 대한 기대감만큼 실망감도 컸습니다. 좋은 선배와 동기도 많았지만, 이중적이고 편협하고 우월감에 도취된 학우들을 보면서 제가 가진 괴리감과 이질감 때문에 많이 힘들었습니다. 구체적인 꿈도 비전도, 저 자신에 대한 정체성도 없었던 저는 비전을 부르짖으며 하나님을 찾는 주변 친구들의 성숙하지 못한 모습에 혼란스러웠습니다. 그런 가운데 하나님은 팀 교수님과 동아리를 제가 기댈 곳으로 주셨습니다. 누군가 내게 관심을 가져 주고, 꿈과 비전을 묻고, 복음을 전하는 것이 부담스럽기도 했지만, 이들로부터 전해지는 따뜻함은 혼란 가운데 있던 제게 버틸 수 있는 힘이 되었습니다. 교수님들은 나의 스승이자 멘토요 어버이이자 믿음의 선배이기도 했습니다.

한동에서는 수요 채플을 마치면 정기적으로 팀 교수님과 팀원 전체 모임을 갖습니다. 학생들이 자신의 삶과 기도 제목을 나누고, 교수님의 말씀을 듣고 단체 봉사활동을 합니다. 그날도 팀 모임에서 교수님은 기도제목과 함께 꽤 오랫동안 자신의 삶을 나누어 주셨습니다. 쉽게 말할 수 없는 가정사를 말씀하시던 백발의 교수님은 끝내 눈물을 흘리시면서 기도를 부탁하셨습니다. 이 일은 제게 큰 충격이었습니다. 교수와 학생과의 관계를 다시 생각하게 했습니다. 그 팀 교수님은 학교에서도 중책을 맡고 계시던 분이었습니다. 체면을 생각하면 절대로 할 수 없는 이야기를 도대체 우리를 뭘 믿고 나누는가 싶었습니다.

그 모임이 끝났을 때 하나님은 제게 작은 깨달음을 주셨습니다. 그것은 '하나님 앞에서'라는 것이었습니다. 하나님이 만들어 주신 모임이란 확신이 없었다면 절대로 그 같은 나눔은 없었을 것입니다. 그날의 모임은 교수님께서 삶으로 보여 주신 큰 가르침이자 하나님의 은혜를 체험하는 시간이었습니다.

1학년 2학기로 기억됩니다. 큰 태풍이 와서 포항에 홍수가 났습니다. 학교는 높은 곳에 위치해 다행히 물난리는 피했지만, 차들이 다니지 못하고 전기마저 끊어져 그야말로 고립된 섬이 되었지요. 전깃불 없이 처음 기숙사에서 밤을 보내던 그날. 한방에 팀 선후배가 모여 이런저런 이야기를 하게 되었습니다.

96년도 학교가 한참 어려웠던 시절에 학교를 지키기 위해 학생들과 교수님들이 어떤 노력을 했고, 하나님께서 어떻게 인도하셨는지를 들었습니다. 삼국지만큼이나 극적이고 흥미진진한 감동이었습니다. 그들이 지키고자 했던 학교가 건물이 아니라, 하나님께서 세우셔서 하나님 뜻대로 가르치고 배우겠다는 의지와 정신임을 알았습니다. 그것을 뺏기지 않겠다는 것이었습니다. 도대체 '무엇이' 사회에서 인정받던 총장님, 교수님들로 하여금 건물 몇 개 덩그러니 있는 황무지 같은 이곳을 그토록 절실하게 지키게 했는지, 또한 나처럼 어린 학생들은 무엇 때문에 이곳에 왔는지. 그렇게 만든 하나님이 궁금했습니다.

그후 저는 단기선교를 갔고 현지인들의 예배에 참석하면서 알 수 없는 큰 기쁨과 감동을 받았습니다. 그리고 한동에서도 그 기쁨을 찾고자 예배에 참석하게 되었습니다. 드디어 저는 수요 채플 시간에 하나님 앞에 무릎을 꿇었습니다. 2년간의 휴학 후 다시 학교로 돌아온 저는 어떻게 살아야 할지, 무슨 일을 해야 할지를 고민하면서, 토론시간에 교수님께 여쭤 보았습니다.

"우리가 지금 이 자리에서는 멋진 토론을 하지만, 이후로 생각을 실천으로 옮기며 누군가를 위해 희생하는 삶이 아니라, 좋은 차, 좋은 집, 좋은 회사 이런 것들에만 관심을 갖게 될 것 같습니다. 그렇다면 지금 말만 무성한 이 수업이 무슨 소용이 있을까요?"

교수님은 잠시 침묵하시더니 말씀하셨습니다.

"물론 그럴 수도 있겠지. 하지만 어느 날 어떤 상황에 처했을 때, 그리고 무언가를 결정해야 하는 순간이 왔을 때, 잠깐이라도 지금 서로 토론하고 배웠던 것이 떠오르기만 한다면 나는 그것으로 이 수업이 의미가 있다고 생각하네."

그 말씀의 의미를 잘 몰랐지만 이제는 이해합니다. 크리스천 선후배, 동기들, 교수님들과 함께했던 삶과 그 가르침이 지금 제게는 자양분이 되고 있기 때문입니다. 그 시간들을 통해 듣고, 배우고, 나누며 만들어진 가치관이 제 삶에서 저도 모르게 저를 돌아보게 하는 힘이 됩니다. 저의 삶은 분명 하나님을 향해 가고 있습니다. 언제든지 삐뚤게 나갈 수 있는 제가 회개의 씨앗을 갖고 살 수 있게 된 것은 분명 한동에서의 삶을 통해서입니다. 언젠가 천국에서 하나님을 웃게 해드리는 광대가 될 거라고 말한 적이 있습니다. 저는 지금 에녹이라는 이름으로 뮤지컬 배우를 하고 있습니다. 제가 이 이름으로 살아가고 활동할 수 있도록 은혜 주신 주님을 찬양합니다.

예기치 않은 깜짝 선물

2004년 5월 스승의 날, 현대자동차 사옥에 한동인들이 모였다. 한동대 졸업생들이 모금하여 구입한 그랜저 TG 신형 1호 차 깜짝 선물 전달식이 있는 날이었다. 모금 운동을 펼친 졸업생들과 학부모들도 참석했다. 재학생들도 버스 한 대로 행사장으로 올라왔다. 식이 시작되자, 학생들은 총장님을 향해 〈스승의 은혜〉를 부르기 시작했다.

노래가 끝나자, 한 줄로 서서 노래를 부르던 재학생들이 일제히 등을 보이며 돌아섰다.

"WE LOVE YOU! 총장님!"

학생들의 등에는 카드가 한 장씩 붙어 있었다.

남편은 흐르는 눈물을 손수건으로 닦았다. 수많은 현대자동차 직원들이 이 광경을 지켜보고 있었다. 현대자동차 담당 상무가 말했다.

"지금까지 우리 회사에서 이런 장면은 처음 보는 것 같습니다."

그의 눈가도 젖어 있었다. 이충실 군(97학번)이 깜짝 선물 전달식을 벌인 사연을 이야기했다.

"얼마 전 총장님께서 고속도로에서 차가 고장이 나서 경찰차를 타고 목적지에 오히려 더 빨리 도착하셨다는 이야기를 자랑삼아 하신 적이 있었습니다. 그 이야기를 들은 졸업생들은 '총장님의 차가 드디어 수

명을 다했다'는 것을 알게 되었습니다. 총장님께서 그 승용차를 타고 전국을 누비며 다니시는 거리를 계산해 보면 1년에 약 4만km입니다. 서울 부산 간 거리가 416km 정도인데, 1년에 48회 정도 서울과 부산을 왕복했다고 할 수 있지요. 이 시간들에 녹아 있는 총장님의 수고와 헌신을 저희들은 다 알고 있습니다. 게다가 총장님은 공무로 서울 출장도 잦으신데 서울에서 탈 차도 없으십니다. 비서실에서 서울에 있는 동문들에게 도움을 청하기도 했습니다. 저도 총장님을 모시기 위해 제 차를 가지고 나간 적이 있으니까요."

이어 당시 총장 비서인 졸업생 민준호(96학번) 군이 말했다.

"언젠가 서울교육문화회관에서 사립대학 총장회의가 있던 날이었어요. 그날은 제 차를 두고 택시로 총장님을 모시고 갔습니다. 회의를 마치고 나오니 비가 오고 있었습니다. 총장님과 택시 타는 곳까지 서류봉투로 머리를 가리며 걸어가는데, 어느 대학 총장님의 차가 멈춰서 총장님께 같이 가시자고 하시는데, 정말 송구했습니다. 그러나 총장님은 조금만 더 가면 택시가 많다며 그냥 비를 맞으며 걸어가셨습니다.

졸업생들이 만날 때면 늘 학교 얘기를 하며 돈 벌면 학교에 건물 하나 짓자고 합니다. 그런데 총장님 차가 고속도로에서 멈췄다는 소식을 듣자 총장님께 차부터 사 드려야겠다고 생각했습니다. 그리고 몇몇 친구들과 모금 운동을 시작하게 됐습니다. 마침 현대자동차에 근무하는 동문으로부터 신모델 출시를 앞두고 '1호차 주인공'을 찾는다는 정보를 들었어요. 대개 1호차는 유명 인사나 연예인에게 증정해 신차 출시 홍보를 극대화한다는데 우리는 현대자동차 관계자들을 설득했습니다. 소식을 들은 동문들은 십시일반으로 모금에 참여했어요. 그 중에는 첫 월급을 다 보낸 동문도 있었어요. 기간이 촉박했던 것이 못내 아쉽습니다. 400여 명이 참여했는데 모금액이 자동차 가격에 조금 못 미쳤어요. 그래서 현대자동차를 또 찾아가 가격을 좀 깎아 달라고 졸랐습니다. 학교에서 총장님 차를 구입하면 되지 졸업생들이 부탁하는 것을 의아해 하던 담당 직원도 나중에는 적극 협조해 주었고요. 결국 깜짝 이벤트로 비밀리에 진행했던 '그랜저 TG 1호차 총장님 주인공 만들기' 프로젝트를 스승의 날에 맞춰 성공시킬 수 있었습니다."

학생들이 총장님께 선물한 새 차는 세상에 하나밖에 없었다. 스승의 날, 신문들은 이 이야기를 미담 기사로 실었다. 그후로 남편과 나는 만나는 사람들마다 인사 받느라 바빴다. 다들 화제의 차를 보고 싶어 했다.

"바로 이 차가 학생들이 총장님께 사 드린 차예요?"

"벤츠보다, 롤스로이스보다 더 좋은 차네요."

"이 귀한 차를 그냥 볼 수는 없고 돈이라도 내고 봐야 할 것 같은데요."

차를 들여다보고 건네는 이런저런 인사에 우리는 몸 둘 바를 몰랐다. 1호차를 타고 다닌 지 얼마 후 운전기사 이 선생이 해준 말이다.

"어느 날 오후, 한 동료 직원이 사무실로 찾아와서 주차장으로 가보라고 했어요. 주차장에 가보니 학생 두 명이 총장님 차를 닦고 있었습니다. 옆에는 양동이에 가득 물을 받아 놓고 말이죠. 그래서 제가 학생들에게 뭐하고 있느냐고 물었더니, 선배들이 총장님께 선물해 드린 차가 진흙으로 너무 지저분해서 세차를 하고 있다고 했어요. 동료 직원이 제게 으름장을 놓았습니다. 총장님 차를 지켜보고 있는 눈이 학교에 6천 개가 넘으니 잘하라고 말입니다."

사랑이 퇴색되지 않게, 사랑이 희미해 버리지 않게 먼지 털고 닦고 빛을 내주는 제자들을 둔 기쁨을 주신 하나님께 감사했다. 하나님은 우리가 걸음을 뗄 때마다 함께 동행하신다는 증표로 이번에도 구름기둥을 하늘에 띄워 주셨다.

당연한 거 아니야?

조대득 02학번, 전산전자공학부

기말고사 기간의 일이다. 어쩌면 한동대학교 학생들이 이 글을 읽는다면 "그게 뭐 별거라고" "당연한 거 아니야?"라는 반응을 보일 수도 있겠다. 전공과목 중 OOP(객체지향 프로그래밍) 시험을 치르는 날이었다. 어쩌다가 시험 시간을 잘못 알고 1시간 뒤에 나만 따로 시험을 치르게 되는 일이 생겼다. 담당 교수님께 연락을 드렸더니, "어, 그럼 시험지를 받아서 빈 강의실 아무 데나 들어가서 풀고 제출해"라고 말씀하셨다. 물론 평소 모든 과목의 시험도 교수님께서 시험지만 나눠 주시고 나가셨다가 시험 끝날 때 오셔서 시험지만 걷어 가는 '무감독 양심 시험'을 실시하고 있지만, 임의의 빈 공간에서 혼자 시험을 치르라고 하신 말씀은 무감독 시험에 익숙해진 내게도 신기하고, 부담스럽게 다가왔다. 그때 내 손엔 마지막 단어 암기를 위한 전공 책이 들려 있었다.

시험지를 받으러 조교 사무실로 찾아갔다. 조교 역시 시험지를 주며 똑같은 반응이다. "다른 데 가서 시험 치고 올래요? 아님 사무실에서 칠래요?" 물론 그 신뢰 덕에 나 역시 내 양심을 신뢰하고 내가 아는 만큼 한 문제 한 문제를 치렀다.

이틀 후 Embedded Processor 설계 기말고사가 있었다. 문제가 어렵기도 해서 조금 늦게 풀기도 했지만, 마지막까지 혼자 남아서 시험을 봐야 할 상황이 되었다. 교수님께서 마지막까지 혼자 남아 있는 나를 보시고는 "좀 깨끗하게 적어라" 하고 핀잔을 주시더니 "다 푼 다음에 사무실로 가지고 와. 나올 때 강의실 문 잘 잠그고" 하며 나가셨다. 결국 난 또 경비 아저씨도 안 들어오시는 그 빈 강의실에서 나의 마지막 기말고사를 치르게 되었다. 이번 학기, 본의 아니게 아무도 없는 강의실에서 혼자, 부정행위를 할 수 있는 모든 요소(책, 핸드폰)를 옆에 두고 두 번이나 시험을 치렀다. 그동안 학교에서 말하던 명예(Honor)에 대해서 그다지 생각을 하지 못했지만 혼자만의 휑한 공간에서 기말고사 답안지를 작성하면서 세상에서 흔히 볼 수 있는 고사장의 장면들이 떠올랐다. 수많은 부정행위와 이를 방지하기 위해 눈에 불을 켜고 감시하는 감독관과 이들의 눈치를 보는 수험생들. 심지어는 핸드폰, 답안과 관련된 사후 적발들까지….

고사장에는 긴장감이 가득하다. 그에 반해 이 한동이라는 공동체는 서로에 대한 신뢰로 고사장의 질서를 유지시켜 나간다. 물론 이러한 문화를 악용하는 소수의 사람들도 있겠지만, 거기에는 내가 상대적으로 손해를 본다는 생각 이전에 공동체의 구성원들이 주는 신뢰와 이로 인한 내 양심의 부담감이 가득하다. 흔히 말하는 거룩한 부담감이랄까? 신뢰와 명예를 학기말 기말고사 기간까지 가르쳐 준 한동이라는 작은 공동체, 생각보다 멋진 학교다.

코피가 터져도 새벽예배는 계속된다

"하나님이 그 성 중에 계시매 성이 흔들리지 아니할 것이라 새벽에 하나님이 도우시리로다"(시 46:5).

새벽 5시 30분, 아직도 캄캄한 어둠 속에서 학생들이 하나둘 성경책을 들고 예배실로 모여든다. 학생들은 새벽마다 학교를 위해, 그리고 조국과 민족과 세계를 품고 하나님께 엎드려 일어설 줄 모르고 간구한다. 학업과 삶 속에 하나님의 도우심을 구하기 위해 새벽을 깨우는 학생들의 기도 소리는 한동을 향한 하나님의 응원 소리요, 가나안을 향해 나아가는 여호수아와 갈렙의 나팔 소리다.

2005년, 한동의 첫 시간 새벽기도회가 7시에 있었지만 '세상을 변화시키는 일, 한동에서부터 시작한다'고 다짐하는 학생들이 '새벽에 벌떡'이라 이름 붙인 5시 30분의 새벽기도회를 시작했다. 찬양팀을 '벌떡중창단'으로, 예배 섬김이들을 '벌떡이'로 불렀다.

"하나님이여 내 마음을 정하였사오니 내가 노래하며 나의 마음을 다하여 찬양하리로다 비파야, 수금아, 깰지어다 내가 새벽을 깨우리로다"(시 108:1-2).

최초의 벌떡이 최해일(03학번) 군이 말했다.

"저희들은 섬기는 자보다 먼저 하나님이 찾으시는 예배자가 되기를 소원합니다. 새벽기도를 통해서 우리 스스로를 깨우고 한동을 깨우고 세상을 깨울 수 있을 때 세상이 변화되리라 생각합니다."

"내 이름으로 일컫는 내 백성이 그들의 악한 길에서 떠나 스스로 낮추고 기도하여 내 얼굴을 찾으면 내가 하늘에서 듣고 그들의 죄를 사하고 그들의 땅을 고칠지라 이제 이 곳에서 하는 기도에 내가 눈을 들고 귀를 기울이리니"(대하 7:14-15).

522호 새벽기도 이야기

당시 한동국제법률대학원을 다니던 이상호 군(미국 NKL 법무법인 파트너 변호사)이 새벽기도를 드린 후 고백한 것이다.

"2006년, 로스쿨 2학년 2학기가 시작된 후 월요일 새벽 5시, 40일 첫 새벽기도에 룸메이트들도 모두 참석했다는 것을 알게 되었습니다. 누군가 한 'Why Not 40일?'이란 말에 우리 모두 흥분했던 것을 기억합니다. 그리고 네 명이 아침마다 서로 깨워 주기로 했습니다.

시계를 맞춰 놓고 제일 먼저 알람소리를 듣는 사람이 큰 소리로 '예, 주님!' 하고 외치면, 나머지 세 명이 '순종하겠습니다!'라고 화답하며 일어나기로 했습니다. 피곤한 로스쿨 생활이었지만, 네 명이 40일 새벽기도를 결의했기에, 적어도 한 명은 아주 졸린 목소리라도 '예, 주님' 하며 일어날 수 있었고, 나머지 세 명은 이 목소리에 '순종하겠습니다'

라고 대답하며 일어났습니다. 네 명이어서 40일 새벽기도가 가능했습니다.

지금 생각해 보면 이러한 결정은 우리의 생각이 아니라, 하나님께서 주신 마음에 대한 순종이었다는 생각이 듭니다. 그후 우리 방만큼은 실수 없이 새벽 일찍 일어난다는 소문이 났고 주위에서 모닝콜을 요청해 왔습니다. 처음에는 기숙사 같은 층 친구들을 깨워 줬는데 나중에는 다른 동에서 자고 있는 법률대학원 친구들이나 학부 학생들도 깨웠습니다. 새벽마다 시끄럽게 뛰어다녀 불평이 들어오기도 했지만, 그 어느 때보다 기쁨이 충만했던 시간이었습니다. 40일 새벽기도 기간 중에 인도에서 열리는 컨퍼런스에 함께 갔던 신희 형은 기도 시간을 기억하고 컨퍼런스 기간에도 한동 친구들을 모아 새벽기도를 진행했습니다. 그리고 돌아오는 비행기에서도 같이 간 로스쿨 학생들과 함께 새벽기도 시간을 지키며 비행기에 동승했던 달라이 라마를 위해서도 기도했습니다.

혼자였더라면 할 수 없었겠지만, 네 명이 한 팀이 되어 서로 기도하고 우선순위를 올바로 세울 수 있도록 도왔기에, 가장 힘들고 바쁜 로스쿨 재학 시절에 40일 새벽기도를 성공적으로 끝마칠 수 있었습니다. 그리고 그 기간은 하나님을 향한 우선순위를 배울 수 있는 시간이기도 했습니다. 그때 함께했던 네 명은 여전히 좋은 친구로, 기도의 동역자로 남아 있습니다.

충분한 쉼을 필요로 하는 로스쿨 학생으로서 새벽기도가 몸을 피곤하게 하고, 공부의 효율을 떨어뜨린다, 무모한 결정이라고 생각할 수도 있겠지만 저희는 하나님이 요구하시는 일은 우리의 생각과 마음으로는 이해가 되지 않을지라도 따라야 한다는 마음으로 날마다 기쁘게 임했습니다. 지금 돌이켜보아도 하나님이 부르셔서 기도시켜 주셨으니 얼마나 감사한 일인지 다시 한 번 느낍니다.

현재 법무법인 루츠알레에서 미국 변호사로 일하고 있는 이신희 형은 여러 번 떨어지던 미국 변호사 시험을 새벽기도로 인해 자신이 온전히 세워졌을 때 하나님이 통과시켜 주셨다고 고백했습니다. 그 외에도 저희가 누린 은혜는 수없이 많습니다. 함께 새벽기도를 지키던 룸메이트 병훈 형과 수효는 여전히 새벽기도를 지키며 각각 현대엔지니어링과 중국 길림대 박사과정에서 너무 멋있고 행복한 모습으로 주님께 영광 돌리고 있습니다."

"여호와여 아침에 주께서 나의 소리를 들으시리니 아침에 내가 주께 기도하고 바라리이다"(시 5:3).

김대일(하버드대학 박사과정) 군은 《한동대에서 만난 하나님》(두란노)에서 새벽기도 소감을 이렇게 말했다.

"한동의 추위는 매서웠다. 그러나 가장 추웠던 길은 바로 새벽기도 가는 길이었다. 기숙사에서 효암채플까지 불과 300미터도 되지 않는 길이지만, 해가 뜨기 전에 걸어가는 그 길은 멀게만 느껴졌다. 날이 갈수록 새벽기도는 힘들어졌다. 하나님이 기드온을 통해 300명 용사를 추려 내셨듯이 새벽 추위는 기도의 용사들을 추려 냈다. 새벽기도에 참석하는 학생들의 수는 점점 줄어들고, 정말로 코피가 터져도 새벽기도를 하겠다는 학생들만이 그 어두운 새벽을 가르며 하나님이 기다리시는 자리로 달려갔다. 새벽, 어김없이 알람이 울렸지만, 그때부터 내 안에 전투가 시작된다. 항아리를 깨고 나팔을 불며 새벽에 하나님의 이름을 부르짖을까, 아니면 침대에 누워 겟세마네 동산의 제자들처럼 잘 것인가?

"네가 좀더 자자, 좀더 졸자, 손을 모으고 좀더 누워 있자 하니 네 빈궁이 강도 같이 오며 네 곤핍이 군사 같이 이르리라"(잠 24:33-34).

더 늦기 전에 가야겠다는 생각으로 새벽기도 구호처럼 나는 '새벽에 벌떡' 일어났다.

어느 날 현관문을 열자마자 살을 에는 듯한 추위와 동시에 눈앞에 펼쳐진 광경에 놀라고 말았다. '여기가 한동 맞는 거야?' 밤사이에 눈이 와서 어둡기만 하던 길이 하얗게 빛나고 있었다. 그리고 각 기숙사에서 채플로 향하는 수많은 발자국이 눈 위에 선명하게 새겨져 있었다. 그 발자국들이 좌로나 우로나 치우치지 않고 오로지 채플로만 향해 있었다.

'이 새벽에 나 혼자가 아니라 이렇게 많은 학생이 새벽기도를 향해 가고 있구나!'

춥디추운 새벽이라도 믿음의 선배들이 하나님께로 인도하는 길, 그 길이 한동에 있었다. 내가 남긴 발자국을 뒤따라 걸으며 또 내 뒤를 따라올지도 모르는 누군가에게 나도 하나님께로 향하는 또 하나의 발자국을 남길 수 있다는 것이 감사했다."

"주의 권능의 날에 주의 백성이 거룩한 옷을 입고 즐거이 헌신하니 새벽 이슬 같은 주의 청년들이 주께 나오는도다"(시 110:3).

중보기도

하나님은 우리를 위해 예수님을 중보자로 보내주셨다. 그 하나님은 각 시대마다 하나님과 범죄한 인간 사이의 중보자를 찾고 계신다. 한동에서도 하나님과 범죄한 인간 사이의 중보자들을 찾으셨고 학부모님들을 통해 그 일들을 이뤄 나가셨다. 학교 초창기, 학부모들은 어려움 많은 학교를 위해서 기도하지 않을 수 없었다. 한동과 자녀를 위해 기도하는 데서 나아가, 조국과 민족의 타락한 죄를 애통하고 대신 회개하는 이 시대의 중보자가 되도록 세워 주셨다. 학부모들의 기도의 지경을 열방을 향해 점점 넓혀 주신 것이다.

"이 땅을 위하여 성을 쌓으며 성 무너진 데를 막아 서서 나로 하여금 멸하지 못하게 할 사람을 내가 그 가운데에서 찾다가 찾지 못하였으므로… 주 여호와의 말씀이니라"(겔 22:30-31).

한동에는 중보기도 팀들이 많이 있다. 수많은 중보기도의 젖을 먹으며 한동인들은 우량아로 자란다. 교수 중보모임, 교수 사모 중보모임, 재학생들의 중보모임, 직원 중보모임, 졸업생 중보모임, 국제법률대학원 중보모임, 한동국제학교 학부모 중보모임, 그리고 전국적으로 모두 70여 개의 학부모 중보기도 모임이 있다. 아마 세계 어느 대학도 이런 학부모 중보기도 모임은 보기 힘들 것이다.

"여호와께서 뜻을 돌이키사 말씀하신 화를 이 백성에게 내리지 아니하시니라"(출 32:14).

여름마다 있는 한동 학부모 수련회에서 지영희 어머님(07학번 오경준)이 간증을 했다.

"우리 자녀들이 전쟁터와 같은 세상에서 수많은 아말렉 군사들과 치열하게 싸우고 있습니다. 한동을 선두에서 이끌어 가시는 총장님, 교수님들의 팔이 내려오지 않도록 우리는 중보기도를 쉬지 말아야 하겠습니다. 물론 집에서 각자가 기도하지만, 한 달에 한두 번 함께 모여 합심으로 기도하면 승리하는 것을 기도하는 자들은 목격할 수 있습니다. 피곤함, 귀찮음, 소홀히 여김 등 각자의 사정으로 아론과 훌의 역할을 소홀히 하면 우리는 지고 맙니다.

아들이 한동에 입학한 후, 저희 가정에 많은 변화가 일어났습니다. 학교에서 '정직'을 배운 아들은 저희에게 손해 보며 사업하라고 말했습니다. 그리고 길을 건널 때 무단횡단하지 말라고 당부하기도 했습니다. 그래서 저희 부부는 이전보다 많이 불편한 생활을 하고 있습니다만, 저희 가족은 매우 즐거운 마음으로 아들의 말을 따르고 있습니다."

이명희 어머님(06학번 이한나)도 말했다.

"제 딸이 처음 불합격했을 때 하늘이 무너져 내리듯이 절망했습니다. 구급차가 달려오지 않을까 생각했을 정도로 뒹굴며 울었습니다. 그러나 2차 발표에서 무사히 합격했을 때의 기쁨은 말로 다 할 수 없었습니다. 하나님께 무한 감사드렸습니다.

그러나 등록금 마련이 문제였습니다. 저는 하나님께 기도하면서도 속으론 돈을 마련할 궁리에 바빴습니다. 그때 마음속에 하나님의 음성이 들렸습니다.

"네가 기도는 하면서 염려가 많구나. 먼저 그의 나라와 그의 의를 구하라. 그리하면 그 모든 것 위에 더하여 주시리라."

그후 기적이 일어났습니다. 장학금을 타가라는 전화가 여기저기서 온 것입니다. 전화가 잘못 걸려 왔나 생각한 적도 있습니다.

입학 후 행복한 딸을 보는 부모의 마음이 곧 하나님의 마음이라는 생각이 들었습니다. 재학 중에 CPA에 합격한 딸은 현재 홍콩 외국 금융기관에서 '배워서 남 주자'는 마음으로 열심히 일하고 있습니다. 그리고 언제나 '한동인'이라는 자부심이 큽니다. 직장에서도 학교 자랑을 많이 하는 바람에 이름 '한나' 대신 '한동'으로 부른다고 합니다. 잠깐이라도 귀국하면 딸은 곧장 학교로 달려갑니다. 하나님께서 부르신 자는 하나님께서 책임지심을 경험했습니다. 학부모 팀장을 맡고 있는 저는 학부모님 집집마다 일일이 전화를 드리며 심방도 갑니다. 그리하여 우리 팀 가족이 배로 늘어나서 몇 개 팀으로 나누게 되었습니다."

한동과 아무런 관련이 없지만 19년 동안 한동을 위한 기도 팀을 한 주도 쉬지 않고 한결같이 인도해 왔던 김영례 사모님이 쪽지를 보내 왔다.

"19년 동안 총장님과 사모님께서 나눠 주셨던 수많은 간증과 비전, 기도 제목을 통해 우리 기도 팀이 하나님나라의 특권을 누릴 수 있도록 해주심에 감사드립니다."

북경대학 캠퍼스에 줄지어 선 한류 팬들

〈요 춘향〉(Yo! Chunyang)은 이 도령과 춘향의 사랑 이야기를 우리를 향한 하나님의 일편단심 사랑과 유일하신 신랑, 예수 그리스도에 대한 성도의 충절과 사랑을 우회적으로 표현한 영어 뮤지컬이다. 2007년 학교 공연에서 큰 호응을 받은 〈요 춘향〉 뮤지컬 팀은 중국의 청화대학 공연을 기획했으나 거절당하고 말았다. 낙심한 학생들은 여기까지 와서 그냥 돌아갈 수는 없다며, 이왕 온 김에 북경대학을 찾아가자고 마음을 다시 가다듬었다. 공연 제안서에 쓴 '청화대학'을 수정 펜으로 지우고, 그 위에 '북경대학'으로 고쳐 쓴 후, 학생들은 북경대학을 찾아갔다. 북경대학 담당자는 뜻밖의 관심을 보였다.

"저는 개인적으로 상해에서 한동대 졸업생 세 명을 만난 적이 있습니다. 북경에서도 삼성 북경지점에 근무하는 조은혜 양(97학번)을 만났지요. 조 양을 비롯해 한동대학 학생들 모두 매우 탁월했습니다. 제안서를 두고 가십시오. 학교 당국에서 검토한 후 연락드리겠습니다."

의외로 일이 신속하게 이루어지고 있었다. 뮤지컬 팀들이 북경대학을 다녀온 얼마 후, 북경대학 관계자들이 학교를 방문했다. 학교에 대한 좋은 인상을 가지고 떠난 그들에게서 드디어 공연이 가능하다는 통보가 왔다. 한동대와 북경대학 사이의 문화교류를 인정한 문예진흥청에서 공연 지원금도 나와서 40여 명 출연진의 북경 체재비도 해결되었다.

드디어 12월 29일, 북경대학에서 〈요 춘향〉 공연이 있었다. 북경의 겨울 날씨는 매섭게 추웠다. 거리에는 차가운 먼지바람이 불고 있었다. 북경대학 캠퍼스의 대강당 공연장 앞에는 아직 공연시간이 한참 남았음에도 많은 사람이 끝도 없이 줄지어 서서 입장을 기다리고 있었다. 한류의 위력(?)을 실감했다. 극장 안은 관람객들로 꽉 차서 빈자리가 없었다. 그런데, 남편은 북경에 도착하자마자 극심한 오한으로 덜덜 떨고 있었다. 몸이 불덩이같았다. 물 한 모금도 마시지 못하고 끙끙 앓으며 공연장에 앉아 있었다. 학생들을 격려하려고 북경까지 와서 대견하고 자랑스러운 우리 학생들에게 보통 때 같으면 손바닥이 아플 정도로 박수를 칠 텐데 그는 간신히 앉아 있었다. 그때 옆자리에 앉아 있던 장교수 부인이 내 귀에 속삭였다.

"사모님, 저는 지금 호랑이 꼬리만 보이고 아무것도 눈에 들어오지 않네요. 우리 신태(당시 한동국제중학교 2학년)가 지금 저 호랑이 꼬리를 흔들고 있거든요."

남편 걱정에 빠져 있던 나는 웃음을 참지 못했다. 북경대학에서의 공연은 그렇게 성황리에 끝났다.

이 공연이 이루어지기까지 또 하나의 보이지 않는 헌신이 있었다.

〈요 춘향〉 팀이 도착하기 전에, 한동대학교 중국 아웃리치 팀들이 북경대학을 먼저 다녀갔다. 10여 명의 학생들은 캠퍼스에서 빙 둘러서서 서로 손 잡고 북경대학을 위해 중보기도를 했다.

"하나님, 중국을 움직이는 인재들을 배출하는 북경대학이 하나님의 축복을 받는 인재를 배출하게 하소서. 우리 한동인들에게 복음 전할 기회를 주소서."

무모해 보이지만 순수한 학생들의 간절한 기도에 하나님은 우회적으로나마 복음을 전할 수 있는 기회로 주셨다고 나는 생각했다.

그러나 남편은 목이 붓고 열이 40도를 오르내리는 가운데 주일에 '북경 21세기교회'와 '북경 온누리교회'에서 두 차례의 주일 설교말씀을 전해야 했다. 나는 걱정이 되어서 남편에게 말했다.

"이 상태로 말씀을 전할 수 있겠어요?"

"혹시 내가 힘들어서 중간에 내려오게 되면, 당신이 마무리해야겠소."

그러나 단 위에 서자 그는 전혀 아프지 않은 사람처럼 힘차게 복음을 전하고 있었다. 어디서 그런 힘이 솟아 나올까?

두 교회에서 맡은 임무를 무사히 마치고 숙소에 돌아오자, 남편은 다시 이불을 덮고는 몹시 앓기 시작했다. 감기약을 먹었지만 별 차도가 없었다.

사흘간의 북경 체류 마지막 날, 한동인들을 각별히 사랑하는 우남균 사장(당시 LG전자 북경주재, 중국 총괄 본부장)이 북경의 일간지를 가지고 오셨다. 그는 한동대학 졸업생의 LG전자 취업에도 항상 적극적이었다.

"한동대학의 공연 기사가 북경 일간지에 이렇게 크게 보도되었어요.

한동대 학생들이 큰일을 했어요. 한동대가 참으로 자랑스럽습니다."

현지 신문들이 한동대 학생들의 북경대학 공연을 크게 보도하고 있었다.

그해의 마지막 날인 12월 31일, 북경에서 돌아온 남편은 여전히 음식을 삼킬 수 없을 정도로 목이 몹시 아팠다. 그러나 다음날인 새해 첫날 예정되어 있던 교수 몇 분들과의 회의를 서울 집에서 강행했다. 이런 상태에서도 쉬지 않는 총장을 회의에 참석한 교수들은 걱정했지만, 그 열정을 누가 말릴 수 있겠는가!

그날 오후, 더 이상 참다못한 남편은 새해 첫날 휴무임에도 특별 진료를 부탁하여 사돈 병원(박재훈 이비인후과)을 찾아갔다. 박 원장님이 말했다.

"제가 40여 년 동안 진료를 했지만 이런 환자는 처음 만나 봅니다. 목 안이 화상을 입어서 급기야 염증이 생겼군요. 염증 때문에 고열이 난 것입니다. 혹 뜨거운 곰국 같은 음식을 드신 적이 있습니까? 목 안이 몹시 헐었군요. 이런 상태로 어떻게 중국까지 다녀오셨습니까? 몹시 아프셨을 텐데요."

운전 기사인 이 선생이 말했다.

"출국 전날, 그날도 일정이 빡빡해서 빨리 식사를 해야 하는 상황이었어요. 총장님과 함께 설렁탕 집에 갔었는데, 그 뜨거운 설렁탕을 그냥 훌렁훌렁 목으로 넘기셨어요. 저는 뜨거워서 아직 반도 못 먹었는데 총장님은 벌써 다 잡수시고 일어서셨습니다."

목에 화상을 입을 정도로 뜨거운 국물을 한꺼번에 들이키는 남편의 성급함과 둔함을 있는 그대로 쓰시는 하나님이셨기에 나는 할 말이 없었다.

바늘과 실로 꿰맬 수도 없고

2009년 이화여자대학교 이배용 총장님(당시 사립대학 총장협의회장, 현재 한국학연구원장)이 남편에게 전화를 했다.

"총장님, 얼마 전에 사모님이 주신 책 잘 읽었어요. 책을 잡은 후 손에서 놓질 못했습니다. 한동대학의 오늘이 있기까지의 숱한 역경과 하나님의 인도하심에 무척 감동을 받았습니다."

역사학자인 이 총장님의 제안으로 사립대학 총장협의회 임원단들이 우리나라 대학의 효시라고 할 수 있는 소수서원, 병산서원, 도산서원 등으로 답사여행을 하게 되었다. 풍기, 안동 등의 서원을 탐방하고 돌아오는 버스 안에서 이 총장님이 한 가지 제안을 했다.

"다음 회의를 한동대학에서 하면 어떨까요? 개교한 지 15년 된, 역사가 짧은 한동대학이 지금 대학교육의 새로운 패러다임을 열고 있습니다. 이번 계기를 통해 한동대학을 비롯한 각 대학들을 방문하는 것도 의미 있으리라 생각합니다."

이 총장님의 제안에 모두 찬성했고 남편은 큰소리로 "좋습니다"로 화답했다. 그러나 나는 '아이쿠!' 가슴이 철렁했다. 그 자리에서 3개월 후로 방문 날짜까지 정해졌다. 11월 21일이었다. 157개 대학 총장님 내외분을 잘 모셔야 할 텐데 나는 염려부터 앞섰다.

며칠 후, 모교인 이화여대를 오랜만에 방문할 일이 있었다. 멋진 건물들이 꽉 들어 찬 교정을 보니 다시 주눅이 들었다. 애써 마음을 다 잡고 건물이 전부는 아니라며 밀려오는 걱정을 잠재웠다. 나는 한동대 주변의 아름다운 산과 바다와 들과 숲을 떠올려 보았다.

'우리 학교는 눈에 보이는 멋지고 웅장한 건물은 없어도, 보이지 않는 소프트웨어인 한동 정신과 교육 프로그램은 자랑할 만하지 않은가! 그리고 예쁘게 물든 가을 단풍, 소나무 숲, 그리고 산과 바다, 아름다운 시골 풍경들은 대도시에서는 볼 수 없는 자연 그대로잖아! 바로 그거야!'

그런데 행사 일주일 전, 늦가을 비가 오더니 광풍까지 몰아쳤다. 덕분에 아름답게 물들었던 낙엽들이 그야말로 추풍낙엽이 되어 우수수 땅에 떨어져 버렸다. 학교 주위를 오색으로 물들였던 그 고운 채색옷은 간 곳 없고 졸지에 앙상한 가지만 남은 겨울 숲으로 변해 버렸다. 나는 아름다운 가을 산천을 손님들에게 보여 주지 못해 안타깝고 속상했다. 떨어진 나뭇잎들을 바늘과 실로 하나하나 꿰매 놓을 수도 없지 않는가!

학교는 157개 사립대학의 총장단, 국내 최고의 지성들을 맞을 준비로 분주했다. 효암 별관 1, 2, 3층이 모두 식당으로 바뀌었다. 학생들이 '또랑'이라고 부르는 학교 식당 '효암 The Table'에서는 총장님들을 위해 소박하고 맛깔스러운 한식으로 점심을 준비했다. 또 하나의 학교 식당, '맘스 키친'에서도 총장님들을 수행한 100여 명의 손님들을 위해 정성스레 일식 도시락을 준비했다. 총장 사모님들을 위해서는 3층이 뷔페식당으로 변신했다.

문제는 200여 명의 총장님들이 모여서 회의할 장소가 마땅치 않았다. 그만한 인원을 수용할 만한 중강당이 있는 올네이션스 홀이 아직 완공되지 못한 것이 아쉬웠다. 나는 남편에게 물었다.

"어디에서 하실 건가요?"

"효암채플에서 하기로 했소."

남편의 말에 내가 갸우뚱하자 남편은 학교에 와서 한번 보라고 했다. 자신 있고 뿌듯해 보이기까지 했다. 완전히 바뀐 효암채플을 보고 나는 놀라지 않을 수 없었다. 채플의 그 많던 나무 장의자들은 간 데 없고 중후한 식탁보가 덮인 회의용 테이블이 질서 있게 놓여 있었다. 중앙 통로에도 우아한 자주색 카펫이 깔려 있었다. 뭐라 할 말을 잃고 있던 내게 한 직원이 설명 해주었다.

"의자들은 어제 이삿짐센터가 와서 밖으로 다 들어냈습니다. 교수님들의 연구실에서 테이블들을 가져왔어요. 이렇게 높은 천장에는 검은색 식탁보가 고급스럽고 아늑한 느낌을 준다고 해서, 갑자기 구하느라 한바탕 해프닝을 벌였습니다. 담당 직원이 경주 교육문화회관에 가서 식탁보를 빌려 달라고 했더니, 외부로 반출할 수 없다고 거절을 했어요. 그래도 물러서지 않고 총장님들 회의에 교육문화회관에서 협조해 주셔야 하지 않느냐며 거의 뺏어 오다시피 빌려 왔답니다. 중앙 통로에 깔린 이 카펫은 죽도시장에서 사온 부직포랍니다. 꽤 근사하지요."

기가 막힌 이야기에 나는 웃음이 나왔다.

한없이 감동되는 대학

드디어 행사 당일인 11월 21일 오전 11시, 총장님들의 승용차가 하나둘 학교로 들어오기 시작했다. 150여 개의 대학들 중 107개 대학 총장님들이 참석했다. 동반한 50여 명의 사모님들, 그리고 기자단과 수행비서와 기사들까지 모두 220여 명의 손님이 방문했다. 개교 이후 외부인사가 참석한 행사 중 가장 큰 행사가 아닌가 싶었다.

"학교 오는 길이 하도 기이해서 제대로 찾아오는지 걱정했습니다."

학교를 찾아오신 총장님들의 이야기에 여기저기서 웃음소리가 들렸다. 어떤 총장님이 말했다.

"복잡한 장터를 지나자 길 양쪽으로 논두렁이 나와서 운전기사에게 물었더니 내비게이션 안내에 따라 잘 가고 있다고 해서 안심했습니다."

내비게이션이 고장 난 줄 알고 식은땀이 났다는 기사도 있었다. 보기에도 도저히 대학이 있을 법한 풍경은 아니었다는 것이다. 그러나 '한동대학교'라는 팻말과 함께 탁 트인 학교 진입로에 들어서자, '새 천지가 펼쳐지는 듯한 느낌'이었다고 하시는 총장님도 있었다.

총학생회와 자치회에서는 환영 배너를 곳곳에 달았다.

"한동대학교를 방문하신 총장님들 환영합니다."

"총장님을 내조하시는 사모님들 환영합니다."

동문들이 대접하는 커피 잔에는 "한동대학교를 방문하신 총장님 사랑합니다"라는 문구가 있었다. 총학생회 학생들의 예의 바른 환영 인사, 아카펠라 중창단의 발랄하고 경쾌한 노래, 핸드마이크를 들고 학교 안내를 하는 재학생들의 열정에서 학교에 대한 자부심이 엿보였다. 특히 캠퍼스 곳곳에 걸린 학부 소개 배너들이 인상적이었다. 법학부의 "공법을 물같이 정의를 하수 같이", 산업정보디자인학부의 "하나님 보시기에 좋았더라", 기계제어공학부의 "생각대로 움직인다. 낭만기계", 국제어문학부의 "Global bridge builders for Christ", 경영경제학부 "Seize the day, God's way", 언론정보문화학부 "맑은 콘텐츠로 세상을 바꾼다", 상담심리사회복지학부 "주님 사랑 사람 사랑", 전산전자공학부 "하나님의 마음, 미래 기술의 심장", 생명과학부 "생명의 지혜, 생명을 살리는 열정" 공간환경시스템공학부 "이웃을 위한 공간환경설계", 글로벌리더십학부 "예수님을 닮은 글로벌 리더", 글로벌에디슨아카데미 "기업가 정신으로 빈곤 속에 희망을" 등의 배너들은 그야말로 한동이 기발한 아이디어와 정신을 가진 대학임을 보여 주고 있었다.

   직원들도 동분서주 준비하며 시종일관 미소를 잃지 않고 늦은 저녁까지 총장님 일행들을 섬겼다. 학생과 교수, 교직원, 동문 등 모두 자발적으로 우러나오는 헌신이었다.

   서강대 손병두 총장님은 학교를 떠나시면서, 한동대학은 '한없이 감동되는 대학'이라고 풀이하셨다. 어떤 총장님도 말했다.

   "김 총장님, 참 행복하시겠습니다."

   "점심 때 학교 영상을 보는데, 왠지 마음이 찡했습니다."

"우리는 오늘 한동에서 느낀 점이 많습니다. 특히 우리 학교도 근검절약하는 것을 배워야겠다고 생각했습니다."

나는 남편에게 귓속말로 물었다.

"저분이 우리 학교가 근검절약하는 것을 어떻게 아셨을까요?"

그러자 남편이 씩 웃으며 말했다.

"식탁보를 들춰 보셨을 수도 있지."

회의 식탁보를 들춰 보았다면 책상이 각양각색임을 알았을 것이다. 또 한 총장님이 말했다.

"오늘, 한동대학은 대학가에 최고의 홍보를 한 셈입니다."

긴장하고 준비한 이상으로 행사가 잘 마무리되었다.

이 일에는 하나님의 세심하신 배려가 먼저 있었다. 행사 며칠 전이었다. 부산에서 한 학부모가 찾아오셔서 후원금을 주고 가셨다. 미국으로 유학 떠나는 아들을 잘 키워 주셔서 감사하다며 가지고 오신 후원금이었다. 그 후원금은 총장 초청 행사 비용과 정확히 일치하는 액수였다. 하나님이 이 일의 시작부터, 과정, 그리고 마지막까지 책임져 주셨음을 우리는 느낄 수 있었다. 이번에도 우리를 지켜보시는 여호와 이레의 하나님이 구름기둥을 보여 주셨다.

배운 대로 가르치고 있어요

김은미 96학번, 생명과학부

부모님의 손을 잡고 한동대에 입학할 때, 총장님과 사진을 찍으면서 수

줍어했던 여학생이 어느덧 시간이 흘러 나사렛대학교에서 학생들을 가르치고 있습니다. 배우는 입장이 아닌, 가르치는 입장이 되고 보니 한동에서 받은 사랑이 참 감사하고, 저는 과연 저희 학생들에게 우리 총장님과 교수님들처럼 할 수 있을까 많이 생각하게 됩니다. 당연하게 받아 오던 것이, 희생과 사랑이 아니고는 할 수 없었던 일임을 알게 되었습니다. 그 희생과 사랑의 수혜자이기에, 저도 배운 대로 저희 학생들에게 나누고자 노력하고 있습니다.

임용과 함께 시행한 것은 무감독 양심시험이었습니다. 처음 취지를 설명하고 오리엔테이션을 하던 날, 학생대표가 저를 찾아와서 진지하게 질문했습니다. 그냥 시험 감독을 해주시면 좋겠다는 것이었습니다. 다시 한 번, 이것은 포기할 수 없음을 자세히 설명하고, 몇 번의 시행착오 끝에, 지금 저희 학과의 모든 과목은 무감독 양심시험으로 진행하고 있습니다.

나사렛대학교 TLC(Tender Loving Care, 부모교수제) 시간도 한동에서 배운 팀 교수 제도처럼 학교에서만은 내가 학생들의 부모라는 심정으로 진행했습니다. TLC 시간을 통해서 복음을 전하고 고민을 상담하며 학생들과의 관계를 맺고 있습니다. 교수 연구실의 문턱을 낮추니 학생들이 마음을 열고 다가왔습니다. 사제지간을 넘어 동역자의 개념으로 관계의 지경을 넓혀 주셨습니다.

세 명의 학생들이 진행하고 있었던 기도모임을 학술-선교 동아리로 확장시켜 학기 중에는 스터디 및 실습 교육을 시행하고, 여름방학마다 학생들과 학기 중에 익힌 전공을 통해 단기선교 사역을 진행했습니다.

2012년 여름에는 중국 연변과학기술대학교, 2013년 여름에는 몽골 국제대학교에서 사역을 감당하고 왔습니다. 자신의 전공을 통해 선교할 수 있는 전문인 선교를 몸으로 체험한 후 학생들의 삶이 변화되는 것을 보고 있습니다.

한동에서 보고 듣고 배운 것을 학과에 접목시키면서 제가 받은 것이 얼마나 소중하고 얼마나 감사한 것인지 깨닫게 됩니다. 아무도 알아주지 않는 포항의 작은 곳에서, 세상에서는 받을 수 없는 귀한 사랑과 훈련을 받고, 그 사랑을 나눌 수 있는 사역을 감당할 수 있어서 얼마나 감사한지 모릅니다. 감사하고, 사랑합니다.

2013년 12월 16일 학생들이 준비한 퇴임 기념행사에서 총장님을 위해 기도하는 재학생들

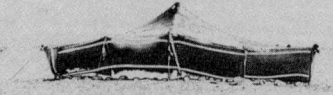

4장 옥합을 깨뜨린 사람들

갈대상자 후원자 한 분 한 분의 이름이
우리에게 얼마나 소중한가!
나는 이제야 하나님의 심정을 알게 되었다.
그래서 성경에 기록된 이름들을
더욱 소중한 마음으로 읽게 된다.

주님, 왜 저만 따라다니세요?

2007년 9월, 스페인 남단의 발렌시아에서 열리는 OECD 회의에 남편이 참석하게 되었다. 마드리드에 있는 한인교회를 미처 알아보지 못한 채 출국했기에 우리 부부는 호텔 근처에 있는 스페인 교회에서 주일예배를 드려야겠다고 생각했다.

비행기가 이륙한 지 두 시간 쯤 지났을 때, 우리 자리로 와서 인사하는 사람이 있었다.

"총장님, 그리고 사모님 안녕하세요? 저도 마드리드로 출장 가는 길입니다."

분명 어느 교회에서 만난 분 같았으나, 잘 기억이 나지 않았다.

"어느 교회 다니세요?"

"홍콩 한인교회입니다."

그제야 생각났다. 그해 5월 홍콩 한인교회에서 함께 식사도 하며 교제를 나눴던 남기석 집사님이었다. 나는 그에게 물었다.

"내일 어느 교회에서 예배드리실 계획인가요?"

"홍콩에서 인터넷으로 미리 알아보았습니다. 내일 제가 호텔로 모시러 갈게요."

남 집사님의 제안에 나는 여호와 이레의 하나님께 감사를 드렸다. 조금 후 다시 찾아온 그가 흰 봉투를 내밀며 말했다.

"두 분 여행 중에 식사나 한번 하세요."

뜻밖의 말에 나는 깜짝 놀라서 말했다.

"집사님, 저희가 어떻게 이것을?"

집사님은 한사코 거부하는 내 손에 봉투를 쥐어 주며 이렇게 말했다.

"저는 홍콩에서 선박사업을 하면서, 출장을 자주 다닙니다. 출장을 갈 때마다 저는 따로 봉투를 준비합니다. 출장 중에 하나님이 만나게 하시는 분을 대접하기 위해서입니다. 오늘 총장님 내외분을 만났을 때, 하나님이 대접하라고 제게 일러 주셨습니다."

나는 여전히 어쩔 줄 몰라했다. 그동안 여행을 많이 다녔지만 처음 있는 일이었다. 비행기 창밖으로 하나님이 보내 주신 하얀 구름기둥이 보였다.

주일 아침, 그가 택시를 대절해 우리를 데리러 왔다. 우리는 마드리드선교교회(현춘남 목사)에서 함께 11시 예배를 드렸다. 그날은 마침 추수감사주일이었다. 예배를 마친 후 비빔밥 잔치가 벌어졌다. 이국 땅, 한인교회에서 먹는 비빔밥과 김치가 얼마나 맛있었는지! 성도들이 베푼 그날의 비빔밥 파티를 잊을 수가 없다. 담임목사님은 평일에는 침술을 통해 자비량 선교사로, 주일에는 목사님으로 교회를 섬기고 계셨다. 하나님은 여행 중에 순수하고 귀한 주의 종을 만나는 기쁨을 주셨다.

식사 후 남 집사님이 물었다.

"총장님, 톨리도에 안 가보시렵니까?"

나는 귀를 의심했다. 톨리도는 유네스코가 지정한 문화유산으로, 16세기 중세 도시의 모습을 고스란히 간직하고 있어서 꼭 가보려고 계획하고 있었기 때문이다. 남편은 내일 발표할 회의 자료를 준비해야 한다며, 호텔에서 떠나는 관광버스를 타고 혼자 다녀오라고 했었다.

"사모님, 주일예배를 드린 후 그곳에 가려고 한국인 가이드를 부탁해 놓았습니다."

이미 교회 밖에는 대절한 차가 기다리고 있었다. 관광에 별로 관심이 없는 남편도 하는 수없이 따라나섰다.

한국인 가이드를 따라 중세 도시를 둘러보며 우리는 예수님 이야기로 시간 가는 줄 몰랐다. 가이드는 예수님 이야기만 하는 우리를 계속 지켜보더니 신기하다며 그 예수님을 자기도 믿고 싶다고 했다. 하나님이 가이드의 마음에 감동을 주신 것이다. 우리는 차 안에서 가이드의 어깨에 손을 얹고 영접기도를 드렸다. 한 영혼을 귀히 여기시는 하나님의 섭리가 짧은 만남 속에 열매로 맺히는 순간이었다.

마드리드로 돌아오는 길에, 집사님이 목사님 내외분을 모시고 저녁을 하자고 또다시 제안했다. 주보에 실린 번호로 목사님께 전화했더니 목사님도 흔쾌히 합류하셨다. 마드리드의 한식집에서 식사를 마치자 남 집사님이 목사님 사모님에게도 또 봉투를 내미셨다. 한사코 거절하시는 사모님께 내가 거들었다.

"남 집사님은 출장 다니실 때마다 하나님의 사람을 대접하려고 늘 이렇게 준비하신대요. 하나님이 주신 것으로 알고 받으세요."

"남편의 목회 생활에 이런 경험은 처음입니다. 총장님과 사모님의 치마폭이 넓어서 이런 집사님을 만나게 된 것 같아요. 이 은혜를 갚을 길이 없는 제가 한동대학과 총장님 내외분을 위해, 그리고 남 집사님을 위해서 평생 중보기도하겠습니다."

나는 주님께 살짝 물었다.

"주님, 왜 저만 따라다니세요?"

"네가 날 졸졸 따라다니니까 나도 그런다."

우리가 덤으로 받는 이 축복은 하나님이 보내 주시는 또 하나의 구름기둥이었다.

세계 곳곳에 한동인들이

2011년. 영국에서 열리는 유럽대학총장 회의에 참석하기 위해 남편과 옥스퍼드를 방문했다. 옥스퍼드를 떠나는 주일, 남편은 그곳 교회

(옥스퍼드 한인교회)에서 주일 설교를, 나는 오후에 간증을 했다. 그곳에서도 우리는 자랑스러운 한동인을 만났다. 한동대 재학 중인 그 학생은 한 학기 교환학생으로 왔다고 했다. 그는 케임브리지 대학에도 한동 학생이 와 있다고 일러 주었다. 귀국해서 메모 노트를 뒤져 봤지만 그의 이름을 적은 쪽지를 잃어버린 것이 못내 애석하다. 한 학기 동안의 교환학생이지만 그 학생도 주인의식을 가지고 교회의 모든 오디오 시스템을 관리하고 있었다.

예배를 마치자, 남편은 런던 레이니에 교회의 오후 간증집회를 위해 자동차에서 먹을 점심 도시락을 들고 총총 사라졌다. 예배 후, 한 젊은 남자가 내 앞에 와서 자기소개를 했다.

"저는 북한 출신의 물리학자입니다. 저희 부부는 이곳 옥스퍼드에 와서 공부를 하고 있습니다."

나는 내심 조금 놀라고 있었다.

"맛있는 한국음식도 먹을 수 있고 사람들 만나는 것도 좋아서 교회에는 꾸준히 나옵니다. 저와 같은 물리학도인 제 아내가 오늘 총장님의 말씀을 듣지 못해 무척 아쉽습니다. 오늘 총장님의 말씀으로 기독교에 대한 저의 궁금증과 의문이 많이 해소되었습니다. 과학자인 총장님께서 크리스천이 되기 전에 가지셨던 기독교 기적들에 대한 의문이 제게도 똑같이 있었거든요. 이런 의문에 대한 총장님의 접근 방식이 아주 좋았습니다. 덕택에 제가 하나님께 좀 가까이 간 것 같습니다. 사모님, 총장님께 저의 감사인사를 꼭 전해 주십시오. 오늘이 제게는 아주 의미 깊은 날이 된 것 같습니다."

나는 가지고 간 남편의 책《See the Invisible, Change the World》(Xulon Press)을 그에게 주며 말했다.

"총장님이 오늘 전하신 말씀보다 기독교 신앙에 대해 좀 더 자세하게 쓰여 있는 책입니다. 내외분께 도움이 되었으면 좋겠어요."

오후 간증을 마친 뒤, 나도 런던을 향해 출발했다. 그곳 레이니에 교회에서도 한동인 8명이 기다리고 있었다. 그중에는 런던에서 디자인 공부를 마친 후, 프리랜서로 일하면서 한 방에 살고 있는 3명의 여학생도 있었다.

"여자 셋이 한 방에 살면 더러 싸우지는 않니?"

"사모님, 저희는 그런 거 없어요. 저희가 누군데요. 학교 생활관에서 4년 동안 생활하면서 더불어 사는 법을 배웠거든요. 이곳 사람들도 간혹 사모님처럼 묻지만 저희는 사이좋게 잘 지내고 있어요. 한동대에서 양보하고 참는 것을 많이 배웠거든요. 시집가면 아무리 까다로운 시어머님이라도 잘 맞춰 가며 살 수 있을 거예요."

그때 남학생들도 거들었다.

"저희도 제아무리 깐깐한 상관이나 동료들이더라도 잘 지낼 수 있을 것 같습니다."

남편은 "한동대학교 생활관은 인성 교육의 교실이다"라고 늘 말해 왔다. 아무리 학교가 재정난으로 어려워도 빚을 내서라도 생활관 건물을 해마다 지어 온 까닭이다.

이날 우리는 한 가정(안규정 장로, 김효순 권사)에 저녁 초대를 받았다. 총장님을 만난 반가움에 졸졸 따라다니는 우리 한동 학생들을 차마 떼어 놓고 갈 수가 없어서 염치 불구하고 8명이나 되는 한동 아들 딸들을 데리고 갔다. 그 집은 졸지에 한동 가족들로 가득 찼다. 정원에 푸짐하게 차려진 음식들을 보며 학생들이 행복한 탄성을 질렀다. 바비큐를 비롯한 갖가지 음식을 정신없이 먹으며, 한 학생이 말했다.

"총장님, 영국에 유학 오고 나서 오늘처럼 맛있는 음식을 맘껏 먹은 적이 없어요."

학생들을 보면서 "마른 논에 물 들어가는 것과 자식 입에 밥 들어가는 것이 제일 보기 좋다"는 옛말을 실감했다. 장로님 부부도 한동 이야기로 꽃을 피우는 우리의 모습에 함께 즐거워했다. 런던에서의 뜻밖의 한동인 파티였다.

디자인을 전공하는 학생들이 자신들의 캐리커처와 이름을 적은 작은 카드를 우리에게 주었다.

"총장님, 사모님! 저희를 잊지 말아 주세요!"

전예인(00학번), 이고은(00학번), 양나혜(00학번) 양이었다.

예수 사람들의 옥합 이야기

한동에는 옥합을 깨뜨린 사람들의 이야기가 많다. 한동 갈대상자 소식지에는 그들의 따뜻한 이야기가 종종 실린다.

2009년 1월 15일 한동대학교 총장실로 소포 하나가 배달되었다. 소포 안에는 돼지 저금통 두 개와 편지 세 장이 들어 있었다. 노란 A4 용지에 또박또박한 글씨로 올해 초등학교에 들어간다며 자신과 동생이 모은 저금통이 언니 오빠들에게 도움이 되었으면 좋겠다는 편지를 쓴 이채영, 엄마가 써준 글씨 위에 검은 크레파스로 힘내라고 따라서 쓴 여섯 살 이우영, 그리고 그 부모님께서 보내 주신 편지였다.

"정말 여기에 학교가 있을까 의구심을 가질 정도로 황량한 겨울 들판을 가로질러 드디어 학교에 도착해 본관 앞에 섰을 때 하나님의 대학이라는 영문이 눈에 확 들어오면서 제 가슴이 뛰고 눈시울이 붉어지더군요. 고군분투하시는 모든 분께 찬사를 보냅니다. 모쪼록 한동대가 변치 않은 하나님의 대학으로 자리잡고, 한동에 기적 같은 은혜의 역사들이 넘쳐나기를 기도합니다."

어느 날, 학교 버스를 운전하시는 서창석 기사님이 총장실로 찾아왔다. 그의 두 손에 들려 있던 음료수 상자에는 만 원짜리 지폐가 가득 들어 있었다.

"아내의 제안으로 수술하기 전부터 한동을 위해 하루에 만 원씩 작정하여 모아 왔습니다. 오늘 드디어 작정했던 천만 원이 채워졌습니다."

얼마 전에 폐 수술을 받았으나, 다행히 건강을 회복한 그가 학교와 학생들을 사랑하는 줄은 알고 있었으나, 그가 가져온 뜻밖의 선물에 놀랄 뿐이었다. 그날 그가 하나님께 스스로 약속한 작정 후원금의 옥합 향기는 한동 동산에 진동했다.

어느 여름날 한동대 대외협력팀으로 뜻밖의 소포가 배달되었다. 상자 안에는 조심스럽게 포장된 오색 호두과자와 카드 한 장이 들어있었다. 오색 호두과자를 개발해 판매해 왔는데, 상황이 어려워져서 한동대 후원을 계속하기가 힘들다는 내용이었다. 앞으로 형편이 조금이라도 나아진다면 다시 후원하겠다는 약속의 글이 남겨 있었다. 새벽기도 때마다 한동대를 위해 늘 중보하겠다고도 했다. 또 고2인 딸이 하나님의 대학에 입학하기를 소망한다고 했다.

반년 후 다시 오색 호두과자 소포를 받게 되었다. 자신의 호두과자 이야기가 〈갈대상자〉 소식지에 실려 큰 힘과 용기를 얻었다며 형편이 좋아질 것을 소망하며 후원을 계속하겠다는 내용이었다.

또 다른 분으로부터 이런 편지도 받았다. 정인숙 후원자님이셨다.
"제가 한동대학교에 대해 처음 알게 된 것은 선물 받은 《갈대상자》라는 책을 통해서였습니다. 그후 제가 출석하는 사랑의교회 특별새벽기도회에 김영애 권사님께서 강사로 오셔서 말씀을 전하셨는데, 예배를 마치고 나오자 교회 앞마당에서 갈대상자 후원 용지를 나누어 주었습니다. 으레 받게 되는 후원 용지 중 하나라고 생각했는데, 《갈대상자》에서 읽었던 이야기와 또 김영애 권사님의 말씀이 머릿속에서 떠나지 않았습니다. 하나님께서 제 마음에 감동을 주셨던 것이죠. 그달부터 매월 정기적으로 십만 원씩 한동대에 후원을 하기 시작했습니다.

사실 저는 평범한 주부입니다. 콩나물 값을 아끼고 자가용도 안 타고 지하철을 타고 다니며 어떻게든 돈을 지혜롭게 쓰려고 고민하며 사는 사람이지요. 하지만 한동대같이 하나님의 인재를 잘 키워 내는 대학이라면 마음뿐만 아니라 제 재물도 함께 드리고 싶었습니다. 십만 원이라는 돈도 적은 돈이 아니었기에 다달이 기부금을 내러 은행에 가면 솔직히 아까운 생각이 들 때가 있고, 내가 이렇게까지 해야 하나 하는 유혹이 들 때도 있어서 아예 자동이체를 신청해 버렸습니다. 처음 먹은 마음이 변치 않도록 지키고 싶었기 때문이지요.

가을에 감사의 표시로 주신 무는 정말 특별한 선물이었습니다. 사실 시장에 가서 사면 오천 원도 안 될지도 모르죠. 하지만 한동대에서 받은 그 무는 제게 또 다른 기쁨을 주었어요. 귀한 무를 어떻게 하면 잘 먹을 수 있을까를 고민하게 되었기 때문이죠. 보내 주신 무 잘 먹었습니다. 감사합니다.

지난 연말 하나님 앞에서 새롭게 결심한 것이 있어서 한동대 기부금을 열 배 더 올려서 내기로 작정했습니다. 저는 하나님께서 시키신 대로 하는 것뿐이니 제게 감사하실 필요는 없습니다. 앞으로도 제가 더 기부를 많이 할 수 있도록 꼭 기도해 주시기를 부탁드립니다. 한동이 처음 마음을 변치 않고 계속해서 하나님의 사람들을 잘 키워서 배출해 주시기를 바랄 뿐입니다."

학교를 졸업하고 취업을 해 받게 되는 첫 소산물인 첫 월급을 하나님께 드리는 마음으로 모교인 한동대에 첫 월급을 기부하는 손길이 매년 늘어가고 있다. 졸업생 외에도 한동대 교수들, 일반인들도 첫 월급을 기부하는 경우가 종종 있다. 2012년 〈갈대상자〉 소식지에도 소개된 게일 헨로트(Gayle Henrotte) 교수의 글이다.

"김영애 사모님께,

캘리포니아에 있을 때, 사모님이 쓰신 《Papyrus Basket》(Xulon Press)를 읽고, 그리스도를 위해 사는 아름다운 사람들의 삶에 감동을 받았습니다. 특히 책에서 읽은 '당신의 이삭은 무엇입니까?'라는 질문을 잊지 않고 있습니다. 학교에 물이 나오지 않았을 때 학생들이 보여 준 행동, 총장님이 감옥에 가셨을 때 학생들과 교직원들이 보여 준 신실함, 그리고 학교 재정이 어려웠을 때 교직원들이 자신들의 봉급을 내놓았던 모습에 매우 감동을 받았습니다. 이렇게 위대한 이야기 속에 살고 계셔서, 그리고 그 이야기를 수많은 사람에게 아름답게 전해 주셔서 감사합니다. 믿음의 사람들의 선한 삶과 관용에 저도 동참하고자, 한동에 저의 첫 월급을 내놓습니다."

한동대 후원금 잊으시면 안돼요
한동대 지망생 어머니

첫 번째 편지(2010년 2월 23일)

저는 이번 2010년 정시 합격자였던 옥소원 학생 엄마입니다. 《갈대상자》를 읽고 시작한 면접 1박 2일 여행에서 저희 모녀는 주님이 세우신 이 학교와 사랑에 빠졌습니다. 방학 중임에도 새벽기도 특송을 불러 준 재학생들의 섬김과 사랑이 감명 깊었습니다. 주님께서는 그 새벽 내내 한동 대학을 통해 세계를 향한 놀라운 부흥과 폭발할 성령님의 역사가 있도록 중보시키셨습니다. 정시에 합격한 서울교대와 한동대는 소원이가 모두 가고 싶어 하는 대학이었지만, 장차 교사가 되고 싶어 하는 소원이의 결정으로 서울교대를 택하게 되었습니다. 그렇지만 하나님께서는 저희 모녀로 하여금 새벽마다 한동대를 위해 중보하게 하시고, 한동을 자랑스러워하시며, 한동을 너무나 사랑하시는 하나님의 마음을 알게 하셨습니다.

교육대학 등록금이 한동대보다 300만 원이 적은데 주님께서 그 금액만큼 한동대에 꼭 헌금하라고 하십니다. 이 명령에 온 가족이 기쁘게 순종할 수 있도록 허락하신 주님께 감사드릴 뿐입니다. 저희 가족 모두 한동대를 위해 중보하겠습니다.

두 번째 편지(2010년 8월 21일)
샬롬! 2월의 후원금 입금 후, 벌써 반년이 훌쩍 지나갔습니다. 지난 번 약속드린 대로 이번 학기에도 300만 원을 하나님의 대학교에 후원할 수 있도록 은혜 주신 주님께 감사드립니다. 한동대를 품고 기도하다 보니 이젠 아이들이 다니고 있는 학교보다 더 친근하고 정이 들었습니다.

세 번째 편지(2011년 2월 23일)
일 년간 수시로 중보기도를 한 때문인지 이젠 정말 한동대가 마치 제 모교라도 되는 것처럼 가깝게 느껴집니다. 이틀 전, 소원이가 2학년 1학기 학비 고지서를 전해 주며 "엄마, 한동대에 보내시는 것 잊으시면 안돼요" 라며 다짐을 했습니다. 소원이가 다니는 학교는 교육대학이지만, 졸업 때까진 한동대 학비를 감당하고 기도도 많이 하라는 감동을 주신 하나님! 지난해 11월에 보내 주신 직접 키우신 무는 정말 귀하고 감사했습니다. 새벽기도 중 제가 잊고 있을 때에도 한동대를 떠올려 주시며 중보시키시는 주님! 저희는 때때로 주님의 사랑을 놓쳐도 신실하신 주님은 당신의 자녀를, 주님의 학교를 절대 놓으시지도, 잊으시지도 않으심을 번번이 깨우쳐 주십니다.

다음 세대를 위해 인재양성을

남편과 나는 고마운 전화를 받고 윤병주 안과병원을 찾아갔다. 온화한 인상의 윤 원장님은 우리를 반갑게 맞아 주시며 말했다.

"총장님과 사모님을 꼭 한 번 만나 뵙고 싶었습니다. 얼마 전, 《갈대 상자》를 읽었습니다. 언젠가 제 손자가 유학을 가면 학비로 보태려고 오래전 미국에 살 때부터 조금씩 모아 둔 돈 20만 불(약 2억)을 한동대에 기부하려고 합니다. 손자 녀석은 제 부모가 학비를 대어 줄 수 있을 것 같아서요."

병원은 깨끗하지만 수수했다. 이 돈이면 화려한 강남 스타일로 병원 인테리어에 더 투자를 할 수도 있을 텐데, 근검절약하시는 모습이 보였다. 그후로도 윤 원장님은 몇 차례 더 후원금을 기부하셨다. 병원을 은퇴하기 전, 세 번째 후원금을 기부하시면서 말했다.

"한동대에서 우리나라의 다음 세대를 위해 인재양성을 해야 합니다. 하나님을 경외하고 정직하고 유능한 인재를 키우는 일에 한동대가 앞장을 서니 저로선 너무나 감사할 따름입니다. 저의 작은 후원이 학교에 보탬이 되었으면 좋겠습니다."

혜택 받지 못한 사람들을 위해

김은희 집사(Paul Hastings Law Firm 아시아 지사장 김종한 변호사 부인)에게서 전화가 왔다.

"사모님, 남편이 히딩크 감독의 한국재단을 관장하는 분을 잘 아는데요. 히딩크 감독이 지난해 7월 충북 충주에 위치한 성심맹아원에 시각장애인을 위한 축구장을 세웠어요. 앞으로도 축구장을 몇 개 더 세

울 예정이라고 합니다. 한동대도 학생들이 시각 장애인을 위해 사회봉사를 하고 있으니, 두 번째 시각장애인을 위한 히딩크 미니축구장을 한동대에 세울 수 있도록 남편이 추진해 보려고 합니다."

우리는 매우 기뻤다. 히딩크 미니축구장이 학교에 세워지는 것도 좋지만, 그의 기부가 주는 교훈을 학생들이 배울 수 있기 때문이었다. 여러 절차를 거치면서 드디어 시각장애인을 위한 히딩크 축구장이 한동대에 세워지게 되었다.

2008년 7월 9일 준공식 날, 청명한 날씨였지만 눈부신 초여름의 햇살이 뜨거웠다. 히딩크 감독과 그의 여자 친구 엘리자베스 여사가 학교에 도착했다. 서울에서부터 따라온 100여 명의 취재진들이 열띤 취재를 벌였고, 학교 캠퍼스는 밀려 온 인파들로 북적댔다.

히딩크 감독이 내빈들에게 인사말을 했다.

"시각장애인들을 위한 드림 미니 축구장을 건립할 수 있도록 허락해 준 한동대학에 감사를 드립니다. 저는 앞으로도 전국 시, 도에 이 같은 축구장을 계속해서 건립할 예정입니다. 제가 한국에서 많은 혜택을 누리다가 몇 년 전 한국을 떠날 때, 엘리자베스가 저에게 말했어요. 우리는 특권을 받은 사람(Privileged people)으로서 우리보다 혜택을 받지 못한 어려운 사람들(under privileged people)을 도와야 한다고요."

지혜로운 한 여인의 조언을 듣고 실천하는 그 역시 훌륭한 사람임에 틀림없었다. 한동대 한 켠에 세워진 히딩크 미니축구장에서 뛰는 한동인들과 시각 장애인들! 모두들 멋진 하나님의 팀들이다.

안전한 환경에서 다양한 스포츠를

한동에도 인공잔디가 깔린 국제규격의 멋진 구장이 생겼다. 평봉이라는 호를 가진 기부자의 기부로 가능한 일이었다. 이에 대한 기사가 2013년 〈갈대상자〉 소식지에 소개되었다.

"2012년 10월 10일, 따사로운 햇빛이 비치던 날, 한동대학은 인공잔디구장인 '나눔평봉필드'의 개장식을 가졌다. 햇빛을 한껏 받아 초록으로 빛나는 인조잔디구장에는 김범일 이사장님, 김영길 총장님 외 다수의 교직원들, 그리고 총학생회장 등 학생대표들이 한자리에 모여 감사하는 마음으로 하나님께 예배를 올려 드렸다.

그동안 한동의 모래 운동장은 바람이 불 때는 모래바람으로 눈이 따가웠고, 축구를 할 때는 크게 다치는 학생도 있었다. 운동장 바닥이 딱딱했기 때문이다. 총장님도 개장식 축사에서 인공잔디구장이 없었던 때를 떠올리셨다.

김범일 이사장님도 기쁜 얼굴로 말씀을 전하셨다.

"나눔평봉필드에서 열심히 뛰놀며, 하나님께서 주신 신체를 더욱 아름답게 가꾸는 한동 학생들이 되었으면 합니다."

2012년 7월부터 총 3개월에 걸쳐 완공된 '나눔평봉필드'는 기부자인 '평봉' 선생님의 호를 따서 지어졌다. 끝내 이름을 밝히지 말아 달라는 기부자의 부탁에 할 수 없이 호를 따게 된 것이다. 총 13억 2천여만 원이 투입된 공사 대금은 평봉 선생님의 기부금과 학부모들의 오병이어 기부금, 기타 교비 등으로 처러졌다. 이로써 한동인들은 보다 안전한 환경에서 다양한 스포츠를 즐길 수 있게 되었다."

운동장에서는 이제 더 이상 흙모래 바람이 불지 않는다. 운동장을 지날 때마다 푸른 잔디에서 뛰노는 젊음을 보며 나는 남다른 감회에 젖는다. 학교 초기 흙바닥에서 농구하던 학생이 넘어져서 다리와 코뼈를 다친 적이 있다. 나는 그 학생을 집으로 데려와 얼음찜질을 해주면서 그때부터 잔디가 깔린 운동장을 꿈꾸며 기도해 왔다. 그로부터 십수 년이 지난 오늘에서야 국제규격에 맞는 자랑스러운 잔디구장이 만들어진 것이다.

이제는 누가 봐도 가난한 대학의 캠퍼스가 아니다. 봄이면 철쭉, 진달래, 개나리꽃들이 만발하고 벚꽃 가로수 터널이 양옆에서 길 가는 사람들에게 즐거움을 준다. 개교 초기 식목일에 한 그루에 500원 하는 젓가락처럼 가느다란 벚나무를 심었는데, 19년의 세월이 지나 저렇게 튼실한 나무로 자라나서 벚꽃 가로수 터널을 만들고 있다. 학생들은 푸른 하늘, 신선한 공기, 밤하늘의 총총한 별들을 보며 꿈을 노래한다.

손수건이 다 젖도록

"제 고향이 영덕이라서, 고향 갈 때마다 아직 개교도 하지 않은 한동대학교에 들러 하나님께 기도드렸습니다. 하나님이 저에게 젊은이들을 향한 간절한 마음을 주셨기 때문입니다. 한동대학 기도실에서 하나님의 인재를 양성할 학교를 위해 기도할 때면 왜 그렇게 눈물이 쏟아지는지, 어느 날은 손수건이 다 젖어서 양말을 벗어 눈물을 닦은 적도 있습니다. 개교 후 학교가 큰 어려움에 처했을 때 총장님 부부가 포기하지 않게 도와 달라고 저는 더욱 간절히 기도드렸습니다."

2013년 4월, 간증 집회를 갔던 시냇가푸른나무교회의 신용백 목사님이 말했다.

2001년 당시 국군 군종감이셨던 목사님은 남편이 감옥에 있을 때, 수차례의 격려 편지와 함께 십일조를 제외한 월급 전액을 학교 후원금으로 보내 주시기도 했다. 늘 감사한 마음을 간직했는데, 13여 년이 지나서야 목사님을 직접 뵙게 된 것이다.

"목사님의 눈물의 기도로 오늘의 한동이 있게 되었습니다. 정말 감사합니다. 소자에게 물 한 그릇 대접한 자에게 결코 그 상을 잊지 않겠다는 주님의 약속과 하나님의 축복이 목사님 내외분과 교회에 함께하시길 기도합니다."

"이와 같이 성령도 우리의 연약함을 도우시나니 우리는 마땅히 기도할 바를 알지 못하나 오직 성령이 말할 수 없는 탄식으로 우리를 위하여 친히 간구하시느니라"(롬 8:26).

남편의 유언을 따라

학교 발전협력실에서 전화가 왔다.

"혹시 미국에 사시는 류길자 권사님을 아시는지요?"

"기억이 잘 나지 않는데요. 왜 그러세요?"

"그분이 12만 달러를 학교로 보내셨어요."

나는 류 권사님께 미국으로 전화를 했다. 거금을 후원하신 분이니 분명히 특별한 사연이 있을 것 같았다.

"저는 LA 북쪽에 사는 교포입니다. 2004년 겨울, 신문광고를 보고 우리 부부는 한인교회에서 열리는 총장님 내외분의 간증 집회에 참석했어요. 그후 《갈대상자》를 읽었고, 한동대에 대해 더 자세히 알게 되었어요. 간이식 수술을 받은 저의 남편이 다시 입원했을 때, 병원으로 가는 차 안에서 말했어요. 언젠가 집을 팔면 그 일부를 한동대학교에 다니는 소년소녀 가정이나 고아들을 도와주고 싶다고요. 남편은 그 길로 영영 집으로 돌아오지 못했고, 그때 나눴던 말이 유언이 되고 말았습니다. 2012년, 8년 만에 집을 팔게 되어서 남편의 유언을 따라 12만 달러를 보낸 것입니다."

그후로도 그는 총 16만 달러를 학교로 보내 주셨다. 전화를 끊고 나는 한동안 멍하니 앉아 있었다. 어느 후원자보다 감동의 여운이 마음속 깊이 남았다.

광야는 과정이지 끝이 아니다. 가나안으로 가는 과정! 그 길목마다 우리에게 보여 주셨던 구름기둥을 류길자 권사님의 여정에도 보여 주실 것이다. 그리하여 우리 모두는 길을 잃지 않고 가나안으로 행진해 갈 것이다.

하나님께 드린 거예요

어느 주일, 나는 아름다운교회(청담동, 디자이너들이 세운 교회)에 초청을 받았다. 나는 그 교회에서 꼭 만나고 싶은 사람이 있었다. 디자이너 설윤형 선생님과 함께 그 교회를 개척한 프랑소와즈 진태옥(소망교회 권사) 선생님이었다. 진 선생님을 만나자 반가운 마음을 진정하며 말했다.

"혹시, 저를 기억하실는지요?"

나의 말에 선생님은 약간 놀란 모습이었다.

"제가 사모님을 안다고요?"

"선생님, 아주 먼 옛날 이야기네요. 제가 대학 다닐 때 학교 앞에 있던 선생님의 디쉐네 부티크에서 늘 옷을 맞춰 입곤 했어요. 1970년 제 웨딩드레스도 선생님께서 만들어 주셨고요. 그리고 미국에서 제가 첫 아이를 임신했을 땐, 저의 어머니께서 대구에서 서울로 올라오셔서, 선생님이 만드신 임신복을 미국으로 부쳐 주시기도 했답니다. 40여 년 전 일이네요. 제가 이렇게 초로의 할머니가 되었으니 저를 몰라보시는 것이 당연하지요."

진 선생님은 옛 기억을 찾으려는 듯 내 얼굴을 찬찬히 보셨다. 예배 시간에 선생님이 나의 간증을 들으며 계속 눈물을 닦으시는 모습이 보였다. 예배를 마치자 선생님이 나를 와락 껴안으셨다.

"멀리서 보니 예전 모습이 기억났어. 대학 시절 그렇게 호사스럽게 살던 소녀가 한동대 총장의 아내가 되어 그 고난을 다 겪었다니! 믿기지 않아!"

우리는 무엇보다 예수 그리스도의 제자임을 확인하는 기쁨이 더 컸다. 그후로 우리는 만날 때마다 예수님 이야기뿐이었다. 우리가 만난 좋으신 하나님을 서로 다투어 자랑했다.

얼마 후 선생님이 말했다.

"김 권사, 내가 한동대 졸업생들을 후원하고 싶어요. 몇 년 전 미국에서 우연히 TV를 보았는데, 각계각층의 7백여 명의 리더들이 미국 사회를 이끌어 간다고 하더군요. 기드온의 3백 명 용사처럼 크리스천 리더십 3백여 명만 있다면 우리나라도 소망이 있어요. 앞으로 한동대학에서 그런 지도자들이 배출되리라 확신해요. 그동안 나는 여러 학생들을 후원해 왔는데 이제부터 한동대 학생들에게도 이 장학금 혜택을 주고 싶어요."

나는 기뻤다. 그후로 선생님은 매달 3백만 원씩 후원해 주셔서 세 명의 한동 동문들에게 각각 백만 원씩 장학금으로 전달되고 있다.

"선생님, 감사드려요."

"김 권사한테 준 게 아니고, 하나님께 드리는 거예요."

반세기 전 패션 디자이너와 어린 소녀 고객으로 만난 우리가 나이 들어가면서 천국까지 동행하는 하나님의 가족으로 새롭게 만나고 있다. 하나님의 오묘하신 섭리다.

성경 곳곳에는 발음하기조차 힘든 이름들이 즐비하게 기록되어 있다. 특히 출애굽기에는 성소에 쓸 모든 일을 할 줄 아는 사람들, 즉 브살렐과 오홀리압과 같은 사람들을 '마음이 지혜로운 사람', '여호와께서 지혜와 총명을 부으신 사람'이라고 했다. 하나님이 기억하고 계시는 이름이라는 뜻이다! 이것을 하나님은 우리에게 알려 주고 싶으신 것이다! 하나님은 오늘날도 하나님나라의 일에 물건과 물질을 가져오는 후원자들의 이름을 소중히 여기신다. 그리고 그 이름들을 기록하고 계신다! 갈대상자 후원자 한 분 한 분의 이름이 우리에게 얼마나 소중한가! 나는 이제야 하나님의 심정을 알게 되었다. 그래서 성경에 기록된 이름들을 더욱 소중한 마음으로 읽게 된다. 오늘날도 하나님은 한동대학을 후원하는 갈대상자 후원자들의 이름을 천국에 기록하고 계실 것이다.

네, 주님 그렇게 하겠습니다
장성은 96학번, 산업정보디자인학부

저는 목사의 딸로서 엄격하신 부모님 밑에서 신앙교육을 받으며 많은 분들의 관심과 사랑 속에서 자라 왔습니다. 대학에 들어갈 때 즈음, 아무도 나를 모르는 곳에서 새 삶을 시작하고 싶다는 갈망이 있었습니다. 그러던 중 우연히 신문에서 '하나님의 대학'이라는 한동대 광고를 보게 되었는데 그 광고는 제 눈을 사로잡았고 자석처럼 저를 끌어당겼습니다. 한동대에 대한 정보는 많지 않았지만 하나님의 대학이라는 심장을 울리는 글귀와 고3 때 같은 반 모범생 친구가 선택한 지방대학이라는 호기심에 그렇게 저도 한동 땅을 밟게 되었습니다. 사람들의 관심을 뒤로하고 홀로서기를 위해 이곳에 내려왔건만 하나님의 관심은 언제나 하나님의 자녀를 향하고 있었다는 사실을 4학년이 되어서야 비로소 알게 되었습니다.

 저는 한동에서 예수님을 인격적으로 만났고 성령 체험을 하게 되었습니다. 4학년 2학기부터 '지직'이라는 회사에 들어간 저는 그곳이 하나님께서 저를 훈련하시는 첫 번째 장소이자 관문이라는 마음이 들었습니다. 당시 이용규 선교사의 《내려놓음》(규장)이라는 책을 읽으며 '우리 총장님을 비롯하여 여러 교수님들 또한 하나님의 말씀 앞에서 개인의 유익보다 믿음의 선택들을 하셨는데 그렇다면 하나님은 내게 어떤 것을 내려놓으라고 하실까? 나는 무엇을 내려놓을 것인가? 이제 막 사회생활을 시작하는 사람으로 내려놓지 못할 게 뭐가 있을까'라는 생각을 했습니다. 그날부터 매일 이 질문과 답을 계속해 왔습니다.

사실 이제 막 일을 시작한 사람이 일을 내려놓는다는 것은 너무 쉬웠습니다. 같은 질문을 10년 간 하면서 질문과 동시에 0.1초도 안 되어 "yes"라는 대답을 주님께 올려 드렸습니다. 그런데 10년째 되던 그날은 저도 모르게 '아, 한 분야에서 10년을 꾸준히 일하면 흔히 전문가라고 하는데 내가 벌써 10년 동안이나 이 일을 했구나' 생각하며 다시 정신을 차려 "네, 주님 그렇게 하겠습니다"라는 대답을 했습니다.

'Why Not Change the World!'의 삶을 산다는 것은 더 세상 가운데로 깊숙이 들어가야 하는 삶이고 이것이 곧 주님이 원하시는 일이라고 생각했습니다. 그래서 저는 세상 문화의 중심에 있는 그곳으로 들어가기로 결정했습니다. YG에 들어가 처음으로 한 일은 회사 안에 있는 크리스천 연예인 친구들과 성경공부 모임을 시작한 것입니다. 제가 작업하면서 가장 고민한 것은 크리스천으로 빛 가운데 거하며 영향력을 어떻게 발휘할 것인가 하는 것이었습니다. 사람의 가치관은 작품에 반영되기 마련이고 그것이 보이는 영역이든 보이지 않는 영역이든 보는 이들에게 영향을 끼치기 때문입니다. 하나님의 걸작품인 우리를 빚으신 하나님의 의도대로 잘 살아가고 있는지 스스로 점검하고, 목적대로 살아간다면 하나님께서 가장 기뻐하실 거라 생각했습니다. 더불어 저처럼 다양한 사고를 하는 대중들을 대상으로 하는 작업자일수록 더 큰 책임감을 가지고 오해의 소지가 없도록 더 많이 공부하고 이 역할을 감당해야겠다는 다짐도 했습니다.

그리고 얼마 되지 않아 〈중앙일보〉에서 한국을 대표하는 K-디자이너 10인을 선정했는데 예상치도 않게 그 10인 중에 제 이름이 들어가 있었습니다. 부족함 투성이인 제가 이런 영광된 자리에 이름을 올리게 된 것은 한동의 교육에서 강조하는 '배워서 남 주자', 'Why Not Change the World!'와 같은 모토들을 가슴에 품고 정직과 성실로 맡겨진 일에 최선을 다했기 때문이라고 생각합니다. 하나님께서는 하나님의 때에 하나님의 영광을 위해 창조한 자들을 부르시고 세우시는구나, 그리고 내 중심을 아시는 그분께서 또 한 번 저를 위로하시는구나 생각했습니다.

한동인들은 쉽고 편한 삶이 아닌 도전하고 모험하는 삶, 누추하고 꺼려지더라도 주님이 계신 곳을 찾아가는 사람들이며 그래서 빛을 잃어 가는 세상에서 빛으로 살기 원하는 사람들이라는 생각이 듭니다.

사랑하는 총장님과 사모님, 저희에게 그런 귀한 보물을 알게 하시고 먼저 나누어 주셔서 무척 감사드립니다. 황무지 같은 포항 땅에 오셔서 모든 열정을 쏟아 그 밭을 일구시고, 양질의 교육으로 입히고 먹여 주셔서 정말 감사드립니다. 두 분의 헌신과 눈물이 저희가 세상에서 이미 닦인 길을 가는 자들이 아닌 새로운 길은 개척하는 자들로 용기 내게 해주셨음을 고백합니다. 두 분께서 한동의 아버지 어머니라는 사실이 너무도 감사하고 자랑스럽습니다.

3부

구름기둥을 따라

내 비게이션이 되신 하나님은 구름기둥 불기둥을 보내 주시며 길목길목마다 인도해 주신다. 그리고 우리가 길을 잃을까 봐 애태우시며 얘야, 눈을 들어보라. 나를 좀 쳐다보아라 말씀하신다. 우리를 지극히 사랑하시는 하나님이 원하시는 것은 오직 우리가 하나님을 알고 하나님과 동행하는 것이다.

1장 가나안 땅에 들어갈 때까지

> 보라 내가 새 일을 행하리니 이제 나타낼 것이라…
> 내가 광야에 물을, 사막에 강들을 내어 내 백성,
> 내가 택한 자에게 마시게 할 것임이라
> 이 백성은 내가 나를 위하여 지었나니
> 나를 찬송하게 하려 함이니라

나도 믿고 싶습니다

개교한 지 3년 만에 피지에 선교하러 갔다가 첫 입학생인 강경식 군(95학번)과 권영민 군(95학번)을 잃었을 때, 우리는 하나님께서 왜 이 일을 허락하셨는지 이해할 수 없었다.

"God, I don't understand you. But I trust you."

그러나 하나님은 두 학생의 부모님 마음을 이미 만져 주고 계셨다. 무엇에도 비할 바 없는 생애 최고의 슬픔을 당한 두 학생의 부모님들은 뜻밖의 고백으로 우리를 감동시켰다.

"우리 경식이가 복음을 전하러 갔다가 하나님의 부르심을 받았으니 우리 집안의 축복이요 영광입니다."

"저는 아들이 어렸을 때부터 부활 신앙을 가르쳤습니다. 그런 제가 어찌 불신자처럼 절망하겠습니까! 하나님께서 영민이를 살리시려면 물고기 뱃속에서도 살리실 것입니다."

하나님은 부모님들과 우리보다 앞서 가고 계셨던 것이다.

그때로부터 한 달이 지난 어느 날, 영민 군의 어머니로부터 전화가 왔다.

"영민이가 하늘나라로 간 후로, 같은 아파트에서 마주치고 싶지 않은 한 분이 있었어요. 그분은 독실한 불교 신자인데, 혹시라도 예수를 별나게 믿더니 아들마저 잃어버린 박복한 사람으로 저를 본다면 하나님의 영광을 가릴 것 같아서요. 그래서 저도 모르게 승강기를 탈 때 혹 그 부인이 있는지 살피곤 했어요. 그런데 어느 날 초인종이 울려서 나가 보니, 그분이 서 있었어요. 집 안으로 들어온 부인이 말했어요.

'부인이 믿는 하나님을 저도 믿고 싶습니다. 의사인 제 아들이 미국에서 백혈병으로 지금 사경을 헤매고 있어요. 매일 절에 가서 부처님께 천 배를 드리며 애타게 불공을 드리고 있지만, 아들의 병세는 전혀 차도가 없습니다. 그런데 소문을 들으니 댁에선 아들을 잃었다고 하는데도 예전처럼 변함없이 평안해 보이니, 혹시 당신이 믿는 예수님 때문인가요? 그렇다면 저도 예수님을 믿고 싶습니다. 아들 걱정으로 저는 죽을 것만 같습니다.'"

영민 어머님은 극심한 고통과 슬픔 가운데서도 흔들림 없이 하나님을 신뢰하는 평강을 그 부인에게 또렷이 보여 주었던 것이다. 영민 어머니는 자신의 슬픔은 뒤로한 채, 그 부인에게 복음을 전했다. 또한 미국에서 치료를 받고 있는 환자에게도 예수님을 영접하도록 근처에 사는 목사님을 소개하여 도와주었다. 예수님을 영접하고 세례를 받은 환자는 결국 천국으로 갔다. 장례를 치르는 동안 영민 어머니는 거동이 불편한 부인의 남편을 지극정성으로 보살폈다. 영민 어머니가 말했다.

"사모님, 그분의 아드님이 소천했을 때 영민이를 잃은 슬픔 못지않게 슬펐습니다. 그래서 하나님께 조금 항의했어요. '하나님 왜 손해 보는 일을 하셨습니까? 저는 죽은 자의 부활을 믿기에 영민이를 데려가셔도 하나님을 신뢰하는 마음이 변함없지만, 그 부인은 이제 겨우 하나님을 믿으려고 하는데…, 한 영혼을 잃어버리면 하나님만 손해잖아요?'라고 말입니다."

"죽은 자의 부활도 그와 같으니 썩을 것으로 심고 썩지 아니할 것으로 다시 살아나며 욕된 것으로 심고 영광스러운 것으로 다시 살아나며 약한 것으로 심고 강한 것으로 다시 살아나며 육의 몸으로 심고 신령한 몸으로 다시 살아나나니 육의 몸이 있은즉 또 영의 몸도 있느니라"(고전 15:42-44).

장례를 마친 후, 노부인이 다시 찾아왔다.

"내일부터 저를 교회에 데리고 가 주세요. 아들이 간 천국에 저도 가야지요. 저, 예수님을 믿겠습니다."

농부 되신 하나님은 우리에게 과실을 맺게 하시고, 그 과실을 하나님을 모르는 불신자들에게 판매하길 원하신다. 영민이와 경식이 부모님의 의연함은 환난 가운데 그들의 반응을 지켜보는 사람들에게 그들이 믿는 바를 또렷이 보여 주었다. 그리고 하나님 안에서 발견할 수 있는 소망에 대한 관심을 불러일으켰다. 삶과 죽음, 소망과 생명, 진리에 목마른 그 노부인도 영민 어머니가 믿고 있는 하나님이 어떤 분이신지 궁금했던 것이다. 영민 어머니는 그 인격에 맺힌 평강의 열매로 농부 되신 하나님을 확실하게 광고했던 것이다. 슬픔이 평강으로 승화된 영민 군의 어머니는 하나님의 성품을 드러내기에 부족함이 없는 포장지였다.

"너희가 열매를 많이 맺으면 내 아버지께서 영광을 받으실 것이요 너희가 내 제자가 되리라"(요 15:8).

영민 어머니의 전도로 구원의 감격을 경험한 노부인, 정덕순 성도는 몇 년 후 서울로 이사 왔고, 지금은 온누리교회의 권사로서 성령의 열매 맺는 삶을 살고 있다.

"나는 부활이요 생명이니 나를 믿는 자는 죽어도 살겠고 무릇 살아서 나를 믿는 자는 영원히 죽지 아니하리니"(요 11:25-26).

네 장막터를 넓히라

하나님은 우리에게 창조세계를 관리하라고 부탁하셨기 때문에 우리는 하나님의 눈으로 세상과 세계를 바라봐야 한다. 세계가 우리 학생들의 운동장이요 활동 무대다. 남편은 늘 우리가 한반도 중심의 세계에서 벗어나야 한다고 말해 왔다. 한반도만을 바라보면 우물 안의 개구리가 될 수밖에 없다.

그리하여 한동대는 학생들에게 글로벌 시민으로서의 자질, 정직과 성실 그리고 열정을 가지고 글로벌 이슈가 되는 에너지, 환경, 식량, 물 문제 등에 대해 관심을 갖도록 비전을 심어 주었다. 이러한 영향으로 재학생의 15-20%가 해마다 해외로 나가고 있고, OECD의 인턴십, 코이카(KOICA)의 지원으로 르완다에 '라즈만나'라는 빵가게를 창업하는 등 글로벌 리더십 훈련을 받고 있다. 국내외 각 분야에서 활동하고 있는 한동 재학생들과 졸업생들의 꿈은 우리를 놀라게 하고 있다.

"네 장막터를 넓히며 네 처소의 휘장을 아끼지 말고 널리 펴되 너의 줄을 길게 하며 너의 말뚝을 견고히 할지어다"(사 54:2).

개교 초기, 한동대 국제화의 발걸음은 지극히 미약하였다. 1996년 여름, 우즈베키스탄으로 단기선교를 다녀온 권오병 교수(경희대학교)가 우즈베키스탄 학생들을 한동대학교로 초청해서 컴퓨터도 가르치고 복음을 전하면 좋겠다고 제안했다. 그해 겨울 우즈베키스탄 학생 40여 명이 학교에 도착했고, 한동대 학생 40여 명이 도우미로서 열심히 섬겼다. 인솔자는 학생들에게 컴퓨터만 가르치고 전도는 하지 말아 달라고 주문을 했다. 3주간의 교육이 끝나는 날, 총장실로 여학생 두 명이 찾아와서 한동대학교에서 계속 공부를 하고 싶다고 했다. 이듬해 그 두 명의 여학생, 뽀뽀아 리디아와 황 이리나는 한동의 첫 유학생이 되었다. 황 이리나는 조부모가 우즈베키스탄으로 이주한 고려인 3세였다. 한동 유학생이 됨으로써 두 여학생은 생애 처음으로 고향을 떠났고, 졸업 후

LG 해외 업무 파트에 채용되었다.

1997년 봄, 남미 아르헨티나의 부에노스아이레스에서 부흥집회를 마치고 돌아온 서임중 목사님(포항중앙교회 담임)이 말했다.

"총장님, 그곳의 한 성도가 저를 찾아와서 한동대에 후원금 2천 달러를 전달해 달라고 부탁했습니다. 설교 중에 한동대 이야기를 아주 잠깐 했을 뿐인데, 하나님이 그분을 감동시키셨습니다. 그곳 교회 목사님들도 총장님 부부를 초청하고 싶다고 했습니다. 미국 가시는 길에 남미도 방문하면 좋을 것 같습니다. 한동대학의 홍보와 후원 지역도 넓히시고요. 그곳에도 한동대학에 관심 있는 교포들이 많이 있습니다."

그해 여름, 우리는 남미 아르헨티나와 브라질을 향해 출국했다. 남미로 이민 온 대부분의 교포들은 의류봉제사업을 하고 있었는데, 이민 1.5세, 2세들은 방과 후에 부모님의 가내 사업을 돕고 있어서 모두 한국말이 유창했다. 당시만 해도 아직 컴퓨터가 보편화되기 전이어서 한동대학은 그곳 교포사회의 경제불황 극복을 돕기 위해 1999년 9월, 부에노스 아이레스에 한동정보기술연구소(소장 이건, 전산전자학부 교수)를 세워 경영강좌와 컴퓨터 사용 기술을 3년간 가르쳤다.

1997년, 몽골 선교를 다녀온 최한우 교수(한반도국제대학원대학교 총장)가 말했다.

"총장님, 몽골 교육부 장관의 비서로 있는 한 크리스천 자매를 만났는데, 한동대와 몽골재경대학원(IFE: Institute of Finance & Economics)이 경영학 석사 학위를 공동으로 수여하는 프로그램을 추진하자고 제안했습니다."

　이를 계기로 1999년부터 현재까지 한동대학은 몽골에서 가장 역사가 깊은 몽골재경대학원과 MBA 공동 학위 과정을 개설하고 있다. 지금까지 백여 명 이상의 몽골 경제 관리와 교수 요원 그리고 몽골 거주의 다국적 기업인들에게 공동 석사 학위를 수여했다. 현재 그들 대부분이 몽골 정부에서 경제 분야의 중진 공무원으로 활동하고 있다.

　2005년 우리 부부가 몽골을 방문했을 때, 몽골 한동 동문들이 마련한 자리에서 한 졸업생이 말했다.

　"저는 몽골 경제기획원에서 근무하고 있습니다. 몽골을 공산주의에서 자유시장경제로 전환해 경제 성장을 하고 있지만, 사회에 만연한 물질주의로 인해 부작용 또한 큽니다. 특히 사회 전반에 걸쳐 부정직한 풍토가 조성되고 있습니다. 저는 한동대학에서 정직을 배웠습니다. 처음에는 무감독 양심시험에 적응이 되지 않아 오히려 불편한 제도라고 생각했습니다. 그러나 점차 '정직'이야말로 우리 몽골을 일으킬 최고의 경쟁력이라는 것을 깊이 인식하고 있습니다. 몽골 한동 동문들은 '정직'으로 우리 조국을 변화시킬 사명을 갖게 되었습니다. 저희는 이런 비전과 정직성을 추구하는 삶을 가르쳐 준 한동대학의 동문이 된 것이 무척 자랑스럽습니다. 오늘 이 자리에서 다시 한 번 감사를 드립니다."

　"네 시작은 미약하였으나 네 나중은 심히 창대하리라"(욥 8:7).

신비스러운 만나, 라즈만나
도명술 교수 생명과학부

'세상을 변화시키자'(Why Not Change the World!), '배워서 남 주자'라는 한동대 교육철학을 실천하기 위해 김대식 교수님(경영경제학부)이 '한동글로벌챌린지'라는 프로그램을 시작했습니다. 학교에서 학생들에게 적은 비용을 지원해서 학생들이 개발도상국을 방문하여 도울 수 있는 일들을 찾도록 돕는 프로그램입니다. 2011년 겨울, 학생들은 아프리카 최빈국 중의 하나로 동족상잔의 상처가 있는 르완다를 방문했고, 2012년 코이카 민관협력실의 대학 자체 발굴 사업을 통해 '라즈만나 사업(르완다의 경제적 자립을 돕기 위한 사회적 기업 프로젝트)'을 시작하게 되었습니다. 이것은 전적으로 하나님의 도우심이었습니다. 재학생들(신지윤, 안희두, 오영주)과 졸업생들(송완, 이샬롬, 박경아) 6명이 중심이 되어 시작한 라즈만나 베이커리는 2013년 8월 14일, 개업한 이래 성공적으로 운영되고 있습니다. 현재 약 30명의 르완다 현지인을 고용하고 있는데, 소외되고 어려운 지원자들을 대상으로 선발했습니다. '라즈만나'는 히브리어로 '신비스러운 만나'라는 뜻입니다.

이 '라즈만나'는 르완다의 지속 가능한 경제적 자립을 위하여 '전문 기술 교육'과 '기업가 정신 교육'을 통해 이들 스스로 창업하고 고용을 창출할 수 있도록 돕는 사회적 기업입니다. 즉 당장 먹을 수 있는 물고기를 주는 것이 아니라 물고기 잡는 법을 가르쳐 주며 르완다 사람들이 열매 맺는 나무가 되도록 도와주는 것입니다.

한 가지 바라는 것은 라즈만나를 통해 르완다인들이 하나님을 만나는 것입니다. 또한 이를 통해 한동인들이 하나님께 영광을 올릴 수 있게 되기를 바랍니다.

르완다의 새로운 안식처
손미희 주 르완다 황순택 대사 부인

며칠 전 르완다에서 잠시 귀국했을 때 교회 로비에서 사모님과 우연히 마주쳤지요. 20년 만이었습니다. 사모님이 인도하시던 온누리교회 요한복음 성경공부반에서 만난 후 처음이었으니까요. 사모님과 제가 만나자마자 라즈만나 이야기를 동시에 꺼냈으니 라즈만나를 두고 이렇게 마음이 일치하나 봅니다. 사모님께서 늘 자식이라고 말씀하시는 졸업생, 재학생 들이 아프리카의 낯선 땅으로 꿈을 좇아 떠난다는 소식에 기도하고 염려하신 것을 저는 잘 알고 있습니다. 한국의 젊은이들이 청년 실업가가 되어 르완다 땅에 새로운 기업을 일으키러 온다고 했을 때 놀람과 감탄 그리고 염려의 심정으로 기다렸습니다. 물자가 귀한 아프리카에서 창업이 얼마나 힘든 일인지 모두 알고 있었기에, 라즈만나를 오픈하기까지 교민들, 대사관과 코이카, 선교사님들 그리고 KT 직원분들의 도와주려는 마음은 정말 각별했습니다.

드디어 오픈한 날, 우리는 예쁜 정원을 지나 라즈만나 안으로 들어가 여태껏 르완다에서는 볼 수 없었던 수십 가지의 빵들이 진열된 것을 보고 감격했습니다. 그날 이후 남편은 어느 곳에 가든지, 어떤 연설을 하든지 라즈만나에 대한 이야기를 슬쩍 끼워 넣는 것을 잊지 않았습니다. 이 작은 나라의 조그만한 외국인 커뮤니티에서 라즈만나는 즐거운 화제가 되고 있습니다. 미국인들은 라즈만나가 뉴욕의 빵집 같다 하고, 일본 부인들은 이곳의 식빵으로 드디어 일본식의 얇고 부드러운 샌드위치를 만들 수 있게 되었다고 기뻐하고, 어떤 분들은 르완다에서 단팥빵과 소보로빵을 먹을 수 있는 게 믿기지 않는다고 합니다. 한국 카페답게 무제한 와이파이(wifi) 서비스가 있어서 이렇게 늘 손님들로 가득 차 있지만 특히 토요일 아침에는 가족과 브런치를 먹고 있는 지인들을 자주 만나게 됩니다. 이 모든 사람에게 새로운 안식처가 되어 주는 것 또한 라즈만나의 큰 역할입니다.

2월에는 라즈만나가 르완다 잡지 〈서비스 매거진〉이 선정한 2013년 최우수 고객서비스 상을 수상했다는 기쁜 소식이 들려왔습니다. 이 잡지는 매년 르완다 최고의 고객서비스 상을 선정해 오고 있는데요, 라즈만나가 커피숍 뿐 아니라 15개 부분 전체에서 최고의 성과를 이뤄냈다고 하네요.

모계사회인 르완다에서 사내아이는 그리 환영받지 못합니다. 태어나자마자 많은 사내아이들이 버려지고 있죠. 영국인 선교사 베키는 부모에게 버림받고 거리에서 떠돌던 37명의 르완다 소년들을 거두어, 그 아이들을 먹이고 입힐 뿐만 아니라 모두 학교에 보내고 있습니다. 베키는 아이들에게 늘 더 나은 것을 먹이고 싶어 했는데 지금 그 아이들은 라즈만나의 빵을 꽤 자주 먹고 있습니다. 제가 라즈만나에 가서 혹시 남는 빵이 있으면 베키네 집에 보냈으면 좋겠다는 이야기를 했는데, 그날부터 베키네 집으로 빵이 배달되고 있죠.

어떤 분들은 라즈만나의 고용 능력이 점점 커져서 거리 소년들에게도 직업훈련을 시키면 좋겠다는 희망을 말합니다. 예수님은 가난한 자들은 늘 우리 곁에 있다고 했는데 지구 위에서 가장 가난한 사람들에 둘러싸여 살고 있는 우리는 늘 마음에 빚진 자들입니다. 그래서 라즈만나의 커피 한 잔과 맛있는 빵들이 선한 결과를 가져온다는 사실은 참 기쁜 일입니다.

비전광장의 비전캡슐

한동의 본관 뒤편에 '비전광장'이 있다. 학생들이 잔디밭에 앉아 서로의 꿈과 비전을 펼쳐 가기에 이곳을 비전광장이라 부른다. 비전광장은 이름 그대로 비전을 품고, 그 비전을 키워 가는 광장이다. 푸른 하늘, 하얀 구름, 맑은 공기, 밤하늘의 낭만을 즐기며 학생들은 그들 앞에 펼쳐질 미래를 그곳에서 나누며 함께 기도한다.

잔디밭 가운데의 둥근 벽돌 바닥 밑에는 개교한 지 3년째 되던 1997년, 학생들의 깜짝 아이디어로 묻어 놓은 비전캡슐이 있다. 비록 학교의 현실은 어려웠지만 미래에 대한 꿈은 멋지게 꾸자고 미래의 학교 모습과 자신들의 꿈을 적고, 10년 후인 2007년이 되면 캡슐을 파서 하나님이 그 꿈을 어떻게 이루어 주셨는가 보자는 것이었다.

"비전을 모읍니다"라는 문구 아래 학생들은 꿈과 비전을 수집하기 시작했다. 10년 후에 열어 보려면 그때까지 안전하게 보관할 캡슐이 필요했다. 땅속에서 원형이 잘 보존될 스테인리스 방수 캡슐은 비싸기 때문에, 학생들은 '대안책'을 찾기 시작했다.

"장독!"

학생들은 기발한 아이디어에 무릎을 쳤다. 우리 조상들의 지혜가 담긴 장독! 최고의 김치 보관물인 장독! 추운 겨울, 땅에 묻혀 있는 김치처럼 오랜 세월 묵은지가 되도록 비전을 보관해 줄 장독을 죽도시장에서 구입했다.

산업정보디자인학부 학생들이 장독을 은색으로 칠했다. 세상에서 단 하나뿐인 멋진 비전캡슐 장독 안에 실리콘을 발라 보존력을 강화했다. 그리고 소중한 꿈의 뭉치들이 습기로 변질되지 않도록 제습제도 넉넉히 넣었다. 1997년 10월 27일, 비전캡슐은 그렇게 한동의 비전광장 한 가운데 심겼다.

그때는 2007년이라는 미래가 너무 멀게 느껴졌다. 그럼에도 학생들이 어려운 현실을 뛰어넘어 미래지향적으로 희망찬 내일을 바라보며 큰 꿈을 키워 가고 있다는 사실이 자랑스럽고 대견했다.

"…너희의 자녀들은 예언할 것이요 너희의 젊은이들은 환상을 보고 너희의 늙은이들은 꿈을 꾸리라"(행 2:17).

아직도 캡슐을 열려면 많은 세월이 남아 있음에도 학생들은 변함없이 비전광장에서 미래의 비전을 나누었다. 그들은 기타 치며 찬양하고, 기도도 드렸다. 정겹게 담소를 나누는가 하면, 낮엔 정오의 기도 팀들이, 밤엔 밤 기도 팀들이 둥글게 둘러서서 손을 잡고 기도했다. 성탄절, 고난주간, 부활절 등 절기가 다가오면 시간별 릴레이 무릎기도도 이곳에서 드려진다. 비전광장은 지난 세월, 우리 학생들의 기도를 불러들인 곳이었다.

드디어 2007년이 되었다. 놀랍게 성장하는 한동, 변모해 가는 캠퍼스에서 캡슐을 여는 날, 당시 꿈을 심었던 졸업생들이 10년 세월의 흔적을 보이면서, 속속 비전광장으로 모여들었다. 그때의 풋풋했던 젊은이들이 이제는 어엿한 사회인이 되어, 더러는 한동커플이 되어서 나타났다. 캡슐을 여는 순간, 우리 모두는 긴장했다. 그렇게 어설프게 만들었던 캡슐이 과연 잘 보존되어 있을까? 행여 망가졌더라도 실망하지 말자고 다짐했다. 용기로 충천했던 그들이 사회에 나가서 꿈을 이루어 가는 증인들로 모였으니! 모두 숨을 죽이고 비전광장 중앙으로 시선을 집중시켰다.

장독 캡슐이 10년 만에 그 위용을 드러내자, "후우" 소리가 여기저기서 터져 나왔다. 캡슐은 완벽했다. 잘 보존된 상태로 내용물도 잘 간직한 채였다. 비전의 내용도 다양했다.

에피소드를 하나 소개하자면, 한 남학생이 후배 여학생을 짝사랑했다. 그래서 그의 꿈은 그 여학생과 결혼하는 것이었다. 그런데 지금 그의 아내는 그 후배가 아니었다. 그래서 그 사실을 아내에게 절대 비밀로 해달라고 부탁하는 바람에 모두의 웃음을 자아냈다. 한동인들은 이 작은 축제를 맘껏 기뻐했다. 무엇보다 그 꿈을 품고, 간직하며, 우리의 생각보다 더욱 넘치게 이루어 주신 하나님께 감사하고 또 감사드렸다. 그 장독은 지금 학생관에 보관되어 한동 역사의 한때를 증언하고 있다.

학생들은 비전을 심었던 초창기의 선배들을 '전설의 주인공'이라고 부른다. 그들은 한동의 꿈이었고, 그들의 꿈은 한동이었다.

> 나의 가는 길 주님 인도하시네
> 그는 보이지 않아도 날 위해 일하시네
> 나의 인도자 항상 함께하시네
> 매일 사랑과 힘 베푸시며 인도하시네 인도하시네
> 광야에 길을 만드시고 날 인도해
> 사막에 강 만드신 것 보라
> 하늘과 땅 변해도 그의 말씀 영원히
> 내 삶 속에 새 일 행하리

하나님께서 가라고 명하시는 그 길이 어렵고 험난해서 때로는 멈추고 싶었지만 손상되지 않고 잘 보존된 캡슐처럼 하나님은 우리의 기도를 들으시고 당신의 뜻을 펼치시기 위해 우리의 꿈을 이루어 주신다. 그리고 길을 잃지 않도록 구름기둥을 보여 주시며 우리를 바른 길로 인도하신다.

"보라 내가 새 일을 행하리니 이제 나타낼 것이라…내가 광야에 물을, 사막에 강들을 내어 내 백성, 내가 택한 자에게 마시게 할 것임이라 이 백성은 내가 나를 위하여 지었나니 나를 찬송하게 하려 함이니라"(사 43:19-21).

2007년 비전캡슐 이후로, 후배들도 새 비전캡슐을 두 번째로 심었다. 한동인들은 언제나 꿈을 꾼다. 한동은 꿈꾸는 사람들이 모여드는 곳이다. 우리는 꿈꾸는 것을 멈추지 않는다. 주님 오실 때까지 한동인들은 꿈을 꾸면서 이 길을 갈 것이다. 온 세상 사람들이 주님을 알 때까지, 하나님의 나라가 이 땅에 임할 때까지! 그 꿈은 가고 오는 선후배로 계속 바통을 이어 갈 것이다.

예수님 어디 가십니까?

과테말라의 수도인 과테말라시티에서 성공적으로 의류사업을 하시는 김봉현 장로님(96학번 김윤상 아버님)이 한동 후원을 위해 한인교회 연합으로 사흘 간의 간증집회를 갖자고 우리를 초청하셨다. 우리 부부는 2007년 7월, 이종용 목사님(미국 서부 한동 후원회 이사장), 임덕순 후원회장님(미국 서부 한동 후원회)과 함께 과테말라를 방문했다. 집회 셋째 날이었다. 예배 도중에 동행했던 비서 민준호 군이 안절부절못하며 자주 들락거렸다. 그의 행동이 심상치 않아서 나는 귓속말로 물었다.

"무슨 일이라도 있니?"

"아닙니다."

아무래도 심상치 않아 다시 캐물었다.

맨 뒷줄에 앉아 있던 나는 남편의 설교는 벌써 귀에 들어오지 않았다. 민 군이 내 귀에 대고 말했다.

"사모님, 조금 전 교회 사무실에 켜놓은 TV에서 한국 청년 10여 명이 카불에서 칸다하르로 이동하는 중에 정체불명의 아프가니스탄 괴한들에게 피랍되었다는 뉴스가 보도되었어요. 아직 확인되지는 않았지만, 지금 우리 한동 총학생회 팀 10여 명이 선교 여행으로 아프가니스탄에 가 있잖아요. 무척 걱정됩니다."

전신에 힘이 빠져나가며 온몸이 부들부들 떨렸다.

"아이구, 하나님! 이를 어쩌면 좋습니까?"

얼굴을 두 팔에 묻고, 절규 같은 처절한 기도를 드렸다.

"오, 하나님, 몇 년 전 피지에서 두 명을 잃었는데, 또 이런 일이 일어나면 안돼요. 주님!"

이 사실을 알게 된 옆자리의 임종금 권사님(임덕순 후원회장 사모님)도 함께 부르짖었다. 우리의 기도는 차라리 신음소리에 가까웠다. 이 사실을 모른 채, 남편은 단상에서 열심히 말씀을 전하고 있었다.

목사님과 함께 일일이 악수하며 성도들을 전송한 남편이 뒤늦게 이

사실을 알게 되자 얼굴이 흙빛으로 변했다. 학교에 긴급 연락을 취했다. 학교에서도 아직 피랍된 청년들의 신원을 파악하지 못해 애를 태우고 있었다.

숨 막힐 듯한 시간이 지난 후, 마침내 강윤희 총학생회장과 함께한 한동대 학생들이 칸다하르에서 카불로 안전하게 도착했다는 소식이 전해졌다. 일단 우리 학생들이 무사하다는 소식에 맥이 탁 풀리면서 그제야 한시름 놓였다. 그러나 그것도 잠시, 피랍된 사람들이 카불에서 칸다하르로 이동하던 샘물교회 청년들이라는 사실을 알게 되자 걱정이 또다시 밀려오기 시작했다.

과테말라 방문 이후 차례로 방문했던 캐나다 토론토와 미국 시카고 한인교회 성도들도 이들의 무사 석방을 위해 눈물로 기도했다.

귀국하고 며칠 후, 집으로 가는 택시 안에서였다. 마침 라디오에서는 피랍된 청년들의 석방을 위해 국가적인 협상이 진행되고 있다는 뉴스를 보도하고 있었다. 그때 택시기사가 갑자기 비난과 욕설을 퍼붓기 시작했다.

"예수쟁이들이 문제야! 인질로 가만 내버려두지! 저런 사람들을 구하려고 국가예산을 낭비하는구먼! 무모한 예수쟁이들 때문에 국고를 낭비해야 하다니, 참!"

꾹 참고 듣고 있던 나는 택시기사의 과격한 말에 도저히 참을 수 없어서 한마디 쏘아붙였다.

"피랍된 국민을 국가가 마땅히 보호하고 구해 내야죠. 그런 비용을 아끼면 나라에서 아저씨한테 배당금을 나눠 준답디까?"

그러고는 차를 세워달라고 했다. 그가 어떻게 나올지 겁이 났던 것이다.

아프가니스탄 칸다하르의 한 유치원에서 어린이들에게 컴퓨터를 가르치며 예수님을 전했던 우리 학생들이 무사히 집으로 돌아왔다. 그러나 총학생회 회장인 강윤희(02학번) 양은 카불에 도착한 후, 몹시 아파서 비행기를 타지 못하고, 친구 한 명이 남아서 윤희 양을 간호하고 있다고 했다. 우리는 두 여학생이 무사히 귀국할 때까지 또다시 애간장 타는 기도를 드려야 했다. 마침내 두 여학생도 무사히 귀국했다.

귀국 후 8월, 학교에서 열리는 학부모 여름 수련회에서 윤희 양이 단 위에 섰다.

"카불에서 아팠을 때, 비몽사몽 가운데 환상을 보았습니다. 환상 속의 주님은 아프가니스탄 사막길을 터벅터벅 걸어가셨어요. '예수님, 지금 어디 가세요?' 하는 저의 물음에 주님께서 대답하셨어요.

'너희가 떠나가는 아프가니스탄을 나는 떠날 수가 없단다. 그래서 그곳으로 간다.'

'주님, 저도 아프가니스탄을 버리지 않겠습니다. 비록 저는 이곳을 떠나지만 항상 아프간을 마음에 품고 기도하겠습니다'라고 제가 주님께 말씀드렸어요. 그후, 열이 내렸고 한국으로 무사히 돌아올 수 있었습니다."

배워서 남 주는 삶을 살겠습니다

강윤희 02학번, 국제어문학부

언제 떠올려도 뭉클하고 마음이 따뜻해지는 우리 총장님! 총장님과 한동이 너무도 그리웠는데 잠시나마 뵐 수 있게 되어 얼마나 기뻤는지요. 총장님! 제 책상 앞에는 아프가니스탄에서 아이들에게 영어를 가르치던 사진이 걸려 있습니다. 어느새 6년이나 지났지만 유난히도 뜨겁던 그 여름의 기억은 아프고도 뭉클하게 남아 있습니다.

출발 전부터 십자가의 보혈, 희생과 순교에 대해 묵상하게 하셨는데, 아프가니스탄에서의 경험은 '선교는 목숨을 걸고 하는 것'이라는 사실을 몸소 깨닫게 한 충격적인 사건이었습니다. 위험지역인 칸다하르를 떠나 수도 카불까지 안전하게 도착한 우리 한동팀은 다음 날 비행기를 타기로 되어 있었습니다. 그러나 저는 당일 새벽부터 이상하게 몸이 아파 오며, 하나님의 음성에 고통을 느끼기 시작했습니다. 한 알의 밀이 땅에 떨어져 죽지 않으면 한 알 그대로 있고 죽으면 많은 열매를 맺는데, 주님을 모르는 아프가니스탄의 영혼들을 두고 왜 이대로 떠나려 하느냐는 하나님의 음성이었습니다. 하나님을 사랑하여 선교를 위해 이 땅에 왔고 희생 없는 영혼 구원은 없다는 진리도 알고 있지만, 다른 한 팀이 실제로 피랍된 다급한 상황에서 "저의 생명까지 주님께 드립니다"라는 고백을 아직은 할 수 없었습니다. 구토까지 하면서 배와 머리가 아프더니, 결국 쓰러져 출국을 할 수 없게 되었습니다.

회복한 후 카불을 떠나는데 하나님께서 위로의 말씀을 주셨습니다. 아직 우리에게 맡기실 일들이 남아 있기 때문에 다시 한국으로 돌려보내시는 것 같았습니다. 그후로 한동대학교 4층 기도실에 있는 "나는 빚진 자라"는 문구가 더욱 강하게 저를 사로잡았습니다. 십자가를 지고 예수님을 따른다는 것은 나의 결단과 행동으로 이뤄야 할 삶의 실재(實在)임을 알게 되었습니다.

사랑하는 총장님, 저는 한동을 졸업하고 하늘꿈학교(탈북청소년을 위한 대한민국 최초의 대안학교)에서 섬기고 있습니다. 하나님의 '부르심'을 경험한 것은 한동에 입학했을 때와 제12대 총학생회를 구성했을 때, 그리고 하늘꿈학교에서 일하게 되었을 때입니다. 우연히 이곳을 방문하게 되어 마음으로 축복하며 기도하던 중 성령님의 강력한 부르심이 있었습니다. "나를 사랑하느냐?"고 시몬 베드로에게 물으셨던 예수님의 음성이 제 가슴을 파고들었습니다. 그리고 주님은 말씀하셨습니다.

"윤희야, 네가 나를 사랑하느냐? 내 양을 먹이라."

하늘꿈학교로 가라는 하나님의 부르심임을 저는 정확히 알 수 있었습니다. 뭔가 더 거창하고 멋진 일에 사용되고 싶었던 젊은 날의 저에게 그 부르심은 감사보다는 부담이었습니다. 그럼에도 불구하고 제가 꿈꾸는 인생이 아닌, 하나님이 원하시는 인생을 선택할 수 있었던 이유는 한동대학교에서 받은 교육과 훈련 때문이었습니다. 세상 사람들 모두가 지향하는 '좋은 자리'만을 바라보며 그 목적을 향해 좇아가는 삶이 아니었습니다. 높고 낮음에 상관없이 하나님이 부르시는 자리에 서서 맡은 바에 충성하는 것이 그리스도인의 삶이라는 것을 한동에서 배웠던 것입니다.

단지 지식적으로만 배운 게 아니라 그 길을 앞서 가신 총장님과 교수님들의 삶을 통해 눈으로 보고 가슴에 담을 수 있었던 것이지요. 하나님의 부르심에 돌아가지 않고 곧바로 이 길을 갈 수 있음에 감사드립니다. 예수님이 먼저 가신 길, 총장님이 따라가신 길 그리고 부족하나마 한 걸음씩 저도 좇아가는 길, 십자가의 사랑과 부활의 능력이 담긴 그 길을 걸어가며 이따금 가슴에서 뜨겁게 올라오는 감격의 눈물로 저의 스승이신 총장님과 교수님들을 위해 기도하곤 합니다.

제가 섬기고 있는 하늘꿈학교는 한동과 참 많이 닮았습니다. 상처투성이였던 탈북청소년들이 이곳에서 예수님을 만나고, 이후 통일 시대에 북한으로 돌아가 각자의 자리에서 복음을 전하는 사람이 되리라는 꿈을 품고 졸업을 합니다. 저에게 허락된 하늘꿈학교에서의 시간은 현재 맡겨진 영혼들에 대한 사역일 뿐만 아니라 나아가 한반도의 미래를 준비하기 위한 하나님의 계획임을 시간이 갈수록 깨달으며 가슴이 두근거립니다.

한동에서 외쳤던 'Why Not Change the World!'의 의미를 졸업 후 조금 더 알게 되었습니다. 한동인들이 각자의 자리에서, 각자의 부르심과 모양대로 총장님과 같이 귀히 쓰임을 받아 대한민국, 더 나아가 열방을 변화시키는 사람들이 될 날을 기대합니다. '배워서 남 주는 사람'으로 길러 주심에 감사합니다.

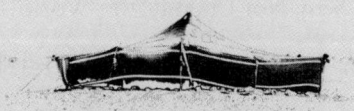

2장 내비게이션을 점검하라

> 우리에게는 우리나라를 변화시킬
> 무한한 잠재력이 있습니다. 우리가 이 사실을
> 깨달을 수 있도록 도와주십시오.
> 우리에게 물고기를 주지 마십시오.
> 물고기를 잡는 방법을 알려 주십시오.

구름을 일으키시는 여호와

우리나라 대학들은 대부분 연구 중심 대학을 지향하고 있기 때문에 기업에서 필요로 하는 인재 양성에는 정작 소홀하다는 평을 듣고 있다. 그리하여 대부분의 기업들은 대학을 갓 졸업한 신입사원들에게 재교육을 시키고 있다. 남편은 학부 교육을 지향하는 한동대와 같은 대학에도 정부의 지원이 있어야 한다는 소신을 가지고 있었다. 기회가 있을 때마다 교육 관계자들에게 학부 중심 대학에 정부 지원의 필요성과 한동대학의 교육 모델을 꾸준히 설득하며 강연도 많이 했다.

어느 날, 이 문제를 골똘하게 생각하던 남편이 말했다.

"정부 지원을 받으려면 이 사업의 이름을 지어야 하는데, 학부 중심

대학 선진화 교육 그리고 영어로는 에이스(ACE: Advancement for College Education)라고 하면 좋을 것 같군."

"에이스는 유명 침대 브랜드 같지만, 한눈에 들어오는 이름이네요. 당신은 작명가를 해도 되겠어요."

남편이 검지로 하늘을 가리키며 말했다.

"하나님께서 지혜를 주신 거야."

처마 끝의 낙수 한 방울이 바위를 뚫듯이, 어느새 교육 관계자들의 인식이 점차 바뀌기 시작했다. 예전엔 학교를 음해하는 수많은 투서에 대한 소명자료를 준비하여 국회, 교육부, 청와대로 애타게 뛰어다녔는데, 이제는 한국 대학 교육의 미래를 준비하는 소망스런 일로 뛰어다니는 남편을 보며 참으로 격세지감을 느꼈다.

한동대 교수들도 이를 위해 한마음으로 열심이었다. 어느 교수로부터 들은 이야기다. 2009년 가을, 교수 세 사람이 정부 청사로 출장을 갔다. 한동대학의 교육 모델을 타 대학으로 확산시키고자 교과부의 담당 공무원을 찾아가는 길이었다. 이들은 서울에 온 김에 청와대도 방문하기로 했다. 평소 한동대를 인정해 주는 교육 담당 비서관들에게 같은 뜻과 의지를 전하기 위해서였다. 교수들은 교비를 아끼느라 세종로에서 청와대까지 걸어가고 있었다.

맑은 가을날, 세 분의 교수들은 들뜬 기분이었다. 한동대학의 교육을 알리는 기회가 주어졌기 때문이다. 청와대가 가까워 오자 한 사람이 대표로 들어가고, 두 사람은 가까운 카페에서 중보하며 기다리기로 했다. 두 사람은 설득의 결과를 기다리며 초조해지기 시작했다. 이때, 먼발치에서 교수님이 뛰어왔다. 결과를 다그치는 질문에 그가 숨을 고르며 환하게 말했다.

"대성공이에요, 대성공! 교육비서관이 아주 좋은 제안이라며 오히려 한동대에 감사하다고 하셨습니다. 이제 한동의 교육이 확산될 수 있을 것 같습니다! 할렐루야! 그런데 그 비서관이 다른 두 분은 어디에 떼놓고 혼자 들어왔느냐고 물으셨어요. 아까 점심을 먹고 청와대로 돌아가는데, 세종로 거리를 활보하는 우리들을 보았다네요."

셋이 하나처럼, 하나가 셋처럼 한동 교수의 동역함에는 너와 내가 따로 없었다. 하나님의 대학, 한동을 위해 존재할 뿐이었다.

수년 동안 노력한 결과, 교과부는 연구 분야에 집중돼 있던 대학 재정 지원을 교육 분야로 확대하기로 했고, 이 사업 이름을 ACE라 명명했다. 드디어 2009년, 국회에서 에이스 사업에 지원할 300억을 교과부에 지원하는 예산안이 통과되었다. 일명 '잘 가르치는 대학'이 국가의 지원을 받을 수 있는 길이 열린 것이다. 이를 통해 각 대학들은 강점과 건학이념 등을 반영한 특색 있고 경쟁력을 갖춘 다양한 학부 교육 선진 모델을 창출하게 되었고, 학문 간 융합과 소통을 위한 교육 기반 구축 및 시대 변화에 부합하는 교육과정의 개발과 운영에 함께 노력하게 되었다.

"봄비가 올 때에 여호와 곧 구름을 일게 하시는 여호와께 비를 구하라 무리에게 소낙비를 내려서 밭의 채소를 각 사람에게 주시리라"(슥 10:1).

한동대의 'ㅗ' 자형 글로벌 창의 인재 양성 교육체계 구축사업(Global L.I.F.E PROJECT) 또한 ACE 사업으로 선정되어 4년간 120억 원의 정부 지원을 받을 수 있게 되었다. 2014년 1월, 남편은 연구 중심 대학에서 교육 중심 대학으로 교육정책의 물꼬를 돌려 국내 대학 교육의 패러다임을 바꾸는 선구자 역할을 수행한 공적을 인정받아 TV조선이 주최하고 조선일보, 미래창조과학부, 산업통상자원부, 대한상공회의소, 전국경제인연합회가 후원하는 '2014 한국의 영향력 있는 CEO'의 '인재경영 부문'에 수상자로 선정됐다. 한동대를 하나님이 친히 인도하시고 계심을 보여 주는 또 하나의 구름기둥이었다.

"여호와께서 내 편이 되사 나를 돕는 자들 중에 계시니"(시 118:7).

"내가 산을 향하여 눈을 들리라 나의 도움이 어디서 올까 나의 도움은 천지를 지으신 여호와에게서로다"(시 121:1-2).

마음과 마음이 닿도록

이은혜 00학번, 국제어문학부

한 분야에 남다른 관심이나 재능이 없었던 저에게 전공 선택이라는 과제는 무수한 질문과 고민거리를 안겨 주었습니다. '나는 어떤 분야에서 쓰임받기를 원하는가', '내가 가장 즐겁게 할 수 있는 일은 무엇인가', '하나님이 나에게 주신 은사를 가장 잘 활용할 수 있는 분야는 어디인가' 등등의 질문에 대해 기도하고 고민했지만 명확한 답을 얻을 수 없었습니다. 전공 선택에 대한 고민으로 답답함과 조급함이 커져 가던 어느 날, 수요

채플에 오신 총장님께서 이 세상이 얼마나 이기심과 경쟁심으로 가득 찬 '나' 중심의 세상인지 그리고 우리의 배움이 왜 '나'를 위한 것이 아니라 '남'을 위한 것이어야 하는지에 대해 열정적으로 말씀하셨습니다.

총장님의 강의를 들으며, 전공 선택과 관련된 저의 고민과 질문들 또한 얼마나 '나' 중심적이었는가를 깨닫게 되었습니다. 나의 적성, 나의 관심, 나의 능력, 나의 은사. '나'를 중심에 두고 생각하니, 내가 좋아하고 내가 잘할 수 있는 것을 찾으려는 것에만 몰두했지 내 주변을 돌아보며 어떤 이웃이 있는지, 그들이 어떤 필요를 가지고 있는지에 대해서는 깊이 생각해 보지 않았음을 깨닫게 된 것입니다. 그래서 저는 '나'에 대한 질문과 고민을 멈추고 대신 나의 주변, 나의 이웃에 대한 탐색과 질문을 시작하기로 결심했습니다. 나의 전공과 진로는 이웃을 섬기기 위함이라는 전제에 포커스를 맞춤으로써 고민과 질문의 방향을 전환한 것입니다.

가장 가까운 주변부터 돌아보자는 생각으로 제일 먼저 다가간 저의 이웃은 같은 방에 살고 있는 같은 학번의 룸메이트였습니다. 미국에서 고등학교를 나오고 한동에 입학한 이 친구는 오랜 미국 생활로 한국 문화에 재적응하는 데 많은 어려움을 겪고 있었습니다. 그 친구의 이야기를 들으며 저는 학교에 있는 다른 재외국민 학생들과 외국인 학생들이 받고 있을 상처와 아픔에 대해 생각하게 되었고, 이들을 섬길 수 있는 기회를 달라고 하나님께 기도했습니다.

얼마 후 학교에서 외국인 학생들에게 일대일로 한국어를 가르쳐 줄 자원봉사자를 구한다는 광고를 접했고, 그 순간 이것이 외국인 학생들을 섬길 수 있는 기회를 구했던 기도에 대한 응답이라는 확신이 들어 한국어 도우미로 지원했습니다. 당시 저의 영어 듣기 실력은 생활 영어의 기본적인 표현들은 대부분 알아들을 수 있지만 말하기는 거의 되지 않는 한국 대학생들의 평균 영어 실력 정도였습니다. 외국인 학생이 학교 생활에 잘 적응하도록 돕기에는 저의 영어 실력이 터무니없이 부족했습니다. 여러 명의 외국인 학생들을 섬기게 되면서, 영어 공부에 대한 절실함은 더욱 커져 갔습니다. 그리고 마침내 전공 선택의 시간이 다가왔을 때, 총장님이 외치셨던 배움은 섬김을 위한 것이어야 하고, 전공 공부는 섬김을 위한 도구가 되어야 한다는 말씀을 기억하며, 외국인 학생들을 섬기는 데 헌신하자는 각오를 다지고 국제어문학부 내의 영어와 국제커뮤니케이션 전공을 선택했습니다.

영어 실력을 키워 가면서 늘 나의 배움을 통해 누구를 섬길 수 있을까를 질문했고, 영어를 통해 봉사할 수 있는 일이라면 무엇이든 주저하지 않았습니다. 실력이 부족한 것에도 전혀 개의치 않고 참여했습니다. 매해 외국인 학생들이 새로 한동에 입학하면 그들의 도우미를 자청하여 자발적으로 다가가 필요한 도움을 주고, 외국인 공동체 소그룹 리더로 헌신하며 외국인 학생들을 섬기는 일을 지속했습니다. 한동대의 '배워서 남 주자'는 교육철학을 성실히 실천한 덕에 영어권으로 어학연수나 유학을 다녀온 경험 없이도 한동 안의 글로벌 환경을 통해 국제커뮤니케이션에 필요한 영어 실력과 세계 시민 소양을 기를 수 있었습니다. 그리고 한동에서의 봉사 활동 경험과 영어 실력 덕분에 졸업 후에는 풀브라이트 장

학생으로 선발되어 미국 대학원에 진학할 수 있었습니다.

저는 지금 미시간 주립대에서 석·박사를 마치고 현재 코너스톤 대학 테솔 대학원에서 영어 교수법을 가르치고 있습니다. 저는 학생들에게 언어를 배우고 가르치는 데 있어 가장 중요한 것은 언어와 문화가 다른 사람들과 대화하기 위한 소통의 덕목을 갖추는 것이라고 이야기합니다. 모국어가 아닌 외국어로 대화할 때도, 마음과 마음이 닿는 의사소통을 위해서는 나의 생각보다는 타인의 생각을 듣고 이해하려는 태도, 타문화의 시각에서 사물을 바라보려는 노력, 나의 방식을 고집하는 것이 아니라 타인이 알아들을 수 있는 방식으로 사랑과 존중을 표현하려는 마음가짐이 있어야 한다고 가르칩니다.

그리고 한동의 스승들께서 그러셨던 것처럼, 가르침을 삶으로 보이기 위해 학생들에게 먼저 다가가고, 그들의 말에 귀를 기울이는 선생이 되려고 늘 노력하고 있습니다.

유네스코 유니트윈 주관 대학이 되다

2005년 5월, 남편이 교육부로부터 서울에서 열리는 유네스코의 아시아 지역 본부 회의에 강연 요청을 받았다. 그는 한동의 교육 비전 중의 하나인 개발도상국의 인재 양성에 대한 사례들을 발표했다.

"50년 전 전쟁으로 폐허가 되었던 한국이 선진국으로 도약할 수 있었던 것은 교육을 통한 인재 양성이었기에, 우리도 개발도상국의 교육을 도와야 합니다. 한동대학은 개교할 때부터 개발도상국의 지도자를 양성하는 비전을 실행하기 위해 노력해 왔습니다. 이를 위해서 제3세계의 외국인 학생들을 초청하여 전액 장학금으로 교육시키고 있습니다. 처음에는 소수 인원으로 시작했지만 지금은 유학생의 수가 해마다 증가하고 있습니다."

유네스코에서는 1992년 '유니트윈'(UNITWIN) 프로젝트를 시작했지만 제대로 실행되지 않고 있었기 때문에 한동대의 사례 발표는 그들에게 무척 고무적인 것이었다.

몽골 대표는 "전문성이 깊은 하버드대의 MBA 과정보다 한동대가 제공하고 있는 국제기업가정신 MBA가 몽골 현실에 더 적합하다"라고 논평했다. 이를 계기로 한동대는 파리 유네스코에 유니트윈 프로젝트 신청서를 제출하게 되었다. 그러나 그해가 지나도록 유네스코 본부에서는 아무런 연락이 없었다. 파리 본부의 한 직원이 귀띔해 주었다.

"북경 주재 유네스코 아시아 사무실에서 한동대의 서류가 보류되고 있습니다. 왜냐하면 한국의 유엔 분담금이 여러 나라 중에서 제일 적기 때문입니다. 일본 측에서는 분담금을 많이 내고 있는 일본이 유니트윈 프로젝트의 주관 대학을 해야 한다고 반대하고 있어요."

2006년, 교육부가 주관하는 글로벌 HR 포럼에 유네스코 교육 담당 사무부총장이 참가했다. 유네스코 사무부총장 피터 스미스(Peter Smith) 박사와는 캘리포니아 주립대학(몬트레이 캠퍼스)의 초대총장 재직 당시, 우리가 그 대학을 방문해 만난 적이 있었다. 작은 여행 가방을 끌고 오는 부총장을 캠퍼스에서 만났을 때 그도 학교 건축 문제로 수없이 고발을 당해 법정을 다녀오는 길이라고 해서 우리는 웃음이 나왔다. 우리도 수없이 법정을 들락거리고 있었기 때문이다. 미국에서도 대학을 운영하려면 법정과 친하게 지내야 하는가 생각도 했다. 그때 스미스 총장님은 한동대학의 교육 프로그램이 그가 시도하는 교육 프로그램과 매우 비슷하다며 무척 반겼다. 스미스 총장이 유네스코의 사무부총장이 된 것은 참 묘한 우연이었다. 그때 그 제안서를 본 그가 말했다.

"왜 이런 좋은 제안서를 북경사무소에서 이때까지 유보하고 있었던 거죠?"

그는 이 제안서를 즉시 처리했고, 한동대학은 유네스코 유니트윈 프로그램 역사상 최초로 아시아 주관 고등교육기관으로 선정되었다. 피터 스미스 박사는 한동을 위해 예비해 주신 하나님의 사람이었다. 2007년 4월 5일 파리의 유네스코 본부에서 주불 한국대사도 참석한 가운데 유네스코와 한동대가 유니트윈 주관 대학으로서의 협정식을 가졌다. 한국 유네스코 직원들은 자랑스러움을 감추지 못했다. 유네스코 본부에는 2천여 명의 직원이 있는데 유엔 분담금에 따라 직원 수가 배당되기 때문에 한국 직원이 10여 명 있었다. 그때 만난 최수향 박사 (현재 유네스코 평화·지속가능발전교육국장)가 말했다.

"지금까지는 유네스코에서 한국의 존재감이 그다지 크지 않았습니다. 이번에 한동대학이 한국의 위상을 높여 주셨습니다."

이 협정은 프랑스 언론들도 주목했다. 〈르 휘가로〉(Le Figaro)와의 인터뷰에서 식스틴(Sixtine Leon-Dufour) 기자는 한국의 한동대학이 어떻게 유네스코 유니트윈 프로젝트의 주관 대학이 됐는지 궁금해 했다. 남편이 말했다.

"한동대학은 21세기 교육의 패러다임에 가장 적합한 교육을 하고 있기 때문입니다."

며칠 후인 4월 26일, 기자는 눈으로 확인하기 위해 파리에서 한동대학으로 날아왔다. 그는 개발도상국들, 파키스탄, 베트남, 우즈베키스탄, 콩고 등에서 유학 온 학생들을 차례로 인터뷰했다. 그는 콩고에서 온 모콜라 학생에게 "왜 한동대에 왔느냐"고 질문했다. 모콜라는 "장차 콩고 대통령이 되기 위해 한국이 선진국 대열에 있게 된 비결을 배우고자 한국 대학으로 왔다"고 대답했다. 2007년 4월 30일 〈르 휘가로〉는 "교육과 가치관을 통해, 가난은 더 이상 숙명이 되지 않을 것"이라는 제목으로 기사를 게재했다. 아프리카 가나에서 온 유학생 타굴 군의 기사도 큼직하게 실었다. 타굴 군은 '한동대학에서 한국의 발전사를 배우고 있으며, 한동대학은 나의 조국 가나를 살리는 꿈'이라고 말했다.

유네스코를 녹인 총장님의 미소

하민호 98학번, 언론정보문화학부

2007년 4월 5일 프랑스 파리 국제 유네스코 본부, 마쓰우라 고이치로 당시 유네스코 사무총장이 주불 한국대사 임석하에 김영길 총장님과 나란히 앉아 테이블 위에 놓인 조인서에 서명했다. 한동대학교가 아시아 대학 최초로 유네스코 유니트윈 프로그램 주관 대학이 되는 순간이었다. 사실, 가장 놀란 사람은 그 순간들을 카메라에 담고 있던 바로 나 자신이었다. '어떻게 유네스코가 한동대를 알게 된 것일까?' 당시 파리 유학 중이었던 나는 총장님의 일정 내내 동행했는데, 나만이 보고 느낄 수 있는 여러 일들이 있었다.

어느 한식당에서 특파원 간담회가 있던 날이다. '대형 이슈가 아닌 이상 이렇게 모이기도 쉽지 않을 텐데…' 하고 생각할 정도로 파리에 있는 특파원들은 거의 다 온 것 같았다. 다들 누군가에게 떠밀려 온 듯 '바쁜 사람을 불러 놓고 무슨 말을 하려고?' 하는 표정을 하고 있었다. 총장님은 한동 캠퍼스 조감도를 펼쳐 놓고 한동의 소망과 유네스코 유니트윈을 통한 비전을 설명하기 시작했다. 몽골, 우즈베키스탄, 아프가니스탄 등에 교육 기부로 섬기는 한동의 모습이 여러 자료들을 통해 보여졌다. 기자들이 한두 명씩 감탄사를 쏟아 냈다. 나 또한 처음 듣는 터라 한동의 새로운 이야기가 굉장히 놀라웠다. 도중에 한 기자가 불쑥 말했다.

"총장님, 식사도 좀 하시죠."

식사가 끝날 때까지 총장님 밥그릇의 밥은 식어 굳어 가고 있었지만, 내 마음은 감동으로 녹아내리고 있었다. 처음에 딱딱해 보였던 기자들의 마음도 나처럼 녹고 있는 듯했다.

간담회가 끝나고 사람들이 일어나 총장님을 배웅하는데, 모 언론사 특파원이 자랑스럽게 이야기했다.

"총장님, 저희 신문사에도 한동대 출신이 있습니다!"

이듬해 총장님은 파리에 다시 오셨다. 이번에는 한동대-OECD간 MOA(합의각서)를 체결하는 자리였다. 권태신 당시 OECD 대사를 비롯한 한국대표부 측 인사들이 대거 참석했다. 앙겔 구리아 사무총장실로 들어가는 길에 한 인사가 총장님께 넌지시 이야기했다.

"총장님, 여기서는 서울대는 몰라도 한동대는 다 압니다."

당시 옆에서 우연히 그 이야기를 들었을 땐 단순히 말치레겠거니 생각했

다. 1년 뒤 유네스코 초청으로 파리를 다시 찾은 총장님은 10년에 한 번씩 열리는 세계고등교육회의(UNESCO WCHE 2009)에서 한동의 교육철학과 비전 그리고 유니트윈을 통한 사례들을 국제사회에 알렸다. 회의 폐막식에 발표된 성명서에는 한동의 교육 사례가 향후 10년 간 국제사회에서 참고할 만한 교육 모델로 기록되어 있었다. 유네스코에 모여든 전 세계 교육 관계자들, 특히 아프리카에서 온 수많은 인사들은 다른 대학은 몰라도 한동대는 기억하게 됐다.

세 번째 파리에 오셨을 때 난 유학생 선배에게서 빌린 오래된 중고차로 총장님을 모셨다. '영업에 실패한 사람은 용서할 수 있어도 의전에 실패하는 사람은 용서할 수 없다'는데, 당시 난 학교가 가난하니 차 빌리는 값을 아끼면 총장님도 좋아하실 거라는 순진한(?) 생각을 했던 것이다. 갑자기 차 시동이 걸리지 않아 오랫동안 출발을 못하고 있어도, 문이 말을 듣지 않아 밖에서 열어야 나오실 수 있는 상황이 되어도 다행히(?) 총장님은 괜찮다며 캔터키프라이드치킨(KFC) 할아버지와는 비교할 수 없는 그 특유의 편안한 미소를 지어 보이셨다. 사회 물정 모르는 가난한 유학생을 배려하는 마음이셨을 것이다. 어쨌든 국제회의에 참석한 각국 대표들이 고급 세단을 타고 다닐 때 총장님은 당당히 내가 빌린 똥차를 타고 다니셨다!

파리에서 총장님과 함께했던 일련의 일들…. 하나님은 그 가운데 무엇을 깨닫게 하려는 것이었을까? 그때는 그것이 무엇인지 잘 몰랐다. 단지, 나의 사랑하는 한동이 중앙아시아와 아프리카를 향해 새롭게 추진하는 교육 기부가 가슴 벅찰 만큼 자랑스러웠고, 초라한 의전이었으나 기쁘게 받아 주셨던 총장님이 고마울 따름이었다.

어느 날인가 파리에서 총장님 사모님께 고백 아닌 고백을 했다.

"사모님, 사실 제가 학교 다닐 때 총장님 속을 좀 썩이는 일들을 했습니다. 노조 파업 때 학생 지지 성명서도 발표하고, 언론 인터뷰에서 학교의 행태를 비판하기도 하고, 때로 학교가 부당하다고 생각되는 일이 있을 땐 릴레이 단식 투쟁에도 참여했습니다."

그랬다. 학창 시절 내 눈에 비친 학교 리더십들의 일 처리는 민주적인 절차 없이 일방통행으로만 보였다. 학교와 노조와의 갈등도 권력을 잡은 그리스도인들이 다수의 비그리스도인들로 구성된 노조를 지배하려는 데서 오는 문제처럼 보였다. 구조적으로 강자일 수밖에 없는 학교가 약자인 노조를 억압하고 있다고 생각한 것이다. 지금 돌이켜보면 참 순진한 생각이었음을 깨닫는다. 당시엔 노조를 지지하고, 독단적으로 보이는 학교의 행태를 비판하는 것이 내겐 더 정의로운 행동이었다. 이 시절, 본관 4층 기도실에서 홀로 무릎 꿇을 때마다 내 마음엔 한동에 대한 애통함밖에 없었다.

프랑스 파리, 낯설기만 한 땅에서, 하나님께서는 나로 하여금 당신이 한동을 통해 계획한 크고 놀라운 일들의 밑그림을 직접 보고 깨닫게 하셨다. 유네스코 유니트윈을 통해 한동이 아시아, 아프리카로 가는 길을 열어 주셨고, OECD를 통해 선진국들이 하나님께서 허락하신 한동의 비전에 동참하게 하신 것이다. 유네스코 세계고등교육회의에서 수많은 아프리카 나라들, 특히 아직까지 우리에게 잘 알려지지 않은 아프리카 불어권 나라들의 교육 관계자들이 한동의 교육철학과 비전을 공유하게 된 것은 결코 우연일 수가 없다.

시동이 걸리지 않아 전혀 반응이 없는 똥차 안, 그 속에서 안절부절못하고 있던 내게 괜찮다며 미소로 기다려 준 총장님의 모습은 하나님께서 내게 주신 또 다른 메시지였다. 결국 차는 잠시 후 기적같이 시동이 걸려 다시금 힘 있게 앞으로 나아갈 것이었다.

학창 시절 내가 천착했던 가치는 소통, 곧 민주주의와 정의였다. 어느 것 하나 버릴 수 없는 고귀한 가치들이어서, 한동 안에서 이 가치들이 잘 작동하지 않는다고 생각했을 때 어김없이 비판의 날을 세웠다.

9년 만에 한국에 돌아와 다시 보는 한동은 여전히 예전과 동일한 갈등의 고리에 매여 있는 모습이다. 그러나 결국 동일하신 하나님께서 참 연약해 보이는 한동에 다시 동력을 불어넣어 주실 것이다. 그리고 힘 있게 앞으로 나아가게 하실 것을 믿는다. 아시아로, 아프리카로, 세계로! 공부해서 남 주자! Why Not Change the World!

모든 족속으로 제자를 삼아

2008년 10월 9일, 한동대와 OECD는 인턴십 프로그램 운영에 대한 업무 협약(MOA)을 체결했다. MOA는 MOU(양해각서)와는 달리 법적 효력이 있는 합의 각서를 뜻한다. OECD와 학부생 대상 인턴십 프로그램을 운영하는 것은 한동이 세계 최초라고 했다. 매 학기 3-4명의 학생들이 보수를 받으며 인턴십 프로그램에 참여하고 있으며, 졸업 후에는 컨설턴트로 취업할 수 있는 기회도 주어진다. 전산전자, 경영경제, 산업정보디자인, 언론정보 분야에서 지금까지 15명의 학생이 훈련을 받았으며, 인턴 과정을 마친 후 3명이 컨설턴트로 취업했다.

현재 한동대는 전 세계 개발도상국의 인재들이 한국에 와서 유학할 수 있도록 유네스코 유니트윈 교육 프로그램을 활발하게 진행하고 있다. 한국국제협력단(KOICA)의 지원을 받아 개발도상국에 기업가 정신을 심기 위해, 중소기업을 지원하는 정책 관리들을 유학생으로 초청하여 1년 8개월 동안 교육하고 있다. 가나, 나이지리아, 에티오피아, 필리핀, 네팔, 스리랑카 등의 개발도상국에서 온 13명의 학생이 이미 졸업했고, 현재 2차로 모집한 13명이 재학 중에 있다.

> "그러므로 너희는 가서 모든 민족을 제자로 삼아 아버지와 아들과 성령의 이름으로 세례를 베풀고 내가 너희에게 분부한 모든 것을 가르쳐 지키게 하라 볼지어다 내가 세상 끝 날까지 너희와 항상 함께 있으리라 하시니라"(마 28:19-20).

유니트윈 활동 중의 하나인 GET(Global Entrepreneurship Training), 즉 '국제 기업가 정신' 프로그램은 한국으로 유학 올 수 없는 젊은이들을 위해 한동대 교수님(김기홍, 이용, 원재천, 에드워드 퍼넬(Edward Purnell))들이 방학마다 아프리카의 케냐, 가나, 르완다와 남미의 페루, 몽골, 네팔, 카자흐스탄 등으로 가서 현지 학생들을 가르치고 돌아오는 프로그램이다. 그들에게 물고기를 주는 것보다 물고기를 잡는 방법을 가르치며,

'우리도 할 수 있다'는 희망을 불어넣는 것이 이 프로그램의 핵심이다. GET 프로그램에 참가했던 한 참가자가 말했다.

"우리가 필요한 것은 물고기가 아니라 희망(HOPE)입니다. 우리의 생각을 바꿀 수 있게 하는 희망, 우리 스스로 일어설 수 있게 하는 희망 말입니다. GET은 우리 마음속에 희망의 씨앗을 심어 주었고, 동기부여를 시켜 주었습니다. 우리에게는 우리 조국을 변화시킬 무한한 잠재력이 있습니다. 우리가 이 사실을 깨달을 수 있도록 도와주십시오. 우리에게 물고기를 주지 마십시오. 물고기를 잡는 방법을 알려 주십시오."

김기홍 교수(Global Edison Academy)는 하나님의 역사하심에 감탄했다며 최근에 있었던 에피소드를 메일로 알려 주었다.

"우리는 프로젝트 세션 중 기독교와 하나님을 공개적으로 언급하지 않도록 주의했습니다. 많은 수의 참가자가 이슬람교나 힌두교와 같은 타 종교의 사람들이므로, 이들의 불평으로 불필요한 문제를 야기할 수도 있기 때문이었지요. 그러나 한편 참가자에게 하나님을 전할 기회를 우리가 제한하는 것은 아닌가 하는 마음도 있었습니다. 그러나 하나님은 우리의 염려가 불필요한 것임을 프로그램 전야 환영 행사에서 보여 주셨습니다. 환영 만찬에서 한 참가 학생이 우리 도우미 학생에게서 기타를 빌려 〈좋으신 하나님〉을 자기의 언어로 부르기 시작했습니다. 이어서 다른 학생들도 자기의 언어로 되풀이했고, 한동 학생들을 포함한 10여 개국 학생들이 각각 고유 언어로 이 찬양을 불렀습니다. 이 모습을 지켜본 키르기스스탄의 한 참가자가 주최 측에 와서 조용히 요청했습니다. 자신은 무슬림이어서 그 성가를 부르고 싶어도 가사를 몰라 부를 수 없으니, 가사를 구해 줄 수 없냐는 것이었습니다. 마지막 시간에는 그를 위해 번역한 러시아어를 포함한 20여 개국의 언어로 〈좋으신 하나님〉을 함께 부를 수 있었습니다. 이 시간은 GET 프로그램의 가장 중요한 행사인 문화의 밤(Culture Night)으로 정착하게 되었습니다."

2008년 소수 외국 참가자들을 대상으로 한동에서 진행되었던 GET 세션은 성공적이라는 평가를 받았다. 많은 참가자가 이 프로그램이 자신의 인생을 바꾸는 경험이 되었다고 말했다. 그들 중에는 전에는 선진국들이 재정은 지원했지만, 이렇게 자신의 문제를 풀 수 있는 방법을 제시하지는 않았다고 울먹이며 감사를 표하기도 했다.

횃불선교대학에서 신학을 공부하다 이 프로그램에 참가했던 잭슨 느가리는 케냐의 모교인 세인트 폴 대학에서 이 프로그램을 열게 해달라고 끈질기게 요청했다. 안타까웠지만 예산을 이미 다 사용했기 때문에 그를 도울 수 있는 방법이 없었다. 그는 자기의 모교와 연락해서 그 대학으로 하여금 유니트윈 네트워크에 조인하도록 주선하고, 필요한 준비들을 했지만 예산 부족이 우리의 발목을 잡았다.

그러나 하나님은 또 이를 위해 기적을 준비하고 계셨다. 이 프로젝트는 국제연합개발계획(UNDP: United Nations Development Program)과 유네스코에서 필요 자금을 달러로 송금해 주는 형태로 진행되었다. 공교롭게도 2008년 미국발 외환 위기로 인해 하룻밤 새 달러 환율이 1,650원까지 올라 생각지 못한 많은 예산을 확보할 수 있었다. 또한 외국에서 초빙하려던 국제 개발 전문가들이 사정상 참석할 수 없게 되어서 예산도 절약하게 되었다. 그리하여 케냐에서 GET 프로그램을 실시할 수 있을 예산이 마련된 셈이었다. 게다가 케냐로 필요 경비를 송금할 즈음에는 외환 위기가 완화되어 떨어진 환율로 송금할 수 있었다. 케냐 현지에서 아프리카 10개국에서 온 80명의 학생들과 함께 실시했던 이 프로그램은 한동에서 했던 프로그램 못지않게 성공적으로 마무리되었다. 특히 문화의 밤 행사를 통해 참가자들은 폭력이 아닌 자신들의 문화유산을 서로 광고하고, 상품화하는 계기도 만들었다.

하나님은 가나에서도 GET 세션이 열릴 수 있도록 문을 열어 주셨다. 그 첫 시작은 가나의 유니트윈 네트워크 대학인 감리교단(Methodist) 가나 대학과의 협력이었다. 가나 협력대학 측의 요청으로 GET 세션은 가나의 수도인 아크라에서 자동차로 7시간 이상 걸리는 웬치 시에서 열리게 되었다. 이곳은 가나에서도 아주 낙후된 오지로, 3년 전에 개교한 농과대학이 위치한 곳이었다. GET 세션을 위해 전교생 150명을 수용할 수 있도록 급조한 강의실은 지붕과 기둥만 있고 벽은 거의 없는 간이 건물이었다. 강의 하루 전에 웬치 시에 도착해 건물을 본 한동대 GET팀은 아연실색했다. 에어컨도 없는 곳에서 학생들이 뙤약볕 밑에서 강의를 들어야 하기 때문이었다. 강한 햇빛 아래서 빔 프로젝터로 강의를 하는 것은 불가능해 보였다. 멀리 아크라에 있던 협력대학 총장에게 전화로 몇 시간 있으면 아프리카 여러 나라에서 학생들이 도착할 텐데 어떻게 했으면 좋겠느냐고 물었다. 사태의 심각성을 느낀 총장은 반나절 만에 항공편으로 웬치 시에 도착했다. 그는 어떻게 하든지 다음 날 아침 강의가 시작될 때까지는 문제를 꼭 해결해 놓겠다고 약속하고는 차로 두 시간 정도 떨어진 쿠마시에 있는 큰 시장으로 사람을 보내 벽을 막아 햇볕을 어느 정도 가릴 수 있는 물품을 구해 오라고 했다.

다음 날 아침, 염려하면서 건물을 찾았을 때는 일꾼들이 여러 크기와 무늬의 양탄자들을 못질하고 있었다. 아마 쿠마시 시에 있는 모든 양탄자를 다 가져온 것 같았다. 돈도 꽤 많이 들었을 것 같았다. 완전하진 않았지만 강의를 제시간에 맞춰 겨우 시작할 수 있었다. 자상한 하나님은 여기에서도 다시 한 번 기적을 베풀어 주셨다. 건기의 중간이었음에도, GET 세션이 끝나는 일주일 내내 날이 흐리고 비가 내려서 선선한 날씨에 바람에 날리던 흙먼지조차 없었다. 참가자들은 건기에 일주일 내내 날이 흐리고 비가 올 수 있냐며 신기해했다. 인간의 생각으로는 일어날 수 없는 기적들을 베푸시는 하나님을 다시 경험할 수 있었다. 협력대학의 총장은 교수들까지 참석하게 하면서 일주일 내내 학생들과 함께 모든 강의를 들었다.

GET 프로그램이 끝날 무렵, 총장을 비롯한 모두가 기업가 정신을 가진 기업가로 변신해 있었다. 총장은 내년에는 창문이 있는 벽과 커튼이 있는 강의실에 에어컨도 설치될 것이라고 약속했다. 그의 약속대로 그 이듬해에는 훌륭한 창문과 커튼이 설치된 건물에서 에어컨 바람을 맞으며 프로그램을 진행할 수 있었다. 여느 건기처럼 파란 하늘에 뜨거운 햇빛이 비취고, 황사 바람이 매일 흩날리고 있었다. 하나님은 아마도 그 전해 같은 기적은 필요 없다고 판단하셨나 보다. 협력대학의 교수들은 웬치 시 같은 오지에도 현대적인 국제회의실이 있다는 것을 자랑스러워하고 있었다. 하나님은 아프리카에서도 구름기둥을 보내 주셨다.

파리에서 만난 총장님

구선미 98학번, 전산전자공학부

2009년 스위스 제네바와 프랑스 안시의 국경 지대의 한 산간 마을의 대학원에서 기업가 정신과 국제 개발을 공부하고 있을 때이다. 프랑스 파리에서 열리는 2009 국제대학정상회의(Global University Summit)의 고등교육 대표자 회의에서 총장님이 한국인 최초로 발표를 하신다는 소식에 파리행 기차표를 끊었다. 총장님의 추천으로 일주일 전에 열렸던 학생 대표회의에 한국 대표로 참석해 세계 각국 학생들과 북아프리카의 민주화, 일본의 쓰나미 등 세계적 긴급 사안들을 논의하고 돌아온 참이었다.

당시 나를 돌봐 준 프랑스 하숙집 아줌마는 대학 총장님을 만나러 간다니까 새벽부터 알프스 특산품인 염소치즈(Tomme)를 염소 농장에서 직접 사와 보온 팩에 싸주셨다.

파리에 도착해서는 지하철역에서 길을 잃어 한참을 헤매다 행사 시간에 그만 늦어 버렸다. 아뿔싸! 종종걸음으로 제2세션장으로 들어서니 저 멀리서 익숙한 PPT 그림이 보이고 총장님이 특유의 안동 영어 악센트로

"아이 러뷰! 땡큐!"라며 마무리 인사를 하고 계셨다. 나와 눈이 마주치신 총장님은 깜짝 놀라 단상에서 반갑게 손을 들어 주셨다. 우레와 같은 박수가 터져 나왔고, 각국 대표들이 앞 다투어 질문을 했다.

일본 동경대학교 총장님은 감동받은 표정으로 대학이 나아가야 할 새로운 방향성을 보게 되었다고 말씀하셨다. 총장님이 무슨 말씀을 하셨는지 궁금해 하고 있는데 남아프리카공화국 대학 총장님이 이제 학생들은 디지털 기기를 통해 모든 지식을 얻고 있으며 최고의 강의를 볼 수 있다며 더 이상 대학의 역할에 기대하지 않을 텐데, 어떻게 대처할 것이냐는 날카로운 질문을 던지셨다.

그러자 총장님은 나를 쳐다보시더니 말씀하셨다.

"지난주에 열린 학생대표회의에 참석했던 제 제자가 이곳에 와 있습니다. 학생들은 어떻게 생각하는지 이 학생에게 직접 들어보지요."

갑작스런 질문에 자리에서 벌떡 일어나 청중을 바라보니 대학 총장님들만 가득했다.

"제가 늦게 도착해 김영길 총장님께서 발표하신 내용을 듣지 못한 채 질문에 답하는 것을 양해해 주세요. 저는 지금 프랑스 알프스 산간 마을에 살면서 작은 도시의 대학원에 다니고 있습니다. 총장님의 말씀처럼 인터넷을 통해 논문을 쓰는 데 필요한 세부 자료를 구하고, 최신 논문 검색도 자유롭게 하고 있습니다. 세계 석학들의 강의를 들을 기회도 많아 첩첩 산중인 알프스 산골에서도 논문을 쓸 수 있습니다. 일주일 전에 열렸던 학생회의에서 학생들은 각 대학에 다양한 지식에 쉽게 접근할 수 있도록 온라인 강의 및 자료를 많이 공개할 것을 요구했습니다.

그러나 교수와 학생 간의 만남(Face to Face interaction)은 분명 있어야 하는 필수 요소라고 생각합니다. 학생들은 지식의 통합과 깊이를 추구하는 스승을 만나길 원하며, 이는 어떠한 디지털 정보로도 대체할 수 없다고 생각합니다. 학생들은 지식과 지혜를 갖춘 인격적 역할 모델과의 교류, 그리고 지식이 전달할 수 없는 다양한 지혜를 경험할 수 있는 전인격적 교육 환경을 고등교육기관이 제공할 것을 바라고 있습니다."

동경대 총장님이 여행 가방을 끌고 김 총장님을 만나러 온 나를 보고 농담을 던지셨다.

"저는 어느 나라를 여행해도 졸업생들이 찾아오지는 않습니다. 우리도 한동대처럼 '전인격적 교육'을 실시해야겠네요. 총장님, 정말 부럽습니다."

총장님의 발표 내용이 '전인격적 교육'과 관련된 내용임을 알 수 있었다. 행사가 끝난 다음 날은 스승의 날이었다. 학생으로 또 직원으로 여러 차례 총장님을 만난 적이 있지만 한 번도 카네이션을 달아 드린 적이 없던 나는 파리의 꽃집을 찾았다. 빨간 카네이션 한 다발을 손에 들고 총장님이 설교하시는 파리한인침례교회의 주일예배에 참석한 나는 처음으로 총장님의 간증을 들었다. 책으로 접한 적도 있고, 굵직굵직한 사건들을 함께 겪은 적도 있었지만, 하나님을 알게 된 총장님의 간증을 안동 억양으로 듣는 것은 처음이었다. 물리법칙 위에 존재하는 은혜의 법칙에 관한 말씀을 듣는데 그냥 눈물이 쏟아졌다. 그 은혜의 법칙에서 살아가려고 부단히 애쓰는 한 인간의 이야기는 하나님의 은혜의 법칙 안에 나 역시 포함되어 있다는 것을 깨닫게 했다. 그 법칙은 나를 묶고 있던 끊이지 않는 의문을 사라지게 했다. 그리고 은혜의 법칙이 실존한다는 것을 직접 보여 주고 있는 스승이 계심에 감사했다.

총장님 부부와 마지막 인사를 나누려는데, 얼음이 녹아 구린내가 슬슬 나기 시작한 치즈가 마음에 걸렸다.

"사모님, 사실 저희 하숙집 아주머니께서 어제 새벽 일찍 총장님 드린다고 사온 치즈인데, 상온에 두었더니 냄새가 안 좋네요. 안 가져가셔도 좋아요."

사모님께서는 좋아하는 좋은 치즈를 주셨다고 기쁘게 여행 가방에 넣으셨다. 총장님 양복에 스며들었을 염소치즈 냄새를 생각하니 지금도 죄송하다. 사모님은 공항으로 가시기 전, 차에 타시면서 고생이 많다며 내 손에 하얀색 봉투를 쥐어 주셨다.

한동대 직원으로 일했을 때이다. 맥아더재단에 한동대학교 국제개발협력대학원 요약 제안서가 채택되어 전체제안서(Full Proposal)를 쓸 수 있는 기회가 있었다. 며칠 밤을 새면서 제안서 작성에 매진하고 있었다. 어느 날 저녁 즈음, 비서실 정윤아 비서에게 연락이 왔다.

"선생님, 저녁으로 뭐 드시고 싶어요?"

"죄송합니다. 지금 시간이 없어 샌드위치 먹어야 해요."

10분 후 총장님께서 "선미야, 같이 밥 묵자!" 하시며 사무실로 올라오셨다. 총장님의 손에는 샌드위치가 들려 있었다. 여러 가지 이유로 그 제안서는 채택되지 못했지만 총장님의 샌드위치는 내 마음속에 채택되었다. 돌아보면 나는 창피하기만 한 제자이다. 하지만 총장님은 멋진 곳에 취직하지도 못한, 학교 이름 한번 제대로 멋지게 알린 적도 없는 나를 보시면 항상 주변 사람들에게 자랑하신다. 너무 연약해서 꽉 쥐고 있는 내 안의 예수님을 보면서 자랑해 주신다.
감사합니다. 총장님!

3장 여호수아와 갈렙처럼

> 믿음의 현장 그 어디에나 하인들은 있고,
> 그 하인들이 예수님의 명령에 순응하며
> 나아갈 때 믿음의 역사가 쓰인다.
> 오늘이 마지막인 것처럼 담대하게,
> 오늘이 영원한 것처럼 성실하게 하나님이
> 시켜 주신 심부름에 최선을 다하자.

열매는 광고다

"오직 성령의 열매는 사랑과 희락과 화평과 오래 참음과 자비와 양선과 충성과 온유와 절제니 이같은 것을 금지할 법이 없느니라 그리스도 예수의 사람들은 육체와 함께 그 정욕과 탐심을 십자가에 못 박았느니라"(갈 5:22-24).

크리스천이라면 누구나 예수님의 형상을 닮고 싶어 한다. 곧 자신의 인격에 성령의 열매가 맺히는 것이다. 나 역시 성령의 열매를 사모하고 있다. 어느날 《내 마음의 열매 가꾸기》(IVP 역간)라는 엘리사 모건이 쓴 책의 추천사를 부탁받고 읽던 중, 하나님이 내게 큰 깨달음을 주셨다. 그 이후 기회 있을 때마다 나는 성령의 열매에 대해 생각하게 되었다. 엘리사 모건은 그의 저서에서 우리 인격에 나타나는 성령의 열매는 꾸밈없고 진실한 삶의 메시지로 하나님을 판매하는 광고라고 말했다. 그러나 내 안에는 자동적으로 육의 열매만 자라게 할 뿐, 하나님을 닮은 모습을 드러낼 성령의 열매를 맺을 능력이 없다는 것을 알았다. 하나님만이 우리 안에 하나님의 성품을 만들어 내실 수 있다.

"무릇 내게 붙어 있어 열매를 맺지 아니하는 가지는 아버지께서 그것을 제거해 버리시고 무릇 열매를 맺는 가지는 더 열매를 맺게 하려 하여 그것을 깨끗하게 하시느니라"(요 15:2).

열매를 맺기 위해서 가지치기의 과정이 필수적이듯이 내 안에는 잘라 버리고 싶지 않은 가지들이 있다. 그것은 당 짓기, 분열하기, 수군거림, 시기, 질투, 빈정거림, 냉소적 태도, 자기 합리화 등이다. 내 안에 성령의 열매를 맺지 못하도록 하는 가지, 죽어 가는 가지는 가지치기를 해야 하지만 가지치기의 과정은 분명 고통스럽다. 이 과정을 통해 때로는 지금까지 누리고 있던 안전지대를 잃을 위험도 있다. 그러나 안전지대에 있는 한 더 이상 성장할 수 없고, 성장지대에 있는 한 안전을 기대할 수 없다. 지금까지 나는 이 고난의 가지치기 과정들을 얼마나 소홀히 하고 살아왔던가! 개교 초기 한동대가 가시밭길을 걸을 때 나는 하나님께 버림받고 사회에서도 쫓겨난 느낌이었다. 하지만 주님은 결코 나를 포기하지 않으시고 고난과 환난이라는 가지치기로 나를 다듬어 가셨다. 하나님은 내가 의지했던 것을 드러내게 하시고, 내가 다듬어질 때까지 수많은 가지치기의 도구들을 차례로 대기시켜 놓으셨다.

한국말이 아직 서툰 아들 호민이가 아홉 살이었을 때다. 아이가 어버이날 내게 편지를 보내 왔다. 편지에는 이렇게 적혀 있었다.

"엄마, 가지를 잘 잘라 주셔서 감사합니다. 하고 또 잘라 주셔서 감사합니다. 하고 또 잘라 주셔서 감사합니다. 하고 또 잘라 주셔서 감사합니다. 엄마가 제게 맴매를 할 때 나쁜 버릇의 가지를 잘라 주신다고 했습니다."

아이가 엄마에게 얼마나 많이 맴매를 맞았으면 그렇게 썼을까 웃음과 함께 미안한 생각도 들었다. 그 아이가 유치원 다닐 때, 나는 화분의 떡잎과 가지를 잘라 주면서 말했다.

"이 나무가 꽃을 잘 피우게 하기 위해서는 말라 버린 가지는 잘라 주어야 해. 가지가 잘려 나갈 때 나무는 아프겠지만 가지치기를 잘해야 나무가 잘 자란단다. 사람도 마찬가지야. 너에게도 나쁜 버릇의 가지가 나올 때 엄마가 맴매로 가지를 잘라 주는 거란다. 매를 맞을 때는 아프지만 그래서 너는 곧고 바르게 잘 자랄 수 있는 거야."

어느 날 아이가 "I hate this 맴매"라며 매를 숨기려고 한 적도 있었다.

엘리사 모건은 성령의 열매 중 '사랑'을 포도 열매에 비유하며 사랑은 '헌신'이라고 했다. 최상의 당도 높은 포도 열매는 극심한 스트레스를 많이 받은 포도나무에서 생산된다. 사랑은 어떤 상황에서든지 하나님과 함께하기로 선택하는 헌신(Commitment)이라고 했다. 어려울 때나 평안할 때나, 떠나 버리고 싶은 순간에도 머무르기로 선택하는 헌신!

더 이상 못 참을 것 같은 순간에도 나를 쳐서 복종시키며 하나님 때문에 몸부림치며 선택하는 것이 헌신이다. 사랑하고 싶지 않은 사람을 사랑하고, 가고 싶지 않은 길을 가는 헌신이 곧 사랑이다.

남편은 진정한 성숙이란 자신이 가고 싶지 않은 곳으로 기꺼이 이끌려 갈 수 있는 능력이라고 말했다.

개교 초기, 한참 힘든 시간을 보낼 때였다. 악천후로 비행기가 결항되어 자동차를 타고 포항에서 서울로 가던 길이었다. 평화로웠던 카이스트 시절을 그리워하며 대덕 연구 단지를 지날 때, 나는 그때라도 돌아갈 수 있다는 희망을 가지고 남편에게 물었다.

"얼마 전에 당신 카이스트에 다녀왔는데 그곳은 요즘 어떠하던가요?"

나의 속뜻을 모르는 남편이 대답했다.

"카이스트야 편안하지."

"당신, 카이스트로 다시 돌아가고 싶은 마음은 없나요?"

그제야 내 의도를 알아차린 남편이 말했다.

"종이 상전의 지시를 무시하고 함부로 말하면 천국 가서 하나님 앞에 섰을 때, 당신은 마이너스 통장을 들고 서 있어야 하오. 그러니 지금 했던 그 말 빨리 취소하시오. 취소!"

나는 할 수 없이 "취소합니다" 하고 조그맣게 대답했다.

헌신은 나의 힘으로는 할 수 없다. 예수님이 날 위해 돌아가셨다는 구원의 확신과 성령의 체험이 없었다면 나도 포기하고 말았을 것이다.

하나님은 우리로 하여금 헌신을 포기하고 도망가지 못하도록 잠금장치도 만드셨다.

하나님의 공의를 알면 뜨거운 불길 속에서도 평강을 누릴 수 있다. 하나님께서 우리를 고난의 불 속으로 이끄실 때, 그분께 협조하지 않거나 하나님의 의도를 소홀히 한다면 우리에게 주신 하나님의 소명을 이루지 못할 것이다.

남편이 대구 교도소에 있을 때, 나는 조를 짠 다섯 명의 교수님들과 매일 면회를 다녔다. 어느 날, 같이 간 교수님이 말했다.

"사모님, 총장님 얼굴이 학교 계실 때보다 더 평안해 보이십니다. 마치 고급 호텔에서 보약 잡숫고 계시는 것 같습니다."

"평안을 너희에게 끼치노니 곧 나의 평안을 너희에게 주노라 내가 너희에게 주는 것은 세상이 주는 것과 같지 아니하니라 너희는 마음에 근심하지도 말고 두려워하지도 말라"(요 14:27).

희락은 하나님에 대한 신뢰의 열매다. 희락은 하나님이 우리를 붙들고 계심을 알기 때문에 어떠한 상황도 견뎌 낼 수 있는 능력이다. 행복은 상황에 의존하지만 희락은 행복 이상의 것이다.

남편은 그곳에서도 희락을 잃지 않고 있었다. 우리를 만나러 면회실로 나올 때 그는 여전히 미소를 잃지 않았다. 하나님이 항상 그와 동행하신다는 안도감에서 희락을 누리고 있음이 틀림없었다. 앞으로 재판 결과가 어떻게 나올지 모르는 예측불허의 상황에서도 그를 붙들어 주시는 하나님을 신뢰함으로써 희락의 열매를 맺고 있었다.

남편이 법정 구속된 다음날이었다. 거실에는 몇몇 교수 사모들이 와서 침통하게 앉아 있었고, 나는 아직도 내가 처한 현실이 믿기지 않아 기진해 있었다. 그때 하용조 목사님의 전령으로 반태효 목사님이 오셨다. 목사님은 긴히 할 말이 있다며 나를 방으로 데리고 들어가 은밀히 말했다.

"권사님, 이번 고난을 통해 하나님이 더 풍성하게 한동대학을 이끌어 가실 것 같습니다. 미국의 어느 교포 사업가가 한동대학에 약 천 억 가까이 기부할 생각이라고 하셨답니다."

그 말을 듣자 나는 금세 힘이 났다. 비록 지금 남편은 감옥에 있더라도 학교에 돈만 생긴다면 얼마든지 참을 수 있다고 생각했다. 거실로 나온 나는 조금 전의 내가 아니었다. 나는 방문객들에게 여유 있는 모습으로 웃으며 이야기할 수 있었다. 그들은 내가 믿음이 좋아서 저렇게 의연하구나 생각했을 것이다.

그러나 그것은 가짜 희락이었다. 진정한 희락은 어떤 일이 벌어지든 상관없이 하나님을 신뢰함으로써 나오는 것이다. 하나님은 사건과 상황을 통해 우리를 당신의 형상을 닮은 모습으로 빚길 원하신다. 그러나 나는 우리를 향한 하나님의 의도를 모른 채 현실 사건에만 매달려 있었다.

고난은 하나님과 깊이 만날 수 있는 길이다. 헨리 나우웬은 《춤추시는 하나님》(두란노 역간)에서 이렇게 말했다.

"하나님은 우리를 부르셔서 우리의 슬픔과 고난을 함께 엮어 기쁨의 찬미 스텝을 밟게 하신다."

하나님이 복되다 하는 사람은 고난을 피하지 않고 온전히 들여다보는 법을 배우는 사람이다. 고난을 피하지 않고 통과하는 법을 배우면, 그 과정 속에서만 배울 수 있는 교훈, 흔적, 건강한 면역체가 내 안에 생겨난다. 고난을 부정하지 않고 그 한가운데에 몰입하는 것이 고난을 통과하는 방법이다. 고난은 예수님의 음성을 듣는 확성기다.

헨리 나우웬은 "어떤 종류의 고난을 막론하고, 그 고난이 나만의 고난이라는 고립상태에서 나를 끌어내어 모든 피조물이 겪는 것임을 알게 될 때 치유가 시작된다"고 말했다.

"나의 슬픔이 변하여 내게 춤이 되게 하시며…"(시 30:11).

예수님의 손을 잡고 더 큰 춤의 자리로 들어가면, 온 세상은 우리의 춤판이 된다. 이 깨달음 속에서 춤추며 나아갈 때 우리의 춤추는 지평이 은혜로 열린다. 춤의 신비는 고난 가운데, 슬픔 가운데 드러난다. 애통과 춤이 동일한 은혜의 몸짓이라면 지금까지의 고난도 감사할 수 있다.

내가 걸어온 독특한 고난의 여정이 예수님을 닮아 가도록, 성령의 열매를 맺도록 하시는 하나님의 길이라는 것을 알게 되었다. 우리는 고난과 슬픔의 한가운데서 치유자이신 하나님의 임재를 경험하며 하나님의 은혜를 발견한다.

믿음의 선진들에게도, 현재를 살아가는 우리에게도 하나님께서 허락하시는 고난의 공식은 똑같다. 다만 숫자만 다를 뿐!

왜 나만 겪는 고난이냐고
불평하지 마세요
고난의 뒤편에 있는 주님이 주실 축복
미리 보면서 감사하세요
왜 이런 슬픔 찾아왔는지
원망하지 마세요
당신이 잃은 것보다 주님께 받은 은혜
더욱 많음에 감사하세요
너무 견디기 힘든 지금 이 순간에도
주님이 일하고 계시잖아요
남들은 지쳐 앉았을지라도
당신만은 일어서세요

하나님께서는 우리를 고통과 격리된 안전지대로 데려가시지 않는다. 이 길은 모든 믿음의 선진들도 걸어간 길이었다. 나는 고난의 길 끝에서 은혜의 춤을 추며 깨닫게 되었다.

고난은 더 이상 나의 방해물이 아니고, 하나님의 계획에 나를 준비시키시는 방편이라는 것을!

"높음이나 깊음이나 다른 어떤 피조물이라도 우리를 우리 주 그리스도 예수 안에 있는 하나님의 사랑에서 끊을 수 없으리라"(롬 8:39).

글로벌 허브 교육기관이 되다

2010년, 유엔 반기문 사무총장은 교육을 통한 사람들의 생각을 바꾸기 위해 고등교육기관인 대학과 유엔이 연계하는 유엔 아카데믹 임팩트(UNAI: UN Academic Impact) 프로젝트를 시작했다.

세계가 직면하고 있는 에너지, 환경문제, 물, 식량문제와 같은 글로벌 이슈를 해결하려고 국제사회는 최빈국에 무상 원조를 실시했었다. 그러나 이러한 노력이 오히려 부패와 빈익빈 부익부를 초래하는 등 또 다른 문제를 일으키자, 글로벌 이슈를 근본적으로 해결하기 위해서는 사람들의 생각을 바꿔야 한다는 것에 전문가들은 동의했다. 사람의 생각을 가장 효과적으로 바꿀 수 있는 방법은 교육이었다.

그리하여 2010년 11월 18일 뉴욕에서 유엔 아카데믹 임팩트 프로젝트의 발대식이 열렸다. 남편은 2007년 유네스코 유니트윈을 통해 전 세계 20여 개 대학들과 연계하여 고급 인재를 배출한 것을 인정받아 이 프로젝트의 발대식에 한국 대표로 초청 받았으며, 한동대학은 2011년 1월 유엔 아카데믹 임팩트 고등교육 역량강화의 글로벌 허브(UNAI Global Hub for Capacity Building in Higher Education Systems) 대학으로 지정되었다. UNAI 글로벌 허브를 통해 국제적으로 유네스코 유니트윈 프로그램으로 시작한 GET 프로그램이 더욱더 확산되었다.

유엔을 통해 전 세계 사람을 품고

김하나 99학번, 법학부

2010년 총장님이 한국 대표로 참석하셨던 UNAI 발대식을 떠올리면 저에겐 정말 감사한 기억밖에 없습니다. 그즈음 유엔 대표부에서 일을 하고 있던 저는 한동대학교 총장님이 오신다는 소식을 듣게 되었습니다. 지금 생각해 보면 제가 유엔 한국 대표부에 근무했던 것은 우리 총장님을 섬길 수 있도록 하나님이 저를 예비하신 것이라 생각합니다. 하나님께서는 저의 상관들의 마음을 움직이셔서 UNAI 컨퍼런스 기간 동안 저에게 총장님의 보좌 역할을 할 수 있게 해주셨습니다.

비서도 동행하지 않고 총장님이 직접 호텔 체크인하시고, 짐 나르시고, 일정 체크하시고, 컨퍼런스 프레젠테이션 관련 자료 하나하나 챙기시는 모습이 제자로서는 가슴이 뭉클하고 솔직히 좀 속상하기도 했습니다. 그러나 두 분을 뉴욕에서 뵙던 날의 감격은 지금도 생생합니다. 이 땅의 스승도 이런 설렘으로 기다렸는데, 우리 구주 되신 예수님의 재림을 기다리는 마음은 어떨까 비로소 실감하게 되었습니다.

이틀간의 유엔본부 컨퍼런스에서 우리 총장님이 세계 대학 총장님들 앞에서 인성 교육의 중요성을 프레젠테이션 하시는 모습을 보면서, 저는 우리 학교에 대한 자부심과 함께 총장님이 너무나 자랑스러웠습니다. 포항시 흥해읍 남송리, 한국의 작은 마을에 세워진 한동대학교가 이제는 세계 속의 대학을 변화시키려고 UNAI를 선두에서 이끌어 가는 대표 대학교라는 사실이 얼마나 가슴 벅찼던지요! 하나님께 한없는 감사를 드렸습니다.

총장님의 발표에 큰 박수로 답하는 세계 각지의 대학 총장님들과 학생들을 보면서 그 순간 제가 한동대 졸업생인 것이 참으로 자랑스러웠습니다. 한동에서 대학 시절을 보낼 수 있었던 것이 감사했습니다. 유엔 대표부에 있으면서 셀 수 없이 많은 회의에 참석했지만, 저 개인의 의견을 표명한 적이 없었던 제가 그때는 용기를 내어 손을 들었습니다. 그날 그 자리에서 발표하신 김영길 총장님께서 계시는 한동대학교 졸업생으로 저의 의견을 말씀드리고 싶다고 떨리는 마음으로 말했습니다.

"한동대는 교수와 학생과의 관계가 친밀합니다. 다른 대학은 총장님을 대하기가 쉽지 않은데, 한동대에서는 학생들이 교수님 댁이나 총장님 댁에 초대받으며, 교제를 합니다. 진정한 인성 교육이 이루어지는 대학이죠."

저는 아직도 한국이 그립고, 한동이 그립고, 한동 후배들이 보고 싶습니다. 한동 후배들을 만나면 꼭 해주고 싶은 말이 있습니다. 한동에 있는 동안 복음의 순수성을 잃지 말라고 부탁하고 싶어요. 한동인들을 보며 너무 온실에서만 살다가 사회에 나와 어떻게 세상과 구별되게 살며 세상을 변화시키겠냐고 걱정하시는 분들도 있겠지만, 대학 시절만큼은 그 사랑 가득하고 따뜻한 한동의 온실에서 순수한 크리스천 청년으로 건강하게 성장해야 합니다. 그래야 세상에 오염되거나 물들지 않고 자신의 자리에서 세상에 순수한 영향을 미칠 수 있다고 꼭 이야기해 주고 싶습니다.

우리는 모두가 빌더

서덕수 95학번, 공간환경시스템공학부

한동대 첫 입학생인 제가 입학할 때 공사도 채 끝나지 않았던 한동의 캠퍼스는 비록 초라하고 황량했지만, 우리 가슴속에 있는 세상을 향한 꿈과 하나님의 비전에 대한 갈망은 환경을 뛰어넘는 것이었습니다. 그러나 개교 이듬해부터 불어닥친 치열한 분쟁과 갈등의 소용돌이가 우리를 삼키는 듯했으나, 한동인들은 하나님의 이름과 승리를 위해 밤을 지새우며 기도했습니다.

초기 고통과 고난의 터널을 지나던 한동대학에서, 건축가 느헤미야와의 만남은 제 인생에 큰 도전이 되었습니다. 건축 도시환경을 전공한 제게 느헤미야는 탐구의 대상이었고, 느헤미야서 구절구절에 숨겨진 비밀은 저에게 큰 도전이었습니다. 저는 그분을 한동에서 만났습니다. 그를 통해서 분단의 한반도, 칠흑 같은 어둠의 북한 그리고 통일한국을 보았고 더 나아가 현재 일하고 있는 베트남, 미얀마와 같은 개발도상국을 보았습니다.

한동에서 가졌던 느헤미야의 비전은 미국 유학을 준비하게 된 계기가 되었습니다. 입학 서류에서 가장 중요하다는 에세이는 저의 비전 이야기로 가득 채워졌습니다. 저도 모르게 뿜어져 나오는 자신감과 믿음이 있었습니다. 놀랍게도 하버드대학에서 장학금 지원과 함께 입학 허가가 날아왔습니다.

저는 사실 한동에서 그리 공부를 잘하는 학생은 아니었습니다. 영어 때문에 무척이나 고생했습니다. 영어를 가르쳐 주시던 테리 스폰 교수님이 식당에서 식사를 하시는데, 음식이 맛있느냐고 인사를 하려다가 "Are you delicious?"라고 했던 웃지 못할 실수담은, 18년이 지난 지금도 학우들 간에 회자되고 있습니다. 그랬던 저를 하나님께서 한동에서 놀라운 꿈을 꾸게 하시고, 하버드대학에서 학문적 지식을 쌓도록 하셨습니다. 졸업 후에는 미국의 건축 도시 디자인 회사에서 거대 IT 기업 '구글'을 고객으로, 재미있고 실험적인 프로젝트를 경험하게 하셨습니다. 작년부터는 베트남에 있는 NIBC-NHO(National Housing Organization)라는 기업에서 일하고 있습니다.

우리는 모두가 건축자, 즉 빌더입니다. 하나님께서 폐허가 되고 황폐해진 곳을 보여 주시고 빌더로서 각자의 분야와 은사에 맞게 각 곳으로 부르십니다. 언젠가 때가 되면 무너진 우리 민족을 위해서, 북한의 재건 및 통일 한국을 위해서 느헤미야처럼 무너진 성을 쌓는 '도시 건축가'로 귀향하는 날이 올 것이라 믿습니다.

가장 큰 소원이 있다면

사람들이 가끔 나에게 질문한다.

"두 분이 가지신 한동대학을 위한 가장 큰 소원이 있다면 무엇인가요?"

"세월이 아무리 흘러가도, 아니 주님 오실 때까지 한동대가 세속화되지 않고, 학문적 탁월성과 하나님의 대학이라는 정체성을 지켜 가며 변질되지 않는 것입니다."

예수 그리스도의 복음을 토대로 세워진 미국의 유수한 대학들이 인본주의를 꽃피우는 데 앞장선 대학들로 변하고 말았다. 이 대학들이 변질되는 데는 불과 100년도 걸리지 않았다. 한 민족에게 복음이 들어오기까지는 엄청난 영적 전쟁이 필요하지만, 변질되는 데는 오랜 시간이 걸리지 않는다.

대적 사탄이 즐겨 쓰는 방법이 개구리를 삶는 방법이 아닌가 한다. 뜨겁게 끓는 물에 개구리를 넣으면 펄쩍 뛰어 달아나지만, 찬물에 넣고 서서히 온도를 올리면 쉽게 삶을 수 있다. 이처럼 조금씩 타협하기 시작하면 세속화는 우리도 모르게 서서히 진행되는 것이다. 세속화는 타락이 아니다. 기독 신앙의 기조를 놓쳐 버리고 세상 방법과 세상적 가치관을 따라가는 것이 세속화다.

그동안 한동대 안에서도 조금씩 타협하는 소리들이 있었다.

"학교 재정이 열악한 것에 해결 방도를 찾아야 하지 않겠는가? 성경을 굳이 필수과목으로 해야 하는가? 교수가 수업만 잘 가르치면 되지, 신앙교육이니 팀 담임제도니, 채플 참석을 의무적으로 하는 것은 교수의 자율성을 무시하는 율법주의가 아닌가?"

"이같이 율법이 우리를 그리스도께로 인도하는 초등교사가 되어 우리로 하여금 믿음으로 말미암아 의롭다 함을 얻게 하려 함이라"(갈 3:24).

율법주의에 빠지는 것은 위험하지만, 율법은 은혜를 깨닫게 하는 초등교사다. 우리는 편하고 쉬운 길을 좋아하는 연약한 존재이기에 우리 자신을 과신하지 말아야 한다. 육체를 쳐서 복종시키는 훈련이 없다면 찬물에 담겨 삶아지는 개구리가 될 수 있다. 전문지식을 가르치는 일 외에 학생들을 하나님의 사람으로 양육하는 일은 교수들에게 부담스러운 또 하나의 좁은 길이다. 한동의 정체성을 지켜 내기 위한 최소한의 기준을 절감하는 남편은 한동에서 신앙교육의 중요성이 희석되면 하나님이 촛대를 옮기실지도 모른다는 위기감을 항상 가지고 있었다. 그가 누구보다 하나님이 한동대학을 하나님의 대학으로 지금까지 친히 이끄시며 세워 가시는 것을 눈으로 직접 본 목격자의 한 사람이기 때문이리라.

그러므로 한동대의 교육은 학문적인 탁월성을 추구하는 것 못지않게 인성교육 및 영성교육을 중요시한다. 한동대의 교육 목적은 자기중심적인 교육에서 하나님 중심의 교육을 지향한다. '하나님이 누구신가?(Who is God?)', '나는 누구인가?(Who am I?)', '나는 왜 여기 와 있는가?(Why am I here?)', '내 인생을 어떻게 의미 있게 살 수 있을까?(How can I give my life meaning?)' '나는 어떻게 신앙을 가질 수 있을까?(How can I get faith?)'라는 질문에 대해 가르치고 있다.

예수님이 '주기 위한 삶'의 본을 보여 주셨듯이, 우리도 '남에게 주는 삶'을 강조한다. 주기 위한 삶을 위해서는 나와 하나님과의 관계를 먼저 알아야 하기에 한동대학은 영성, 인성, 지성 교육이 조화를 이루는 전인교육을 실시하고 있다. 이것은 또한 세속화를 막는 교육적 장치이기도 하다. 속사람의 변혁(Inner-Transformation)을 일으키는 영성교육을 통해 인격이 변화되고, 변화된 사람을 통해서 세상이 변화될 것이기 때문이다.

그러나 한동의 교육 현장에서 이를 지켜 내기 위한 영적 싸움은 날마다 참으로 치열하다. 사역자의 삶이란 한 시도 마음 편히 다리 뻗고 방심하며 잘 수 없는 길이 아니던가! 지난 세월 시간과 장소를 불문하고 터지는 사건 사고들로 우리의 삶은 긴장의 연속이었지만, 언제나 하나님이 합력하여 선을 이루게 하셨음을 우리는 수없이 목격하고 또 경험했다.

"믿음의 주요 또 온전하게 하시는 이인 예수 그리스도를 바라보자…"(히 12:2).

우리가 지켜 내야 할 바름

김동욱 96학번, 전산전자공학부

총장님 손길이 닿으신 제 머리 오직 주님만 위해 쓰겠다고 한 김동욱입니다.

졸업 후 하나님께서 허락하신 10여 년의 사회생활, 네 번의 이직, 거쳐 간 수천 명의 회사 동료들을 떠올려 봅니다. 하나님이 허락하신 직장이라 일컫는 나의 땅끝에서 얻은 건 매일같이 치열하게 나와의 싸움에서 이기는 것과 실패를 통한 배움이네요. 열쇠와 휴대폰을 놓고 출근하면 먼 길 돌아와서라도 꼭 가져가지만, 아버지의 사랑은 집에 놓고 출근해도 잘 기억이 나지 않아 회사에서 생명력 없는 이야기만 주야장천 늘어놓았습니다. 결국 내게 돌아오는 건 '동욱이가 믿는 하나님은 능력자셔!'

가 아니라 '하나님을 믿는 동욱이는 참 괜찮다!'라는 정도로 나만 높이고 끝내는 수준의 삶에 머물러 있는 느낌입니다.

내 삶 가운데 주님이 높아지실 기회를 제 어설픈 능력이 가로막고 있으니 미치고 환장할 일입니다. 하나님이 주신 돈을 제때 흘려보내지 못하고, 내 필요부터 채운 후 나누겠다며 오늘의 나눔을 내일로 유보하는 물질 앞에 연약한 저를 봅니다. 재물을 허락하시는 게 축복이 아니라 하루하루 주시는 만나가 진정한 축복이라는 것을 알게 되었습니다. 하나님께서 시험이라 일컬으신 세상에서의 성공을 저는 축복이라 잘못 해석한 느낌, 마치 천국 반대 방향을 향해 가는 에스컬레이터에 올라타 반대방향으로 뛰지 않으면 점점 하나님과 멀어질 수밖에 없는 세상에 놓인 느낌입니다.

지금 제가 서 있는 페이스북 싱가포르 지사의 자리를 하나님이 100% 주셨다고 말하겠지만, 알게 모르게 내가 타협했고 욕심냈기에 가능했을 수도 있겠다 생각됩니다. 축복의 자리라고 생각했던 오늘이 하나님이 허락하신 시험이 아닐까도 생각되어 내려놓아야 할 것들을 떠올리게 합니다. 대부분의 조직에서 어느 정도 이상의 직위까지 올라가면 그때부터는 능력과 더불어 줄도 잘 설 줄 알아야 하고, 아부도 정도껏 떨 줄 알아야 하고, 상사를 위해 손에 때도 묻힐 줄 알아야 하고, 옳고 그름과 상관없이 충성을 맹세할 줄도 알아야 하고, 할 말보다는 하지 말아야 할 것들이 점점 늘어나고, 보지 말았어야 할, 듣지 말았어야 할 말들이 더 많이 보이고 들리기 시작하더군요. 과연 하나님의 사람으로서 일말의 타협 없이 기업의 사장까지 진급하는 게 가능할까 궁금했는데 대부분의 기독교인들도 사람인지라 자신의 이득을 위해서는 교묘히 타협하는 것을 자주 보다 보니 요즘은 요셉이 더 대단하게 보입니다.

매일같이 제 안의 저와 싸우다 보니 학교 소식도, 후배 소식도 많이 접하지 못했습니다. 최근 총장님께서 학교 일로 많이 힘들어하시는데 힘이 되어 드리지 못해 참 많이 죄송하고 마음이 무겁습니다. 총장님은 저를 보실 때마다 학교를 위해서 기도해 달라고 부탁하셨는데, 그게 총장님이 저에게 부탁하실 일인지, 제가 총장님께 기도를 부탁해야 할 일인지 헷갈릴 정도로 민망하고 죄송했습니다.

많은 이야기가 들립니다. 하지만 각자가 이야기하는 사실에는 주관의 렌즈를 통하지 않은, 객관적 사실보다는 해석된 사실이 많고, 자신을 가해자보다는 피해자 입장에서 설명하려는 경향이 크다는 생각에, 알면 알수록 제 입장에서 할 수 있는 것이 기도밖에 없음을 깨닫습니다.

하나님나라를 위해서는 바름을 지켜 내야만 하고, 그 바름을 세워 나가기 위해서는 잘못을 꾸짖어야 하는 게 너무도 당연한데, 바름을 지켜 내기 위해 공유해야 할 사실들이 이미 너무 많이 주관화되어 바름을 세워 나가는 과정 중에 많은 사람이 사랑을 잃고 서로에게 상처를 줄까 두렵습니다. 그래서 모든 사람의 마음과 입을 하나님께서 지켜 주시기를 기도합니다.

총장님, 20년 전 총장님과 사모님의 인생 씨앗을 하나님의 뜻을 위해 포항 땅 작은 마을에 묻기로 작정해 주셔서 감사드리고, 대학 시절부터 얼게 된 귀한 지식들을 하나님나라를 위해서만 쓰도록 기준을 잡아 주셔서 감사합니다.

여전히 한동이 그리운

권오현 02학번, 공간환경시스템공학부

2002년 아직은 추운 어느 겨울날, 논밭으로 둘러싸인 남송리 시골의 한 대학교에 02학번 신입생으로 한스트에 참여한 지 어느덧 12년이라는 시간이 지났습니다. 밝게 웃으시며 힘차게 "I Love You!"라고 말씀해 주시던 총장님도 그때 처음 뵈었지요. 모든 것이 낯설고 어색했던 그곳은 졸업 후 아련한 고향으로 제 가슴속에 남아 있습니다.

사실 전 다른 친구들과 달리 한동대를 갈망하며 고3 시절을 보내지는 않았습니다. 어머니의 권유에 따라 지원했고, 모태 신앙인임에도 불구하고 하나님을 잘 알지 못했던 저에게 한동은 마냥 답답한 공간이었습니다. 2002년도 입학 후 처음 팀을 배정받고 놀기 좋아하는 저에게 선배들은 '아치'라는 별명을 지어 주었습니다. 흔히들 이야기하는 'x아치'를 귀엽게 표현해 주신 것이었죠. 하지만 하루하루 기숙사에서 함께 생활해 가면서 저에게도 조금씩 변화가 나타났습니다. 팀 동기들과 함께 끝시간(매일 밤 10시에 드리는 기도회)에 몇 번 따라 나가게 되었고, 한동에서 1년을 보내고 군 휴학을 하던 시점에는 한동의 첫시간(매일 아침 7시에 드리는 기도회)과 끝시간에 번갈아 가기도 하고, 점심 때 시간이 나면 교내 기도실에서 기도를 하는 제 모습을 발견하게 되었습니다. 한동은 빠르게 저를 변화시켜 주었고, 성장시켜 주었습니다.

선배 손에 이끌려 따라간 '해비타트(사랑의 집짓기)' 동아리는 전 세계 열악한 주거 환경에서 고통받는 가정에 안락한 보금자리를 공급하는 운동을 하는 국제 NGO입니다. 당시 한동 해비타트 동아리는 국내 최초로 국제 해비타트에서 인증받은 공식 동아리였을 만큼 사랑을 나누는 열기가 너무나 뜨거웠습니다. 세상에 대한 아무런 가치를 알지 못하고 입시 환경에 순응하여 살아왔던 저에게 한동은 '세상을 바라보는 새로운 가치, 관점'을 가져다주었고 한동에 있는 동안 대부분의 여름방학을 해비타트 활동을 하며 보내곤 했습니다. 그리고 가장 중요한, 평생을 함께할 배우자도 한동 해비타트 동아리에서 만나 현재까지도 봉사자이자 후원자로서 해비타트를 섬기고 있습니다.

한동의 무감독 양심시험, 무전공 입학, 팀 제도, 워크듀티 등 한동이 가진 독특한 문화와 제도들은 정직과 봉사, 사람에 대한 이해를 배울 좋은 기회가 되었고, 한동 밖 세상에서 유혹이 올 때마다 오히려 더욱 강한 힘이 발휘되는 것을 느꼈습니다. 그리고 학부 시절, 공간환경시스템공학부에서 도시환경공학과 건설공학을 전공하며 이 세상 사람들이 살아가는 공간이 무엇인지, 어떠한 문제가 존재하는지를 배울 수 있게 되었습니다. 한동은 저에게 있어서 단순히 '영성'만을 강조하는 기독교 공동체가 아니라 '영성'에 기반한 '학문적, 실무적 탁월성'을 함께 강조하는 '하나님의 대학'이었습니다.

세상에 대한 아무런 비전이 없던 저, '빨리 졸업해서 좋은 회사에 취직하면 되겠지'라는 생각을 가지고 있던 저에게, 한동은 "세상을 바꿔 보자, 세상에 선한 영향력을 끼치는 사람이 되자"라고 말을 했습니다. 그리고 그 발걸음을 '혼자'가 아닌 한동이라는 공동체가 '함께' 가자고 외치고 있었습니다.

대학원에서 도시공학을 전공하면서 습득한 지식과 한동에서 배웠던 공간에 대한 인식, 지리정보시스템이라는 도구를 활용하여 석사 졸업 후 한 컨설팅 회사에 취직했고 금전적으로는 좋은 대우를 받았지만, "Why Not Change the World!"라는 이 다섯 단어가 저를 움직였습니다. 다시금 삶을 되돌아보았고, 하나님이 주신 제 삶에서 단순히 돈이나 명예만으로는 만족감이나 그 어떠한 가치도 발견할 수 없다는 것을 깨닫게 되었습니다. 그래서 '이든스토리'라는 벤처 기업을 창업하게 되었습니다 ('이든'은 에덴동산을 뜻하며, '착하고 어진'이라는 순우리말입니다). 한동은 새로움을 향해 나아가는 의지와 용기뿐만 아니라 뜻과 비전을 함께 만들어 나갈 사람을 만날 수 있게 했습니다. 한동에서 만난 공간환경시스템공학부, 전산전자공학부, 산업정보디자인학부 출신의 학우들은 제가 환경문제에 관심을 가지고 지켜봐 온 태양광과 공간을 분석하는 지리정보시스템을 접목하여 '해줌'이라는 웹서비스(www.haezoom.com)를 탄생시켰습니다.

창업 후 1년이 넘는 기간 동안 태양광 분야의 온라인서비스라는 새로운 시장을 개척하며 창업경진대회 수상, 국토교통부 등 정부 및 민간기관들과 제휴 및 협력을 통해 한 발짝씩 나아가고 있습니다. 2014년 1월 22일, 스위스에서 열린 제44차 WEF(세계경제포럼) 연차 총회인 다보스포럼에서

박근혜 대통령은 창조경제의 대표사례로 해줌 서비스를 언급했습니다. 아직 자리를 잡아가고 있는 벤처기업을 소개한 이유는 기존의 공간 정보와 신재생에너지라는 새로운 분야를 접목한 창의적인 발상에 있다고 사람들은 평가합니다. 하지만 적어도 저는 한동을 통해 세상을 바꾸시고 영광 받으실 하나님의 만지심으로 가능했던 일이라고 확신합니다.

2014년, 저희 회사 신년회에서는 회사 구성원들과 함께 올 한 해 우리가 바라보고 노력해야 할 두 가지 키워드를 정했습니다. '벤처 정신'과 '섬김의 리더십'입니다. 바로 한동의 정신이자, 한동이 강조하는 리더십입니다. 숨겨진 가치를 발견하고 남들이 가지 않은 길로 나아가는 것, 한동에서 키워 온 이 깨달음을 원동력 삼아 이제 이 세상에 선한 영향력을 미칠 수 있는 하나님의 회사가 되길 소망합니다.

총장님, 학교 설립 초기 한동을 향한 사랑으로 무모한 도전을 시작해 주셔서 감사합니다. 덕분에 이 모든 것을 한동에서 배울 수 있어서 감사하고 행복했습니다. 사랑합니다. 그리고 축복합니다.

예수님의 상처

퇴임을 앞둔 우리는 예수님 앞에서 마지막 학기말 시험을 치르는 학생같았다. 그 시간동안 나는 허물 많은 나 때문에 생기신 예수님의 상처를 보았다. 나를 참아 주시는 주님의 그 상처! 그 상함을 나는 보았다. 제자 가룟 유다에게 배신을 당하시면서 예수님은 얼마나 상처를 받으셨을까! 땀이 피가 되도록 기도하실 때, 함께 기도하자고 제자들에게 부탁하셨건만 제자들의 무관심에 예수님은 얼마나 외로우셨을까! 신뢰했던 베드로가 세 번이나 저주하며 부인했을 때 예수님은 얼마나 배신감을 느끼셨을까? 창조주 하나님이신 예수님이 피조물들로부터 가해를 당하셨을 때 얼마나 씁쓸하셨을까? 예수님의 고뇌와 외로움이 절절하게 느껴졌다. 골고다 길에서 당한 칼과 창의 고통보다 사랑했던 사람들로 인해 받은 상처가 더 아프셨을 것이다. 주님이 내게 물으시는 것 같았다.

"너는 이제 나의 슬픔과 상처를 알겠느냐? 다윗의 좌절과 아픈 상처가 너에게 보이느냐? 요셉도 형제들로부터 배신을 당했고, 모세도 그가 사랑했던 백성들로부터 배척을 당했느니라. 엘리야도 로뎀나무 아래에서 차라리 죽기를 각오할 만큼 힘들어 했느니라. 너의 믿음의 선진들이 모두 나와 같이 이 길을 걸어 왔느니라. 나를 따르는 너희도 이 길을 걸어야 하지 않겠느냐!"

"오, 주님! 골고다 언덕에서 쇠못이 박힌 주님의 손과 발, 그보다 더 아프게 찢어진 것은 허물 많은 저를 향한 주님의 가슴이었음을 이제야 알겠습니다. 저를 위해 기도하시는 예수님의 가슴을 만졌더라면 제 손은 예수님의 뜨거운 가슴에 데었을 것입니다. 죄인인 저를 끝까지 포기하지 않으신 주님, 감사합니다.

"그가 찔림은 우리의 허물 때문이요 그가 상함은 우리의 죄악 때문이라"
(사 53:5).

김순애 학부모(97학번 이지은)도 편지를 보내 왔다. 주님의 뜨거운 가슴을 묵상하며 마지막 은혜를 구하던 시기에 고별채플 영상을 보고 나서 하나님이 주신 마음을 전하고 싶다고 했다. 초창기부터 함께해 온 학부모들은 이미 믿음 안에서 한 가족이었음을 다시 느끼며 위로와 은혜를 받았다.

저희가 사랑하는 총장님,

마지막 채플에서 "소통을 못해 죄송하고 미안하다"고 눈물 흘리며 사과하시는 동영상을 보고 초창기 한동의 어려운 역사를 알고 있는 학부모들은 가슴이 먹먹했습니다. 그리고 흐르는 눈물을 주체할 수 없었습니다. 총장님, 오히려 사과는 저희들이 드려야 합니다. 김영길 총장님, 정말 죄송하고 미안합니다!

총장님도 수많은 성경 속 위대한 지도자들처럼 어려움을 겪을 때마다 기도하며 홀로 결단하고, 홀로 책임지고 나아가셨지요. 그때 저희들은 멀찌감치 떨어져 총장님 혼자 무거운 짐을 지시게 해드려 정말 죄송하고 미안했습니다.

당장 학교에 돈이 없어 부도 위기에 몰리고, 학생들은 늘어만 가는데 기숙사 지을 여력도 없던 시절, 총장님 내외분은 새벽마다 울부짖으며 금식기도를 하셨지요. 몇몇 교수님과 학생들이 더 나은 환경을 찾아 학교를 떠나기도 하고, 수많은 난제들이 앞을 가로막고 있었지만 총장님 홀로 해결해 나가실 수밖에 없었지요. 그래도 총장님은 험난한 풍파를 꿋

꿋이 헤치고 나가셨습니다. 여기저기 빚쟁이에 시달려 돈을 빌리러 다니시고, 주말에도 쉬지 못하고 전국 교회에 간증을 다니시며 후원자들을 모집하셨습니다. 19년 동안 휴가도 없이 안식년 한번 못 가시게 해서 정말 죄송하고 미안합니다.

우리 학부모들은 열악한 환경과 앞길이 험난한 곳인 줄 알면서도 사랑하는 자녀들을 한동으로 떠나보냈습니다. 하나님의 학교라는 믿음과 김영길 총장님에 대한 신뢰 때문이었습니다. 전국 백여 개가 넘는 학부모 기도모임에서 학교의 수많은 문제를 하나님 앞에 펼쳐 놓고 중보기도로 동참하는 것이 저희가 할 수 있는 최선이었습니다.

총장님이 법정 구속되는 기막힌 사건도 벌어졌습니다. 그 상황에서도 "저는 감사해요. 요셉도 억울하게 감옥 갔다 와서 더 잘됐잖아요. 앞으로 하나님께서 한동을 향한 좋은 계획들이 많이 있으실 겁니다"라며 총장님은 웃으셨습니다. 모든 것을 잃어버릴지도 모르는 위기 속에서도 원망 대신 감사를 하시던 총장님! 고생하시게 해드려서 정말 죄송하고 미안합니다. 초창기 우수학생들을 유치하기 위해 수능시험 당일, 입시생들을 위한 교회 기도회에서 총장님이 직접 학교 홍보를 하셨지요. 저희들은 그때 총장님을 모시고 하루 종일 서울 시내에 있는 교회를 다녔습니다. 포항의 한동대는 몰라도 김영길 총장님은 익히 알고 있어서, 찾아가는 교회마다 잠시 시간을 내주었죠. 그러나 어느 교회에서는 거절을 당하셨습니다. 저희들은 총장님께 이곳은 포기하자고 했지만 총장님께서는 간청하시어 나중에 어렵게 시간을 얻으셨습니다. 막상 시간이 되자 학부모들은 아이들을 데리러 간다고 우르르 나가 버렸습니다. 점심도 거르며 강행군하신 총장님은 몇 명 남지 않은 학부모들 앞에서도 열심히 학교 홍보를 하셨습니다. 총장님은 한 학생이라도 오게 된다면 감사한 일이라고 긍정적으로 말씀해 주셨어요. 19년이 지난 지금도 그때 총장님의 자존심을 바닥까지 내려놓게 한 것이 정말 죄송하고 미안합니다.

하나님의 일꾼으로 신실하고 뜨겁게 한동을 사랑한 죄밖에 없는 총장님. 어느 누가 한동에 대한 총장님의 사랑과 헌신을 따라갈 수 있을까요?

한동을 통해 살아 계신 하나님이 함께하시는 현장을 보고 느끼며 복음에 대한 확신을 갖고 예수님의 참 제자로서 살도록 이끌어 주심에 감사드립니다. 지금 이 순간에도 사랑하는 저희 자녀들이 총장님께서 뿌린 복음의 씨앗으로 전 세계에 흩어져 아름답게 자라나며 열매 맺고 있습니다. 이제 저희 모든 한동 가족들이 사랑하는 총장님의 발자취를 따르려 합니다. 감사합니다! 사랑합니다!

오늘이 마지막인 것처럼 담대하게

2014년 1월 21일, 남편이 주재하는 마지막 교무회의가 열렸다. 한 교수님이 그 광경을 그대로 전해 주었다. 여느 때처럼 각 부처별 업무보고가 진행되었다. 교목실, 기획처, 교무처, 학생처… 퇴임하는 총장도, 보직의 임기 완료를 앞둔 처장들도 마지막 교무회의라는 사실을 의식하지 않는 듯, 여느 때처럼 진지하게 회의에 임했다.

"총장님은 마치 다음 주에도 다시 돌아와 교무회의를 주재하실 것처럼 같은 모습으로 경청하시며 하나하나 검토하고 지시를 내리셨습니다. 그렇게 꼬박 두 시간 동안 회의가 이어졌고 이윽고 마지막 부처의 보고가 끝나자 총장님이 말씀하셨어요. '오늘이 지난 19년의 한동대 총장으로서의 제 임기 중 마지막 교무회의입니다. 이제 그 교무회의를 폐할 것을 선포합니다!'"

땅땅땅. 의사봉 소리와 함께 마지막 교무회의는 그렇게 끝이 났다.

어려움을 만날 때마다 나는 남편을 격려하며 말했다.

"오늘이 마지막인 것처럼 담대하게, 오늘이 영원한 것처럼 성실하게 하나님이 시키신 심부름에 최선을 다합시다."

> "네가 자기의 일에 능숙한 사람을 보았느냐 이러한 사람은 왕 앞에 설 것이요 천한 자 앞에 서지 아니하리라"(잠 22:29).

사랑의 수고를 마다하지 않은 제자들

2014년 1월 25일 토요일 4시, 백범기념관에서 '한동 감사의 밤'이 열렸다. 19년 동안 함께했던 총장님을 이렇게 보내드릴 수는 없다며 동문들과 재학생들이 한 달 이상 날밤을 새다시피 사은회를 준비해 왔다고 했다.

사은회 당일, 출발 직전에 몇 명의 동문이 우르르 집으로 몰려 왔다. 집에서부터 목적지까지 에스코트를 하겠다는 것이었다. 뭔가 또 수상쩍은 일을 꾸미는 것을 눈치챌 수 있었다. 대문 밖으로 나오자 집 앞에 주차한 다섯 대의 검은 승용차에는 남편의 대형 사진과 함께 "총장님,

함께여서 행복했습니다, 사랑합니다", "하나님의 대학, 한동대학교"라는 문구가 독특하고도 멋진 디자인으로 꾸며져 온 차에 랩핑되어 있었다. 결혼하는 신랑 신부를 태운 차보다 더 화려하고 더 세련된 차량이었다. 잠시 후 일련의 차량들이 깜박이등을 켜면서 이동하기 시작했다. 선두 차량은 영화를 촬영하듯이 창밖으로 카메라를 내밀며 줄곧 영상을 담고 있었다.

나는 처음으로 서울 구경을 온 사람처럼 차창 밖을 연신 내다보았다. 지나가는 차들과 길 가는 사람들이 우리의 행렬을 신기하게 쳐다보았다. 옛날 영화 〈와룡선생 상경기〉가 생각났다. 남송리 3번지 식구들을 태운 차는 보란 듯이 한강을 건너고 시청 앞을 지나 세종로를 우회해서 서울역 방향으로 서서히 향하고 있었다. 오늘의 행사를 위해 학생들은 아침에 미리 운행해 주행거리와 시간을 재보았다고 했다. 나는 너무 과분하고 송구스러워서 어찌할 바를 몰랐다. 기어코 '한동스러운' 일을 저지른 학생들이 고맙고 자랑스러웠다. 목적지에 도착하니, 도열해 있는 장교들처럼, 학생들이 계단에 일렬로 서서 한 명 한 명 우리에게 꽃 한 송이씩을 주었다.

"총장님, 사랑합니다, 존경합니다."

어찌나 놀랍고 기막힌 장면인지! 우리가 분에 넘치는 사랑을 받고 있음에 그저 송구하고 어안이 벙벙하기만 했다.

회의장 스크린을 통해 우리가 도착하는 것을 실시간 영상으로 보고 있던 95학번부터 14학번 예비 신입생, 교수, 학부모, 후원자까지 8백

구름기둥

여 명의 한동인들이 큰 박수로 우리를 맞이했다. '믿음, 소망, 사랑'을 주제로 한 '한동 감사의 밤'은 그렇게 시작되었다.

학생들이 만든 'The Gift 한동'이라는 팸플릿에 한동의 19년 역사가 고스란히 담겨 있었다.

"1995년 개교한 하나님의 대학 한동대학교는 이제 약관을 맞이합니다. 초대 총장이신 김영길 총장님의 퇴임을 기념하며 모든 한동 구성원들과 믿음, 소망, 사랑을 주제로 귀한 시간을 가지고자 합니다.

믿음의 역사! 19년 전, 아무것도 없던 땅에 작은 대학이 세워졌습니다. 밤낮으로 거센 바람이 휘몰아쳤고, 수시로 정전과 단수가 되기도 했습니다. 하지만 보이지 않는 것을 믿으며, 많은 것들을 내려놓고 온 사람들이 있었습니다.

소망의 인내! 그곳은 가난했습니다. 교직원의 월급을 늘 걱정해야 했고, 학생들을 제대로 먹이지도 못했습니다. 동문의 순교와 총장님의 안타까운 감옥살이에도 단지 함께 울고 기도할 수밖에 없었습니다. 그러나 그때에도 소망은 우리 안에 있었습니다.

사랑의 수고! 우리는 이제 압니다. 이 모든 것이 예수님의 사랑으로 인해 가능했고, 그 사랑이 우리 안에 심겼다는 것을요. 한없이 부족한 우리는 앞으로도 그 사랑을 품고 주님 오실 때까지 이 길을 걸어가겠습니다."

그날 설교를 맡으신 이동원 목사님(지구촌교회 원로목사)이 말씀하셨다.

"저는 김영길 총장님을 믿음의 사람, 비전의 사람, 사랑의 사람이라고 부르고 싶습니다. 비전의 사람은 현실적으로는 제정신이 아닌 사람으로 보일 수 있습니다. 비전의 사람은 무모하기 짝이 없는 모험을 하기 때문입니다.

김 총장님은 모험하는 믿음의 사람입니다. 그의 생애 속에는 감옥이라는 여정도 있었고, 수많은 오해도 받았습니다. 그 길은 믿음의 여행이요 믿음의 도전이요 믿음의 길이었습니다. 총장님은 매일매일, 한 걸음 한 걸음을 믿음으로 나아갔습니다. 갈대상자에 담긴 모세와 같은 여러분을 키우겠다는 비전을 가지고 지금까지 견뎌왔습니다. 김영길 총장님의 'Why Not Change the World!'라고 외치는 비전이 있었기에 오늘의 한동이 있습니다.

김 총장님은 사랑의 사람입니다. 아브라함과 롯의 하인들이 갈등을 일으켰을 때, 아브라함이 네가 좌하면 내가 우하겠다고 양보할 수 있었던 것은 롯을 향한 사랑이 있었기 때문이었습니다. 김 총장님도 아브라함처럼 양보의 미덕을 보였습니다. 그는 먼저 손해 보고 양보한 사랑의 사람입니다. 총장님은 아파하고 힘들어하면서도 인고와 고난을 견뎌 내셨습니다. 그것이 그가 여러분을 사랑하는 방식이었습니다. 누구나 안아 주고 품어 주셨습니다.

어느 유대인 랍비가 제자들에게 물었습니다.

'새벽이 왔다는 것을 어떻게 알지?'

제자들이 대답했습니다.

'저기 보이는 나무가 포도나무인지 무화과나무인지 알면 새벽이 온

거지요. 저기 있는 것이 양인지 염소인지 알면 새벽이 온 것이지요.'

랍비가 말했습니다.

'태양이 비추기 시작했을 때 그가 내가 바라봐야 할 사람, 내가 사랑해야 할 사람으로 보인다면 그것이 새벽이지.'

한동의 가치는 바로 여러분들입니다. 한 사람 한 사람에게 기대하고, 사랑을 부어 주고 키운 것입니다. 그 한 사람이 한동을 떠나서 또 다른 믿음의 여정을 걷기 시작할 때마다, 이 민족의 역사에 새벽이 올 것입니다. 이제 20년 동안 그 일을 해오셨던 총장님, 이제는 한발 물러나서 바라보십시오. 여러분은 초기의 한동의 전설, 꿈, 비전이 쇠하지 않도록 하나님나라의 지평선을 넓혀 가는 그런 한동인들이 되었으면 합니다."

목사님의 말씀에 모두 "아멘"으로 화답했다.

사랑앓이

한동 초창기부터 역사의 현장에서 한결같이 성실한 동역자로 함께 했던 신현길 교수님(생명과학부)이 무대에 섰다. 평소 말수가 적은 신 교수님이 무슨 말을 할지 기대가 되었다.

"1994년, 포항은 전국 최고 기온을 기록하며 여러 번 신문에 이름이 올랐습니다. 그 무더위 속에서 우리는 아직 이름도 모습도 알지 못하는 하나님의 대학에 대한 사랑앓이를 시작했습니다.

저는 당시, 서울의 K대학에서의 11년 교수 생활을 뒤로하고 이미 재단 기업의 사고로 미래가 불투명한 지방의 대학으로 왔습니다. 누가 봐도 무모한 선택을 한 것이지만 한동대가 느헤미야서가 이루어지는 대학이 될 것이라는 믿음으로 오게 되었습니다. 84년부터 창조과학회 임원을 하며 11년간 보아 온 김영길 창조과학회 회장님은 대학 경영자로서는 조금 염려가 되었습니다.

한동은 하나님이 시작하셨고 하나님의 뜻이 이뤄질 학교라고 믿었기 때문에 '일단 속고 보자'는 마음으로 온 것이지요. 95년 가을부터 우리 모두가 알고 있는 어려운 일들이 끊임없이 벌어졌습니다. 이러한 일들은 여러분에게 추억으로 남아 있겠지만 총장님께는 많은 일들이 상처와 아픔으로 기억될 것입니다.

어려운 일이 생길 때마다 우리는 느헤미야서가 어떤 책인지 자세히 읽어 보았습니다. 느헤미야서에 나오는 '적들의 조롱, 유언비어, 협박, 테러, 경제적 어려움과 내부에서의 갈등들'이 학교에서도 똑같이 일어나기 시작했습니다. 그때마다 총장님은 기도하며 실질적인 대책을 세우셨습니다.

포항의 시의원들과 지역의 유지들로 구성된 '한동대 정상화 추진 위원회'가 만들어졌고 서명 운동이 시작되었습니다. 딸아이와 시내에 갈 때마다 그들은 서명을 받고 있었고, 이웃들이 한동대 때문에 포항에 온 우리 가족을 이상하게 보기 시작했습니다. 하루는 학교에서 돌아온 딸아이가 "엄마, 우리 학교 선생님이 나보고 공부하지 않으면 한동대밖에 못 갈 거라고 했어"라며 저의 선택에 의문을 제기하기도 했습니다.

저는 준비되지 않은 상태로 전쟁의 제일선에 투입되어야 했습니다. 당시 노조 파업이 시작되었고 노조 협상을 할 때 제가 책임자로 선정되었습니다. 노조 측에서 저 아니면 대화하지 않겠다고 했기 때문입니다. 기가 막히게 언어력이 없고 욕도 못하는 저를 천사라고 부르며 칭찬 아닌 칭찬을 했습니다. 만만하게 본 것이지요. 노조 협상 가운데 결정할 모든 일들은 총장님과 긴밀하게 연락하며 총장님의 의견을 전달했는데 저의 예상과는 달리 총장님은 세밀하게 대책을 세우시며 사안들을 치밀하게 처리하셨습니다. 이제 총장님의 인격적인 면모뿐 아니라 경영자로서의 능력도 기대하게 되었습니다.

어려움이 계속되자 한동 안에서는 '우리 학교는 왜 이렇게 공격만 당하고 가난한 거야, 왜 이렇게 학교 시설이 부족한 거야' 하며 학교에 대해 불평하는 말들도 나오기 시작했습니다. 우리는 쉽게 말할 수 있었지만 총장님은 실제로 그 일들을 해결해 주셔야 했습니다. 사실 그분을 도와드릴 수 있는 사람도, 방법도 별로 없어 보였습니다. 그러한 상황에서 〈갈대상자〉가 시작되었고 제 가족과 총장님 그리고 사모님은 주일마다 전국 교회 투어를 다니기 시작했습니다. 후에는 해외 이민교회들을 중심으로 후원회가 만들어져 IMF 때 생각보다 많은 후원금이 들어오기도 했습니다. 한 학교의 총장 부부가 천 원 단위의 후원금을 모금하러 다닌다는 사실은 저희를 하나님 앞에 더 엎드리게 했습니다. 총장님의 한동 사랑은 재정적 부족뿐 아니라 육체적 한계까지도 뛰어넘었습니다.

교수들은 7년마다 안식년을 통해 학업, 육체, 정신적으로 재충전의 기회를 갖습니다. 하지만 총장님에게는 안식년이 한 번도 없었습니다. 19년 동안 멈출 수 없는 하나님의 지시 사항이 있었고, 육체적인 나약함 또한 하나님은 허락하지 않으셨습니다.

2001년, 총장님께서는 감옥에 들어가셨지요. 여러분은 귀에 딱지가 앉도록 이 얘기를 들으셨을 수도 있습니다. 하지만 우리는 수천 번 이 얘기를 해도 그때의 두려움은 아직까지 트라우마로 남아 없어지지가 않습니다. 총장님은 그곳에서 피부가 짓무르기까지 했으니 말입니다.

우리는 세상 사람들이 보기에는 무모한 선택을 했지만, 사실은 우리가 한동을 선택한 것이 아니고 한동의 주인께서 우리를 선택하셨던 것입니다. 총장님과 함께 한동에서 보낸 19년을 통해 우리는 한동의 짧다면 짧고 길다면 긴 역사 속에서 이스라엘 백성처럼 하나님의 능력과 성품들을 경험했습니다.

저는 어느덧 회갑이 지났고, 늙었고, 몸이 성한 곳이 없어져 버렸습니다. 총장님의 짐을 덜어 주러 왔는데 이젠 짐이 된 것 같기도 합니다. 하나님은 제게 한동에서의 미션을 주셨습니다. 바로 '훌'입니다. 훌이 어떤 사람인지 아는 사람은 적습니다. 모세가 전쟁을 위해 두 손 들고 기도할 때, 한 손은 아론이, 한 손은 훌이 들고 있었습니다. 이제 모세가 없으니 훌도 없는 것입니다. 하지만 저는 모세와 같은 총장님이 떠나신 후에도 한동과 총장님을 위해 중보하겠습니다.

총장님 곁에서 30년을 지켜보며 얻은 결론을 여러분과 나누고자 합니다. 하나님의 프로젝트를 끝까지 완수하여 하나님께 영광을 돌려 드리는 사람의 특성은 눈앞에 어떤 어려움이 있어도 주인이 멈춤 신호를 보여 주기 전까지는 변명도, 포기도 없이 항상 주인께 기도드리며 최선을 다합니다. 그리고 주인과 이웃 앞에서 미련해 보일 만큼 겸손합니다. 그래서 하나님께서 총장님을 한동의 지도자로 선택하신 듯합니다.

베드로는 예수님께서 물위로 걸어오라 하실 때 잘 걸어가다가 파도와 바람을 보고 두려워하여 물에 빠졌습니다. 총장님은 파도와 비바람을 만났을 때에 주님의 손을 꼭 잡고 걸어서 빠지지 않으신 것 같습니다.

저와 여러분도 믿음의 선배인 총장님을 본으로 삼아 하나님의 뜻을 잘 분별하며 포기하지 않고 하나님 앞에 신실한 자가 되기를 축복합니다. 저도 총장님의 어눌한 발음으로 인사드리려 합니다.

I love you, God loves you!"

신 교수님의 진솔한 이야기가 끝난 후 동문들과 재학생들은 라이브 영상 메시지를 통하여 총장에게 감사의 마음을 표시하기도 했다. 미국 앨라배마에 있는 양수석 동문은 새벽 4시에 아이들까지 깨워서 온 가족이 영상으로 남편에게 사랑의 메시지를 전했다. 그는 한동 로고송의 가사를 바꿔서 불렀다.

"총장님을 사랑하는 우리들, 오늘 여기 모였네. 한맘으로 한동을 향한 총장님의 사랑, 언제나 기억할게요."

연결이 고르지 않을 때도 있었지만, 이른 아침 영국, 늦은 밤 뉴질랜드에서 전송되어 오는 라이브 화상 메시지를 통해 사랑하는 제자들과 그 가족들을 보면서 나는 흐르는 눈물을 멈출 수가 없었다. 이밖에도 캄보디아, 멕시코, 뉴질랜드, 영국 등 전 세계에 나가 있는 외국인, 한국인 등 수많은 한동인들이 영상으로 감사와 사랑의 메시지를 전해왔다. 준비한 학생들은 한동대학교 동아리 챔버, 오케스트라, Soul, 피치 파이프, 한동신기, 그리고 MIC와 하향(하나님을 향하는 동아리) 등 재학생뿐만 아니라 졸업생들도 포함되었다. 이들은 각기 시간을 따로 내어 준비했는데 이는 한동대학 20년 역사 속에 처음 있는, 최고의 감사와 감격의 순간들이었다고 했다. 나는 이들과 함께하셨던 하나님께 감사를 드렸다. 그들은 총장뿐만 아니라, 한동의 교수, 직원, 학부모, 후원자들에게도 감사 인사를 전했다.

한동의 첫 동문, 김승환 군(95학번)이 말했다.

"한동의 주인은 바로 하나님이십니다. 기쁜 기억도, 슬픈 기억도 감사합니다. 장순흥 신임 총장님! 한동대가 하나님의 대학으로 계속해서 발전해 나가도록 부탁드립니다."

신임 장순흥 총장님이 말했다.

"오늘 모든 순서가 저에게 큰 힘이 되었습니다. 김영길 총장님께 한동을 위한 후원을 계속적으로 부탁드립니다. 앞으로 한동대가 세상을 바꾸는 대학이 되기 위해서는 여러분의 기도가 절대적으로 필요합니다. 저와 한동대를 위해서 기도해 주십시오."

신임 총장님의 기도 부탁을 들으며 남편과 나는 하나님께서 한동대를 위해 예비해 두신 장 총장님을 위해 간절히 기도했다. 한동 동문 김완진 목사(95학번, 한동대 교목)의 축복기도로 마무리되었다.

"하나님, 한동이 하나님의 대학인 것을 잊지 않게 해주십시오. 한동이 지금까지 올 수 있었던 것은 우리가 잘해서가 아니요, 한동을 위해 항상 기도해 주신 학부모님들과 천 원, 이천 원 후원해 주신 후원자들이 계셨기 때문임을 잊지 않도록 해주십시오.

여호와는 한동에 복을 주시고 한동을 지키시기를 원하며 여호와는 그의 얼굴을 한동에게 비추사 은혜 베푸시기를 원하며 여호와는 그 얼굴을 한동에게로 향하여 드사 평강 주시기를 원하노라 할지니라 하라 그들은 이같이 내 이름으로 이스라엘 자손에게 축복할지니 내가 한동에게 복을 주리라(민 6:24-27)."

남편과 나는 학생들을 통해 하나님이 주시는 위로와 사랑을 느꼈다. 가정에서도, 학교에서도, 사회에서도 위계질서가 무너진 이 시대에 한동인들은 스승을 사랑하고 존경하고 축복함으로써 하나님나라의 질서를 한동다운 방식으로 보여 주었다. 무너진 데를 사랑과 헌신으로 보수하는 한동인들의 영향력이 남송리를 넘어 한국으로, 세계로, 온 열방으로 뻗어나가 영적 권위와 질서가 회복되는 현장을 보는 것 같았다.

영적, 도덕적, 정신적으로 파괴된 무질서의 시대에 한동인들이 하나님이 맡기신 사명을 잊지 않고 회복과 보수의 일을 가장 한동다운 방식으로 이뤄 내는 것이 감사했다. 하나님의 대학의 주인이신 하나님이 친히 학생들을 세상을 변화시킬 하나님의 일꾼으로 양육하여 주신 것이다. 그 믿음의 생명력 있는 현장에 있게 하시는 하나님께 감사 드렸다.

"네게서 날 자들이 오래 황폐된 곳들을 다시 세울 것이며 너는 역대의 파괴된 기초를 쌓으리니 너를 일컬어 무너진 데를 보수하는 자라 할 것이며 길을 수축하여 거할 곳이 되게 하는 자라 하리라"(사 58:12).

한동의 종소리

2014년 2월 4일. 입춘 추위가 기승을 부리던 날. 효암채플은 추운 날씨에도 불구하고 한동대학교 총장 이취임식에 참석한 분들로 가득했다. 행사가 무르익고 있을 때 귀에 익숙한 찬양곡이 플루트 독주로 울려 퍼졌다. 남편이 감옥에서 개사해서 부른 한동의 교가처럼 불리고 있는 한동의 종소리(원곡 〈사랑의 종소리〉, 김석균 시)였다.

연주가 얼마간 진행되고 있을 때 한 여학생이 일어나 노래를 부르기 시작했다.

주께 두 손 모아 비나니 크신 은총 베푸사

이어서 조원철 교수(산업정보디자인학부)가 마이크를 잡았다.

세계로 한동의 지경을 넓혀 주시옵소서

김경미 교수(글로벌리더십학부)와 총장 비서였던 박남주 직원이 일어났다.

오- 주 우리 모든 허물을 보혈의 피로 씻기어

멋진 학위 복을 입은 교수님들이 한 분씩 차례로 일어나서 합창했다.

하나님 사랑 안에서 하나가 되게 하소서

이어서 학생들도 하나둘 일어나 합창하기 시작했다. 영화에서 본 듯한 장면이었다.

    서로 믿음 안에서 서로 소망 가운데

    서로 사랑 안에서 손잡고 가는 길

노래 부르던 조원철 교수님이 단상으로 올라왔다.

    오- 주 사랑의 종소리가 사랑의 종소리가

    우리 한동인 모두를 감싸게 하여 주소서

조 교수님은 단상에 앉아 있던 총장의 손에 마이크를 들려 주었다. 남편도 자리에서 일어나 다음 소절을 부르기 시작했다.

    주께 두 손 모아 비나니 크신 은총 베푸사

    주가 예비하신 한동대 크게 사용하소서

    오- 주 우리 맘에 새 빛이 어두움 밝게 하시어

    하나님 말씀 안에서 늘 순종하게 하소서

채플실에 있던 모든 한동인이 일어선 자리에서 합창을 했다.

    서로 참아 주면서 서로 감싸 주면서

    서로 사랑하면서 주께로 가는 길

    오 주 사랑의 종소리가 사랑의 종소리가

    우리 한동인 모두를 감싸게 하여 주소서

그날은 전 총장도, 신임 총장도, 학부모도, 학생도, 동문들도, 교수도, 직원들도, 전국 곳곳에서 축하하기 위해 모인 내빈도 하나님 안에서 하나가 되었다. 참석한 사람들도 나와 같은 마음이었는지 여기저기서 훌쩍거리는 소리가 들렸다. 서로 참아 주면서 서로 감싸 주면서 서

총장 이취임식에서 차례로 일어나 〈한동의 종소리〉를 부르고 있는 한동인들

로 사랑하면서 함께 해왔던 한동인 모두에게 감사했다. 이취임식장을 가득 채운 사랑의 종소리가 하나님의 귓가에도 가득 올려지리라 상상해 보았다.

물 떠온 하인들만 알더라

요한복음 2장은 과학자인 남편이 좋아하는 성경 본문이다. 물이 포도주가 되는 잔칫집, 물 떠온 하인들의 이야기를 남편은 즐겨 전했다.

남편과 나는 처음 한동대로 하나님의 부르심을 받았을 때 그야말로 흥겨운 잔칫집같이 즐거움만 있을 줄 알았다. 하지만 개교도 하기 전 재단 기업이 무너지는 형국은, 혼인 잔칫집에 포도주가 떨어진 것과 같았다.

잔치에 초대받은 예수님의 어머니 마리아가 포도주가 떨어졌다고 조용히 예수님께 아뢰었다. 마리아의 요청에 예수님은 하인들에게 항아리에 물을 채우라고 명령하셨다.

남편과 나는 항아리에 물을 채워서 배달하라는 명령을 받은 하인들이었다. 예수님은 물을 떠오라는 이성적으로 도저히 이해할 수도 없고, 실행하기도 어려운 명령을 내리셨다.

포도주가 아니라 맹물을 항아리 입구까지 가득 채워서 연회장으로 내가야 하는 하인들의 마음이 오죽했겠는가. 얼마나 두렵고 망설여졌겠는가. 포도주 대신 맹물을 들고 왔다며 사람들에게 비난을 받을 수도 있고, 직장에서 쫓겨날지도 모르는 일이었다. 그래도 하인들은 예수님이 시키시는 대로 순종했다.

　모든 문제는 주인의식을 가진 사람들에 의해 해결된다. 한동대에도 주인의식을 가진 수많은 사람들이 있었다. 그분들이 바로 후원자요, 학생이요, 학부모요, 교직원과 교수님들이었다. 우리는 모두 항아리에 물을 채워 가지고 오라는 예수님의 명령을 한마음으로 받은 하인들이었다. 하인들이 맹물을 내놓았을 때 이전에 내놓았던 포도주보다 더 맛있다며 하객들도 좋아하고 신랑 신부도 기뻐했다. 그 잔칫집의 풍경은 한동대와 똑같았다.

　처음보다 더 맛있는 포도주의 진원지를 하객들도, 신랑 신부도, 연회장도 몰랐다. 그러나 하인들은 알았다. 변화의 능력자 되시는 하나님이 하게 하신 것을 하인들이 알았듯이 한동대를 이끄신 분이 하나님이신 것을 우리는 알고 있다.

　돌아보면 19년 세월 동안 한동대는 좋은 평판을 얻었고 대학이 벤치마킹하는 대학, 작지만 강한 대학이 되어 있다. 이것은 변화의 능력자 되시는 예수 그리스도께서 하신 것이다. 물을 포도주로 변하게 하시듯, 포도주가 떨어진 것 같았던 한동대를 세계 속의 대학으로 성장시켜 주셨다. 우리는 그 비밀을 알고 있다.

에필로그 광야에서 보물찾기

어린 시절, 하나뿐인 저의 오빠는 물론 사촌오빠들까지 저를 보면 "어, 호박이 지나간다. 쟤는 호박밭에 데려다 놓으면 번지 없이는 못 찾아온다"며 짓궂게 자주 놀렸습니다. 속이 상했던 저는 어머님께 불만을 털어놓았습니다.

"엄마, 저를 좀 예쁘게 낳아 주시지, 왜 이렇게 못생기게 낳으셨어요?"

"그러게 말이다. 너는 지금도 이렇게 내 말을 안 듣는데, 뱃속에서부터 말을 안 듣더라. 내가 예쁘게 나오라고 그렇게 너에게 부탁을 했는데도, 네가 내 말을 듣지 않아서 그렇잖아."

어머니는 저에게 모든 책임을 떠넘기셨습니다.

저는 그때부터 '이 담에 크면 절대로 선을 보고 시집가지는 않을 거야. 퇴짜 맞을 게 분명하니까'라고 속으로 다짐했습니다. 그러나 제 마음을 다 알고 계시는 하나님이 얼굴도 안 보고 결혼하겠다는 용감한 사람을 보내 주셔서 겁이 많은 저였지만 크게 고민하지 않고 얼른 결정해 버렸습니다.

예수 그리스도를 영접한 후 저는 깨달았습니다. 하나님이 십자가에서 어마어마한 값을 치르고 저를 사셨다는 사실을! 저의 아버지가 제가 미국으로 유학 갈 때 "너 공부시키느라 든 교육비를 계산해 보면 아마 네 키보다 더 높게 쌓일걸!" 하시면서 은근히 저에게 많이 투자하신 것을 흐뭇해 하셨습니다. 값은 지불한 만큼 가치를 부여합니다. 죄인인 저를 위해 하나님의 아들이신 예수님이 대신 저의 죗값을 치러 주셨으니, 저는 '예수님짜리!'입니다. 저는 값을 매길 수 없을 만큼의 존귀한 존재라는 것을 알게 되었습니다. 제가 누구의 딸, 누구의 아내가 아니라 하나님의 딸로 확실한 소속, 호적이 바뀐 것을 알게 되었습니다.

수업 시간 제 발표 차례가 되면 책상 밑으로 숨어 버리고 싶었던 소심한 겁쟁이가 예수님을 안 뒤로 당당해졌습니다. 모르는 사람 앞에서 새침데기였던 제가 예수님 이야기할 때는 수많은 사람 앞에서도 당당한 말쟁이로 변했습니다. 간이 콩알만 했던 제가 간 큰 여자로 변했습니다.

"내게 능력 주시는 자 안에서 내가 모든 것을 할 수 있느니라"(빌 4:13).

1970년대 가난한 유학생 시절, 제가 즐겨 시청하던 TV 프로그램이 있었습니다. 밥 바커의 〈The Price is Right!〉이라는 유명한 퀴즈 쇼였습니다. 저는 가끔 그 프로그램을 보면서, 퀴즈 왕이 되어 자동차나 냉장고를 타가는 사람을 부러워했습니다.

제 인생에 B.C.와 A.D.가 바뀐 후, 어느 날 오랜만에 그 프로그램을 보게 되었습니다. 그러나 저는 이제 더 이상 부러운 것이 없는 사람이 되어 있었습니다. 마침 그날 TV에서는 자동차 한 대를 상품으로 받은 퀴즈 여왕이 "오 마이 갓" 하면서 기절하는 것을 사회자가 얼른 부축하고 있었습니다. 저는 그때 생각했습니다. '십수 년만 타고 다니면 폐차장에 갈 자동차를 가지고 하나님 이름까지 부르면서 저렇게 기절하려고 하다니, 만약 예수님을 믿음으로 값없이 영생을 얻게 된다는 진리를 알게 된다면, 저렇게 감정이 풍부한 여자는 적어도 사흘쯤은 기절해 누워 있지 않을까? 그런데 나는 기절도 하지 않고 잠잠히 있으니, 감성이 너무 무딘 것은 아닐까?'

저는 오늘도 고백합니다.

"주님, 제가 이렇게 주님을 좋아해도 괜찮나요? 저는 예수님이 너무 좋아서 가끔씩 살짝 기절하고 싶어요!"

제 기도와 하나님의 응답은 언제나 다른 것처럼 보였습니다. 길을 열어 달라고 기도했을 때, 예수님은 당신이 길이라고 하셨습니다. 학교의 가난을 해결하기 위해 5천 명을 먹이고도 남았던 보리떡을 달라고 기도했을 때, 예수님은 당신이 '생명의 떡'이라고 말씀하셨습니다. 제가 주님의 일로 이런 고초를 겪으며 두려움 떨고 있으니, "주님 어떻게 좀 해 보세요"라고 졸랐을 때, 하나님은 "두려워하지 말라 나는 네 방패요 너의 지극히 큰 상급이니라"(창 15:1) 하셨습니다. "사랑하는 딸아! 그런 것들보다 너는 먼저 나만 바라보아라!" 하시는 뜻이었습니다.

제가 걸핏하면 잘 놀라는 겁쟁이인 것을 주님은 벌써 다 알고 계셨습니다. 그러나 믿음의 선진들도 저처럼 매우 잘 놀라고 두려워하는 분들임을 저는 한동대학에서 놀랄 일들을 많이 만나면서 알아차리게 되었습니다. 아브라함, 모세, 이사야, 에스겔, 엘리야 모두 저처럼 두려움으로 떠는 사람들이었습니다. 예수님을 따르는 제자들도 근심 걱정이 많은 분들이었음에 틀림없습니다. 그래서 예수님은 그들에게 "아무것도 염려하지 말라. 마음에 근심도 하지 말라"고 당부하셨습니다. 그리고 "먼저 그의 나라와 그의 의를 구하라 그리하면 이 모든 것을 너희에게 더하시리라"(마 6:33)고 대책을 가르쳐 주셨습니다.

땅의 문제만을 해결하려고 애간장을 태우는 저를 예수님도 안심시키려고 애쓰셨습니다.

　하나님의 심정을 이 길의 끝에서야 알았습니다. 하나님은 이 땅에서 우리가 구하는 현실적인 요구보다 먼저 당신 자신을 주시기를 간절히 원하신다는 것을! 하나님만 계시면 캄캄한 광야의 나날이 더 이상 두렵지 않고, 우리 인생길에 아무리 풍랑이 일어도 안전하다는 것을 한동의 광야에서 저도 알아가게 되었습니다.

　참으로 한동대는 광야학교였습니다. 저희를 누구보다 잘 아시는 하나님이 광야로 우리를 불러내시고, 친히 내비게이션이 되셔서 구름기둥을 보내주시며 이끌어 주셨습니다. 광야에서는 하나님만 바라보아야 하며 하나님의 도우심만을 구할 수밖에 없었습니다. 호흡이 있는 인생이나 왕이나 방백들은 우리의 도움이 아니었습니다. 우리는 하나님이 데려다 놓으신 광야에서 부족한 것들을 채우시는, 하나님의 공급하심을 눈으로 목격했습니다. 하나님은 애굽에서 몸에 배었던 우리의 옛 습관들을 내려놓는 훈련을 시키신 것입니다. 우리가 끔찍이 사랑했고 떠받들던 것들, 즉 명예, 자존심, 체면, 신분, 과거의 경륜들을 하나씩 하나씩 내려놓아야 할 때마다 고통이 따랐습니다. 아마 나도 모르게 이런 것들에 중독되어 살아왔나 봅니다.

　모든 것이 풍족하고 편리한 도시에는 구름기둥이 없습니다. 등 따뜻하고 배부른 곳에서는 배울 수 없는, 하나님의 살아계심을 경험하는 곳이 광야였습니다. 하나님은 우리의 관념 속에 계시는 하나님이 아니요, 성경의 글자 속에 갇혀 있는 하나님도 아니십니다. 그분은 우리 삶에 함께하시는 살아계신 하나님이셨습니다.

고(故) 하용조 목사님께서는 말씀하셨습니다.

"광야에만 있는 것이 있습니다. 구름기둥, 불기둥, 메추라기, 만나 그리고 반석에서 생수가 터지고, 하나님의 언약의 말씀이 있는 곳이 광야입니다. 광야는 사람이 살 수 없는 곳이 아니라 하나님이 감추어 놓으신 보물을 찾는 신 나는 장소입니다."

그 보물이란 금도 은도 다이아몬드도 아닌, '오직 여호와를 경외하는 것'임을 가르쳐 주셨습니다.

"내가 너보다 앞서 가서 험한 곳을 평탄하게 하며 놋문을 쳐서 부수며 쇠빗장을 꺾고 네게 흑암 중의 보화와 은밀한 곳에 숨은 재물을 주어 네 이름을 부르는 자가 나 여호와 이스라엘의 하나님인 줄을 네가 알게 하리라"(사 45:2-3).

"…여호와를 경외함이 네 보배니라"(사 33:6).

날 구원하신 주 감사, 모든 것 주심 감사
응답하신 기도 감사, 거절하신 것 감사
헤쳐 나온 풍랑 감사, 모든 것 채우시네
아픔과 기쁨도 감사, 절망 중 위로 감사
길가의 장미꽃 감사, 장미꽃 가시 감사
측량 못할 은혜 감사, 크신 사랑 감사해

돌이켜보면 하나님은 우리보다 항상 앞서 가셨습니다. 20년마다 삶의 무대를 옮기심으로써 '생명과 회복의 신트로피 드라마'(같은 제목으로 두란노에서 책 출간)를 깊이 맛보게 해주셨습니다. 1974년 남편과 저는 거듭남을 통해 인생의 B.C.와 A.D.가 바뀌었고, 1994년 한동대를 통해 신트로피 드라마의 주역인 미래의 여호수아와 갈렙을 길러 내는 일에 헌신케 하셨습니다. 다시 20년이 지난 2014년 우리는 한동에서 은퇴하지만 지금부터 시작될 신트로피 드라마의 새로운 무대를 기대합니다.

앞으로도 저는 그 무대가 어디든 제 마음과 정성을 다해 앞서 가시며 우리를 이끄시는 하나님을 증거할 것입니다. 삶의 무대마다 구름기둥을 보여 주시며 기록하게 하신 하나님께 모든 감사와 영광을 올려 드립니다.